PHILOSOPHY
THE CLASSICS

从
《理想国》
到
《正义论》

西方哲学经典领读

第四版
4TH EDITION

Nigel Warburton

［英］奈杰尔·沃伯顿◎著

刘畅◎译

新 华 出 版 社

图书在版编目（CIP）数据

从《理想国》到《正义论》：西方哲学经典领读：第四版 /
（英）奈杰尔·沃伯顿著；刘畅译 .

北京：新华出版社，2024.8

书名原文：Philosophy: The Classics (4th Edition)

ISBN 978-7-5166-6902-0

Ⅰ . ①从… Ⅱ . ①奈… ②刘… Ⅲ . ①哲学—著作—介绍—西方国家

Ⅳ . ① B1

中国国家版本馆 CIP 数据核字（2023）第 134973 号

著作权合同登记号：01-2019-4967

Philosophy：The Classics，4th Edition by Nigel Warburton

© 1998，2001，2006，2014 Nigel Warburton

Authorized translation from the English language edition published by Routledge,

a member of the Taylor & Francis Group.

中文简体版专有出版权归新华出版社所有。

All rights reserved.

封底无 T&F 防伪标签即为盗版图书。

从《理想国》到《正义论》：西方哲学经典领读（第四版）

作者：[英]奈杰尔·沃伯顿　　　　　译者：刘　畅

出版发行：新华出版社有限责任公司

（北京市石景山区京原路 8 号　邮编：100040）

印刷：三河市君旺印务有限公司

成品尺寸：145mm×210mm 1/32　　印张：13　字数：270 千字

版次：2024 年 9 月第 1 版　　　　　印次：2024 年 9 月第 1 次印刷

书号：ISBN 978-7-5166-6902-0　　　定价：68.00 元

微店

视频号小店

抖店

京东旗舰店

微信公众号　　喜马拉雅　　小红书　　淘宝旗舰店　　扫码添加专属客服

从《理想国》到《正义论》

我们面临的最大挑战在于，如何向当代读者阐明经久不衰的哲学思想，以免历史学研究掩盖了其光芒。而奈杰尔·沃伯顿以其高超的写作技巧化解了这个难题。

——罗杰·斯克鲁顿（Roger Scruton），《泰晤士报》

如今，《从〈理想国〉到〈正义论〉：西方哲学经典领读》一书已经修订到了第四版。本书文风幽默，内容简明扼要，将带领读者开启一场西方哲学巨著之旅。奈杰尔·沃伯顿介绍了从柏拉图的《理想国》到约翰·罗尔斯的《正义论》等32部哲学经典著作，并对这些著作进行了简要评论。第四版新增了如下五本著作：

· 蒙田：《随笔集》

· 托马斯·潘恩：《人的权利》

· 柯林伍德：《艺术原理》

·卡尔·波普尔：《开放社会及其敌人》

·托马斯·库恩：《科学革命的结构》

每一章节的结尾都附有关键词表和延伸阅读推荐丛书，对于每一个对哲学感兴趣的人来说，本书都是一个绝佳的阅读切入点。

奈杰尔·沃伯顿是一位自由哲学家兼作家，拥有自己的播客。他的著作有《哲学的门槛（第五版）》（*Philosophy: The Basics*）、《从 A 思考到 Z（第三版）》（*Thinking from A to Z*）。他和大卫·埃德蒙兹（David Edmonds）共同创办了知名哲学博客"Philosophy Bites"。

对第一版的盛赞

奈杰尔·沃伯顿简明扼要地阐述了32部哲学著作的思想。《从〈理想国〉到〈正义论〉：西方哲学经典领读》一定会吸引很多人前来阅读并令无数读者对哲学产生兴趣。

——安德鲁·派尔（Andrew Pyle），布里斯托大学

这本书条理清晰，内容引人入胜，可读性极强……

——迈克尔·克拉克（Michael Clark），诺丁汉大学

《从〈理想国〉到〈正义论〉：西方哲学经典领读》一书条理清晰，对哲学的介绍流畅连贯……

——斯蒂芬·普里斯特（Stephen Priest），爱丁堡大学

对于哲学系学生来说，这本书能有效扩充其哲学知识储备……

——爱德华·乔纳森·洛（E. J. Lowe），杜伦大学

致 谢

在此非常感谢在本书的各个版本出版时给各个章节提出宝贵意见的以下各位：托尼·布鲁斯（Tony Bruce）、迈克尔·克拉克（Michael Clark）、卡罗琳·道尼（Caroline Dawnay）、乔纳森·霍瑞根（Jonathan Hourigan）、穆娜·霍加利（Muna Khogali）、斯蒂芬·劳（Stephen Law）、爱德华·乔纳森·洛（Edward Jonathan Lowe）、保利娜·马什（Pauline Marsh）、德雷克·马特雷弗斯（Derek Matravers）、安娜·莫茨（Anna Motz）、汤姆·斯托尼汉姆（Tom Stoneham）、查尔斯·斯蒂尔斯（Charles Styles）、斯蒂芬妮·沃伯顿（Stephanie Warburton）和特伦斯·威尔克森（Terence Wilkerson）。这个版本与之前的版本大有不同，其中包括五个新章节，且整个版本也有所变化。有关萨特的《存在主义与人道主义》的阐述引用自我的一篇文章，名为"萨特的《存在主义与人道主义》学生阅读指南"，这篇文章最初刊登于期刊《今日哲学》。

奈杰尔·沃伯顿

牛津大学，2013 年

www.virtualphilosopher.com@philosophybites

前　言

　　本书一共 32 章，每章都着重于一部伟大的哲学著作。每章的重点在于通过简要介绍每本著作的内容，进而阐明其最重要的主题思想。这本书之所以当下仍然值得阅读，是因为其中探讨的哲学问题在当今社会仍然具有研究意义，并且这些哲学问题依旧会为我们提供一些新鲜的见解。另外，这些著作本身就称得上是伟大的文学作品。

　　从理论上来说，阅读本书能够激起你的阅读兴趣，或让你想重温书中细节，但并不是每个人都有充裕的时间和充沛的精力读完这些著作。唯愿此书能引导你发现这 32 部著作的非凡意义，亦能教会你如何带着批判性的思维来进行阅读。我已尽量避免推荐那些过于晦涩难懂之书，因此忽略了一些公认的杰出之作，如黑格尔的《精神现象学》（*The Phenomenology of Spirit*）和《法哲学原理》（*Elements of the Philosophy of Right*），以及海德格尔的《存在与时间》（*Being and Time*）。我对此深感遗憾和愧疚。在每章的结尾处，我都列出了延伸阅读指南。

　　在所选书目方面，本书一直存在争议。在我看来，可能引起争议的是那些我未能囊括进此书的著作，而非已经进行阐述的著作。而我专注于研究那些我认为如今仍有研究价值的著作，并且尽量将其概括进三四千字之内。这是我个人选出来的32部首选读物。尽管其他哲学家可能会与我的想法部分重合，他们一定也会列出不一样的32部理想哲学读物。

我已在书中附上了简要的年表，但尚未仔细阐述历史背景，因为我写此书的主要目的在于介绍著作，而非研究思想史的演变历程。但这也并不意味着我提倡在阅读这些文献时架空历史。不过，我个人确实认为，在刚刚接触哲学思想时，最好是先了解其主旨以及侧重点。若确实想更进一步获得更多相关信息，可在延伸阅读中找到相关推荐。

无须按照章节顺序进行阅读。我写的每一个章节都是相对独立的，并不需要预先阅读前面的章节。

❀ 延伸阅读

Philosophy: The Basics （London: Routledge, 5th edn, 2012）.

Thinking from A to Z （London: Routledge, 3rd edn, 2007）.

我的这两本书是对此书的一个补充。第一本书是依据哲学基本论题来对哲学核心思想进行简介；第二本书是按照字母顺序来依次介绍批判性思维，这是哲学论证方法中至关重要的一个论证思维技巧。

Philosophy: Basic Readings （London: Routledge，2nd edn，2004）.

这是我参与编辑的一系列读本。

Philosophy: The Essential Study Guide （London: Routledge，2004）.

这本书主要介绍了学习哲学时的小方法。

以下所列书目对你的哲学研究可能也会大有裨益：

John Cottingham （ed.） *Western Philosophy: An Anthology* （Oxford: Blackwell，1996）.

Edward Craig （ed.） *The Shorter Routledge Encyclopedia of Philosophy* （London: Routledge，2005）.

David Edmonds and Nigel Warburton （eds） *Philosophy Bites Back* （Oxford: Oxford University Press，2012）.

Anthony Flew *A Dictionary of Philosophy* （London: Pan，1979）.

Ted Honderich （ed.） *The Oxford Companion to Philosophy* （Oxford: Oxford University Press，1995）.

Anthony Kenny *A New History of Western Philosophy* （Oxford: Oxford University Press，2012）.

Bryan Magee *The Great Philosophers* （Oxford: Oxford University Press，1988）.

Alan Ryan *On Politics: A History of Political Thought from Herodotus to the Present* （New York: W.W. Norton，2013）.

Roger Scruton *A Short History of Modern Philosophy*（London: Routledge，2nd edn，1995）.

J. O. Urmson and Jonathan Rée *The Concise Encyclopedia of Western Philosophy and Philosophers*（London: Routledge，new edn，1989）.

Nigel Warburton *A Little History of Philosophy*（London and New Haven: Yale University Press，2012）.

Mary Warnock（ed.）*Women Philosophers*（London: Dent，Everyman，1995）.

❋ 网站推荐

斯坦福哲学百科大全是一个值得信赖的信息来源：http://plato.stanford.edu/

Philosophy Bites：该播客中有一些对当代哲学家的访谈（视频形式），他们的许多观点都是建立在过去的哲学家的观点之上的：http://www.philosophybites.com

Early Modern Texts：对许多重要哲学文献进行注释，旨在帮助读者理解原文中晦涩难懂的语句：http://www.earlymoderntexts.com/

In Our Time：英国广播公司广播四台的档案记录节目，这一系列主要侧重于讲述哲学：http://www.bbc.co.uk/radio4/features/in-our-time/archive/philosophy/all

目 录

CONTENTS

第一章　柏拉图的《理想国》 / 001

洞　喻 / 001

柏拉图和苏格拉底 / 002

塞拉西马柯和格劳孔 / 003

个人和国家 / 004

劳动分工 / 005

统治者、辅助者和劳动者 / 006

女性角色 / 007

有关金属的神话 / 007

公正的国家和公正的个人 / 008

灵魂的三部分 / 009

哲学家国王 / 010

理型论 / 011

不公正的例子 / 012

艺术悖论 / 013

对《理想国》的批判 / 014

生平纪要 / 017

关键词表 / 017

延伸阅读 / 018

第二章　亚里士多德的《尼各马可伦理学》 / 020

Eudaimonia：幸福人生观 / 021

人的功能 / 024

美　德 / 025

中庸之道 / 026

行动和过失 / 027

Akrasia：意志力的薄弱 / 028

沉思生活 / 029

对《尼各马可伦理学》的批判 / 030

生平纪要 / 033

关键词表 / 034

延伸阅读 / 035

第三章　波爱修斯的《哲学的慰藉》 / 036

哲　学 / 037

机遇和幸福 / 038

罪恶与报应 / 039

上帝和自由意志 / 039

对《哲学的慰藉》的批判 / 041

生平纪要 / 042

关键词表 / 042

延伸阅读 / 043

第四章　马基雅维利的《君主论》 / 044

人的天性 / 045

当机立断 / 046

切萨雷·博吉亚和阿加托克利斯 / 048

对《君主论》的阐释 / 049

对《君主论》的批判 / 052

生平纪要 / 053

关键词表 / 053

延伸阅读 / 054

第五章　蒙田的《随笔集》 / 055

蒙田是谁？ / 057

怀疑主义 / 058

斯多葛主义 / 058

有关死亡 / 059

其他主题 / 060

对《随笔集》的批判 / 060

生平纪要 / 062

关键词表 / 062

延伸阅读 / 062

第六章 笛卡尔的《第一哲学沉思集》 / 064

笛卡尔式怀疑法 / 065

感官的证明 / 066

"恶魔"思想实验 / 067

我 思 / 068

笛卡尔的二元论 / 069

蜂蜡的例子 / 070

上 帝 / 070

对《第一哲学沉思集》的批判 / 074

生平纪要 / 078

关键词表 / 078

延伸阅读 / 080

第七章 霍布斯的《利维坦》 / 081

自然状态 / 082

自然法则 / 084

社会契约 / 085

君 主 / 086

囚徒困境 / 087

对《利维坦》的批判 / 088

生平纪要 / 092

关键词表 / 092

延伸阅读 / 093

第八章　斯宾诺莎的《伦理学》/ 095

　　书名含义 / 096

　　上帝和泛神论 / 097

　　精神和肉体 / 098

　　自由和人性的枷锁 / 098

　　上帝之爱 / 100

　　对《伦理学》的批判 / 101

　　生平纪要 / 102

　　关键词表 / 102

　　延伸阅读 / 103

第九章　洛克的《人类理解论》/ 104

　　没有先天法则 / 106

　　观　念 / 107

　　第一性质和第二性质 / 108

　　个人同一性 / 110

　　语　言 / 113

　　对《人类理解论》的批判 / 114

　　生平纪要 / 117

　　关键词表 / 117

　　延伸阅读 / 118

第十章　洛克的《政府论：下篇》/ 120

　　《政府论》上、下篇 / 121

自然状态和自然规律 / 121

私有财产 / 123

金　钱 / 124

公民社会 / 125

谋　反 / 127

对《政府论：下篇》的批判 / 128

生平纪要 / 129

关键词表 / 129

延伸阅读 / 130

第十一章　休谟的《人类理智研究》 / 131

思想的来源 / 132

观念之间的关联 / 134

因果关系 / 135

自由意志 / 137

奇　迹 / 139

休谟的叉子 / 141

对《人类理智研究》的批判 / 141

生平纪要 / 142

关键词表 / 143

延伸阅读 / 144

第十二章　休谟的《自然宗教对话录》 / 145

对话录主要人物 / 146

设计论证法 / 147

对《自然宗教对话录》的批判 / 149

生平纪要 / 154

关键词表 / 154

延伸阅读 / 156

第十三章　卢梭的《社会契约论》 / 157

社会契约 / 158

普遍意志 / 159

自　由 / 160

立法者 / 161

政　府 / 161

政府的三种类型 / 162

对《社会契约论》的批判 / 163

生平纪要 / 165

关键词表 / 165

延伸阅读 / 166

第十四章　康德的《纯粹理性批判》 / 168

先验综合判断 / 169

表象和物自体 / 171

时　空 / 172

范　畴 / 173

先验演绎 / 173

对《纯粹理性批判》的批判 / 174

生平纪要 / 175

关键词表 / 175

延伸阅读 / 176

第十五章　康德的《道德形而上学基础》 / 178

"善"的意愿 / 178

责任和倾向性 / 179

格　准 / 181

绝对命令 / 181

康德、亚里士多德和密尔 / 183

对《道德形而上学基础》的批判 / 184

生平纪要 / 187

关键词表 / 187

延伸阅读 / 188

第十六章　潘恩的《人的权利》 / 189

常　识 / 191

人的权利 / 192

对《人的权利》的批判 / 195

生平纪要 / 196

关键词表 / 196

延伸阅读 / 197

第十七章 叔本华的《作为意志和表象的世界》 / 198

作为表象的世界 / 199

作为意志的世界 / 200

艺 术 / 200

音 乐 / 202

自由意志 / 203

苦难与救赎 / 204

对《作为意志和表象的世界》的批判 / 205

生平纪要 / 206

关键词表 / 206

延伸阅读 / 208

第十八章 密尔的《论自由》 / 209

有关作者 / 210

伤害原则 / 210

言论自由 / 213

对《论自由》的批判 / 215

生平纪要 / 220

关键词表 / 221

延伸阅读 / 222

第十九章 密尔的《功利主义》 / 224

边沁的功利主义 / 224

密尔所说的高级幸福感和低级幸福感 / 226

功利主义的"证据" / 227

对《功利主义》的批判 / 228

生平纪要 / 232

关键词表 / 232

延伸阅读 / 233

第二十章　克尔凯郭尔的《非此即彼》 / 234

作者佚名 / 234

此 / 236

美学层面的生活方式 / 236

作物轮种 / 237

诱惑者日记 / 238

伦理上的生活方式 / 239

对《非此即彼》的阐释 / 240

对《非此即彼》的批判 / 243

生平纪要 / 244

关键词表 / 245

延伸阅读 / 245

第二十一章　马克思和恩格斯的《德意志意识形态》第一部分 / 247

历史唯物主义 / 249

劳动分工 / 250

意识形态 / 251

革　命 / 251

对《德意志意识研究》的批判 / 252

生平纪要 / 255

关键词表 / 255

延伸阅读 / 256

第二十二章　尼采的《善恶的彼岸》／ 257

书名含义 / 259

权力意志 / 260

论哲学家们的偏见 / 260

真　理 / 261

潜意识驱动 / 262

宗　教 / 262

对《善恶的彼岸》的批判 / 263

生平纪要 / 265

关键词表 / 265

延伸阅读 / 266

第二十三章　尼采的《道德谱系学》／ 267

谱系学 / 268

第一篇："善恶"与"好坏" / 269

无名怨恨 / 270

第二篇：良知 / 271

第三篇：禁欲主义 / 273

对《道德谱系学》的批判 / 274

生平纪要 / 276

关键词表 / 277

延伸阅读 / 277

第二十四章　罗素的《哲学问题》 / 279

书名的含义 / 280

什么是哲学？ / 280

表象和现实 / 283

认知型知识和描述型知识 / 284

先　验 / 285

归　纳 / 286

对《哲学问题》的批判 / 287

生平纪要 / 288

关键词表 / 289

延伸阅读 / 289

第二十五章　艾耶尔《语言、真理与逻辑》 / 291

验证原则 / 292

可验证性的强弱 / 295

形而上学与诗歌 / 296

哲　学 / 297

归纳问题 / 298

数　学 / 299

伦理学 / 300

宗　教 / 302

对《语言、真理与逻辑》的批判 / 303

生平纪要 / 306

关键词表 / 306

延伸阅读 / 307

第二十六章　柯林伍德的《艺术原理》 / 309

柯林伍德是谁？ / 310

技术层面的艺术理论 / 311

但是艺术不是一种工艺吗？ / 311

所谓的艺术 / 312

真正的艺术 / 314

对《艺术理论》的批判 / 315

生平纪要 / 316

关键词表 / 317

延伸阅读 / 318

第二十七章　萨特的《存在与虚无》 / 319

现象学研究 / 320

存　在 / 321

虚　无 / 321

自　由 / 322

坏的信仰 / 323

对弗洛伊德的批判 / 327

羞耻心 / 328

爱 / 329

我的死亡 / 329

存在主义心理分析 / 330

对《存在与虚无》的批判 / 331

生平纪要 / 332

关键词表 / 332

延伸阅读 / 333

第二十八章 萨特的《存在主义与人道主义》 / 335

存在主义是什么？ / 336

人道主义是什么？ / 337

萨特对批判的回应 / 338

抛　弃 / 339

苦　难 / 340

绝　望 / 341

萨特的学生 / 342

对《存在主义与人道主义》的批判 / 343

生平纪要 / 346

关键词表 / 346

延伸阅读 / 347

第二十九章 波普尔的《开放社会及其敌人》 / 348

波普尔所说的开放社会是什么意思？ / 350

柏拉图的极权主义倾向 / 350

黑格尔的历史决定论 / 351

马克思 / 352

对《开放社会及其敌人》的批判 / 353

生平纪要 / 353

关键词表 / 353

延伸阅读 / 354

第三十章　维特根斯坦的《哲学研究》 / 355

与《逻辑哲学论》的关联 / 356

哲学的本质 / 356

含义即用法 / 357

相似术语大家族 / 359

私人语言论证 / 360

从不同方面进行观察 / 363

对《哲学研究》的批判 / 364

生平纪要 / 366

关键词表 / 366

延伸阅读 / 367

第三十一章　库恩的《科学革命的结构》 / 368

库恩反驳的到底是什么？ / 369

常规科学和革命 / 370

范式的转变改变了可观察的一切 / 372

竞争关系的范式之间无法比较 / 374

对《科学革命的结构》的批判 / 374

生平纪要 / 375

关键词表 / 375

延伸阅读 / 377

第三十二章　罗尔斯的《正义论》 / 378

原初状态 / 378

自由原则 / 380

机会平等原则和差异原则 / 381

对《正义论》的批判 / 383

生平纪要 / 386

关键词表 / 386

延伸阅读 / 387

第一章
柏拉图的《理想国》

洞　喻

　　想象一下，在一个山洞里，一群囚犯被铁链拴住，面朝不远处的墙。他们终生都要保持着这种姿势。他们的头被固定住，除了眼前的那堵墙，其他什么都看不到。他们背后是一团篝火，中间隔着一条小路。另外有一群人在小路上走来走去，墙上会投射出他们的影子；有的人还会手持动物模型，这样一来，墙上也会出现动物的影子。洞穴里的犯人们只能看到这些虚影，他们一直认为这些影子是实物，因为对于他们而言，除此之外，别无他解。但事实上，犯人们从未见过真实的人。

　　后来有一天，其中一个囚犯被释放且被准许看向篝火。一开始，他被火焰晃得眼花缭乱，但渐渐地，他开始看清四周的环境。然后，他被带出山洞，沐浴在阳光下，这再次使他头晕目眩。此时他才慢慢开始意识到之前生活的狭隘之处：自己身后明明有一个光明充盈的真实世界，他却时常满足于看到这个世界的影子。现在，他的眼睛渐渐适应了阳光的照射，他看到了一些他的同伴们无法看到的东西，并为他们深感遗憾。后来，他完全适应了阳光的照射，甚至可以直视太阳。

再后来，他重新回到洞穴之中，他的眼睛甚至还有点儿不适应洞穴里的阴暗环境，而且也不能再像他的同伴们那样轻易辨别出影子的细微差异。在其他囚犯们看来，他的眼睛毁于走出洞穴的那段旅程。他见过洞穴外真实的世界，而其余的囚犯却依旧在为虚像世界欢心雀跃，即使可以离开洞穴，他们也丝毫不为所动。

这就是柏拉图的代表作《理想国》（The Republic）中讲到的"洞喻"。这个故事生动形象地解释了柏拉图的理型论，即他对现实本质的理解。根据柏拉图的理解，大部分人都如同洞穴里的囚犯一样只满足于表层世界，只有哲学家才会踏出山洞，试着去感受万物的本真模样，因此也只有他们才拥有真正的智慧。世界万物瞬息万变，尚不完美。但对于哲学家而言，他们能接触到的理型论里的世界却是亘古不变、至善至美的。它并非五感所能及，唯有思想是尔。而通过思考，任何人都可以理解理型论。

柏拉图和苏格拉底

柏拉图的老师苏格拉底的生活及死亡都对柏拉图的哲学研究有重大影响。苏格拉底极具人格魅力，身边总是围着一大批富裕的雅典年轻人。苏格拉底一生并未留下任何著作，但他于闹市中进行的公众演说产生了深远的影响。他声称没有传授任何教义，相反，他更倾向于通过一些尖锐的提问来突显与其交谈之人对于虔诚、公平或者道德的本质知之甚少。当柏拉图还年轻时，苏格拉底就因腐化城中年轻人的思想和不信神的罪名被判处死刑。按照当时雅典城邦的律法，苏格拉底饮鸩就刑。

苏格拉底在柏拉图的对话式著作中得以重新面世。然而柏拉图作品中那个苏格拉底可能与真正的苏格拉底所持观点大有不同。柏拉图写下来的内容，就好像是在记录他实际听到的对话。但柏拉图开始写《理想国》时，其笔下的苏格拉底已经成为柏拉图个人观点的发言人。

《理想国》里柏拉图混用了两种截然不同的写作风格。在书的第一卷里，对话发生在苏格拉底和他的一些朋友之间，就像话剧的第一幕一样：我们得以知晓一些故事背景和不同人物对此做出的反应。但是在之后的章节里，尽管柏拉图沿用了对话的形式进行写作，但是对话的重点放在了苏格拉底的观点表述上，听众只是简单地附和他的观点而已。

塞拉西马柯和格劳孔

《理想国》的主体部分是对塞拉西马柯（Thrasymachus）和格劳孔（Glaucon）提出的质疑进行回应。塞拉西马柯坚持认为所谓"公正"不过是强者利益的保护伞而已。权力能把任何事情都变成正确的。正义只遵循强者制定的自我服务原则。从个体行为层面而言，不公正的行为要比公正的获得更多：那些贪得无厌的人会比公正的人更快乐。

格劳孔在这个观点上想得更深远，他认为那些表现得很公正的人仅仅是出于自我保护才会这么做。就像传说中的人物盖吉兹（Gyges），任何一个人如果找到了一只能让他隐身的戒指，他就会失去公正行事的动力，因为即使他犯下罪行，比如说诱奸他人或者欺骗他人，这枚戒指也能确保他逃脱惩罚。他设想了这样一种场景：一个公正的人被其他所有人认定为不公正。因此他饱经折磨，最后受刑而死：他的人生似乎没什么好说的。与之相比，一个狡猾的恶人总是设法看起来公正，但一旦得逞，他就会变得蛮不讲理。这个恶人似乎过着快乐的生活，似乎也被视为受人尊敬的楷模，尽管卸下伪装之后，他就是个十足的恶人模样。这就说明，公正不会有好报，至少不总是会有好报。同时也说明，如果苏格拉底想要捍卫公正的生活，那么他就得证明上述情况并非问题的全貌。实际上，在书中的其他部分，苏格拉底很努力地这么做了；他试图寻找公正确有好报的例证。除此之外，他还努力证明，公正行事是值得的，它于人于己于结果而言都是一件好事。

个人和国家

尽管《理想国》经常被当作一本政治哲学类著作，而且其中大部分内容是关于柏拉图式乌托邦国家怎么运转的问题，这本书中对于国家的讨论仅仅是更加清晰地理解个人道德的一种方式。柏拉图最关心的一个问题是："什么是公正，追求公正是值得的吗？"这里的"公正"一词可能听起来有点别扭，但它是对希腊词"dikaiosunē"最好的诠释了：大体上，它意味着做正确的事情。柏拉图最关注的一个问题在于，什么才是人类生存的最佳方式。他之所以紧盯国家的组建形式，是因为他始终相信个人与国家联系紧密。他认为最好的方式是先研究国家公正，再将我们的发现推及个人。就像近视的人阅读大字体的文章时会觉得轻松许多一样，在国家层面找到公正的真谛比在个人层面要容易许多。

劳动分工

一个人独居可不是件容易的事儿。合作和群居是占有一定优势的。人们一旦开始群居，就可以根据每个人拥有的技能进行工作分配，这是非常有意义的：让工匠一整年只生产工具，同时让农民一直耕种，在这种情况下，农民就不用因为旧工具的损坏而中途停下耕种去制作新工具。工匠在生产工具这方面比农民有经验得多。同样的道理也适用于其他所有技术行业：实践出技能。

随着国家的发展和工作的日益专业化，人们对于一支能保卫国家免受攻击的全职军队的需求日益高涨。在柏拉图的观念里，国家守卫者必须强壮且勇敢，就像优良的看家犬一样。但他们也必须兼备哲学气质。《理想国》里的一个重要部分就是柏拉图为守卫者制订的训练计划。

统治者、辅助者和劳动者

柏拉图将守卫者分为两个阶层：统治者和辅助者。统治者是指那些拥有政治权利并做出所有重要决定的人；辅助者帮助统治者抵御外界威胁。第三类群体即为劳动者，就像这个名称的含义一样，劳动者为所有居民提供生活所需。柏拉图对劳动者的生活不是很感兴趣：《理想国》里大部分内容都与守卫者有关。

统治者似乎终生致力于那些他们认为对社会最有利的事业中，他们也因此被选为统治者。为了排除不合格的统治者候选人，柏拉图建议在潜在统治者接受教育的过程中给予他们一些考验以测试出他们是否沉溺于追求个人享乐：应该高度关注他们面对诱惑时的反应。只有全心全意为社会谋福利的人才能被选为统治者。他们是极少数的一部分人。

禁止任何守卫者拥有个人财产，他们的孩子也应与其他人一视同仁。事实上，柏拉图为家庭提供了一个比较极端的解决方式：他想废除家庭形式，取而代之的是国家托儿所，在那里，所有的孩子都会得到无差别的对待，不管他们的父母来自哪个阶层。这样就可以增加孩子对国家的忠诚度，因为以这种方式培养起来的孩子并不会质疑家庭成员之间的忠诚度。

他甚至对性交也做出规定：只有在特殊节日上，居民才能够通过抽签的方式进行性交。或者说至少这是他想引导参与者去相信的。实际上，统治者早就决定了交配抽签的结果，这样，只有那些优良的群体才能拥有后裔。因此，柏拉图的理想国有它自己的优生方式，旨在培养出强壮又勇敢的孩子。自出生之时，所有的孩子都会被从他们的母亲身边带走，并由特定的官员抚养。低等级护卫者的孩子和任何劳动者的"有缺陷"的孩子都会被遗弃。

女性角色

柏拉图在《理想国》里提出的观点并不都像选择性生育和杀死婴儿这么激进。与大部分同时代的人不同，他认为女性应该接受与男性同等的教育，应该允许女性与男性并肩作战，并且如果她们表现优异，也可以成为统治者。当然，他也坚信男性在各个领域都会比女性做得更好。尽管如此，他的提议在当时也被认为是十分激进的，因为那个时代里的中产阶级已婚妇女更像是困于自己家中的囚犯。

有关金属的神话

国家的成功取决于其公民对于国家的忠诚及对彼此的忠诚。为了确保这种忠诚，柏拉图建议鼓励社会各阶层相信与他们来源有关的神话。有时候会被称为"伟大的神话"或者"高贵的谎言"，其具体含义如下：每个人从一出生就带着完全成型的原始根源，成长和教育的记忆都是一场梦而已。实际上，所有公民都是兄弟姐妹，因为他们都是地球母亲的孩子。这会让他们忠于国土（他们的母亲），也忠于彼此（他们的兄弟姐妹）。

神话还有另一个版本。在创造个体时，上帝往每个人的成分中都加入了金属：往统治者的成分中加了黄金，往辅助者中加了银，往劳动者中加了铜和铁。上帝命令统治者去观察孩子们性格中所融合的金属。如果一个含铁或含铜的孩子拥有一对含金的父母，那么这对父母必须狠下心来让他们的孩子过劳动者的生活；如果一个劳动者的孩子含金或含银，那么这个孩子必须被培养成统治者或者辅助者。这个神话不只是让人产生忠诚感，还让人满足于自己的生活状态。你所处的阶层是由超出你控制范围的因素决定的。

公正的国家和公正的个人

由于柏拉图描绘的理想国度是完美无缺的，所以他相信这个国度一定拥有着智慧、勇气、自律和公正等品质。他理所应当地认为这是任何完美国度的四项基本美德。智慧有益于统治者的认知，能让统治者做出对社会有利的明智决定；勇气是辅助者所体现出来的，对辅助者的训练使得他们在保卫国家时勇敢无畏；自律源于三个阶层之间的和谐相处，统治者的明智决定控制着大部分人难以自控的欲望；公正就是国家里的每个人都各凭天赋、各司其职的显著结果。任何试图进行社会流动的人，都是国家稳定的潜在隐患。

理想国度呈现出来的四种基本美德得益于三个阶层的划分以及其各自承担角色之间的和谐平衡。与此类似的是，柏拉图坚持认为，每个个体都由三部分组成，智慧、勇气、自律和公正等美德也取决于个体这三部分之间的和谐互动。

灵魂的三部分

"灵魂"这个词更大程度上指精神上的某些特质：尽管柏拉图相信灵魂不朽，但他在《理想国》中有关灵魂三部分的描述中并没有把灵魂和肉体分割开来，甚至觉得灵魂与肉体无异。在这里，他真正感兴趣的是动机心理学。他认为灵魂的三部分分别是理智、情绪和欲望。

理智对应的是统治者在理想国度中的角色。就像统治者一样，理智会为整体谋福利。不像灵魂中的其他部分，理智并不以自我利益为中心。理智有能力为达到特定目的而出谋划策，但同时也包含了对真理的热爱。

情绪是人格的一部分，它为个体行为提供诸如愤怒、鄙夷和喜爱等情感动机。经过合适的训练之后，情绪会成为勇敢和骨气的源泉。情绪对应的是辅助者的角色。

欲望指对诸如食物、饮品和性等具体事物的单纯需求。可以说欲望和理智是完全对立的。实际上，人们所求和人们所知两者之间出现冲突，对于他们而言是一件好事，这也就被当成了柏拉图用于支持其灵魂三部分差异性的观点。欲望对应的是劳动者的角色。

智慧、勇气、自律和公正这四种美德在个人层面和国家层面都有迹可循：柏拉图用灵魂的组成部分解释了这些品质。有些智者在理智的影响下做出决定；勇士身临险境时从情绪那里获得行动的动力，情绪和理智是相互联系的；自律者遵循理智的戒律，控制欲望。最重要的是，公正的人行事会让其灵魂各部分都处于和谐之中：各部分在理智的指挥下各司其职。这也就使公正成为衡量内在价值的一个条件。

哲学家国王

尽管柏拉图借讨论国家公正之名来凸显个体问题，他也深切地关注着他所创建的乌托邦式理想国度。他提出了"政治制度是如何产生"的问题，并且断言唯一的希望就在于把权力交到哲学家的手中。柏拉图用另外一个比喻来捍卫这个匪夷所思的提议。想象一下，有一只船的船长有点近视，还有点耳背，不太了解他的船员。船员们都在争论应该由谁来掌舵。他们中没有人在航海研究上下过功夫。事实上，他们都不相信航海是可以学会的。各个派系为争夺船只的控制权而斗争，但当他们获得胜利之后，就翻出甲板上的货物，把这趟行程变成一场醉醺醺的寻欢作乐。他们没人意识到，一个航海家需要研究气象和星象。他们认为拥有这项技能的人都是无用的观星者。

现阶段状态下的国家就像那艘由没有技能傍身的船员们

控制的船一样，在海上漫无目的地漂荡。只有当有经验的航海家掌舵时，船才会得到控制。虽然哲学家会为人所轻视，但他是拥有掌舵国家所需知识的唯一人选。柏拉图的理型论也解释了为何知识储备充足的哲学家能够统治国家。

理型论

本章开头的洞喻生动形象地阐释了柏拉图所认为的人类现状。大部分人都满足于表象，即洞穴里的墙上那些闪动的影子。然而，哲学家因其对真理的热爱而寻找真实世界的知识：踏出洞穴，走进理型。

尽管在《理想国》里理型论是由苏格拉底提出的，但它一般被认为是柏拉图本人对哲学做出的贡献。当人们在谈论柏拉图主义时，通常就是指其著作中的这一部分。通过柏拉图举的一个例子就能很容易地理解何为他所说的"理型"。

有很多张床，有的是双人床，有的是单人床，有的带有四个床脚，等等。这些床存在一些使它们被称为床的共同特征。这个特征和理想型的床有所联系，即床的理型。实际上这个理型是存在的：它是唯一一张真实的床。其他所有床都是这张理型床的不完美复刻品。其他床都属于世界的表象，并不真实。因此，我们只能拥有关于理型床的真正认知：任何与现实存在的床有关的信息都只是一个观点，并非认知。世界万物瞬息万变，而理型论里的世界却亘古不变。哲学家们带着他们对智慧的热爱进入理型世界。他们最有可能通过思考获得知识，而感知将我们困在了表象世界的无尽变化中。

尽管柏拉图没有清晰地说出世界上哪些东西有其对应的理型，但他坚持认为有一个"善"的理型。正是这种"善"才是哲学家们追求知识的终极目的。他用"日喻"来解释这个想法。阳光能让人看清事物，也是万物生长的源泉；"善"的理型让心灵的眼睛能够"看得见"，能够理解现实本质。如果没有理型的"善"照亮前路，我们注定只能生活在只有表象和观点的朦胧世界之中；在"善"的光芒照耀下，我们才得以收集到有关如何生活的知识。

不公正的例子

柏拉图已经向我们展示出，一个公正的国家里所有阶层都各司其职，而一个公正的人内在各个动机都处于和谐状态。然后，柏拉图又列举了一些国家和个人不公正的例子。他认为存在四种不公正的国家类型及其相对应的人格类型。这四种类型分别是荣誉政治、寡头政治、民主和暴政。荣誉政治指一个国家由军队荣誉主导，比如斯巴达；在寡头政治中，财富才是美德的象征；民主指一个国家由所有人共同统治；暴政指统治者拥有绝对权力。

柏拉图再次运用了国家和个人之间所谓的对称关系。例如，在讨论民主的时候，他声称国家民主忽略了训练统治者的原则，认为这一原则对于公正国家而言是至关重要的。成为民主统治者的一个先决条件是成为民众的朋友。就像民主国家一样，与之对应的民主个人贪图各种享乐，并不能区别哪些是好的欲望，哪些是邪恶的欲望。其结果导致了精神上的不和谐状态，即民主个人不允许理智管控不合理的欲望。惰性占领上风，不公正也就在所难免了。

艺术悖论

在提及守卫者的教育时，柏拉图认为各种类型的诗歌都应该经过审查。任何亵渎神灵和英雄的描写，或者在学生大声朗读后会导致对不公正的形象产生过度认同的文字，都应该被禁止。在《理想国》的第十卷里，柏拉图讲到了艺术及其在理想社会中扮演的角色。他着重研究模仿艺术，也就是展现现实世界的艺术。他的结论是这种艺术不应该在他的理想国里占有一席之地。主要原因有两点：首先，它只是表象的复刻，因此会让我们和理型世界渐行渐远；其次，它能勾起我们灵魂中非理智的那一部分，因此会打乱精神和谐状态，而这种状态于公正而言是很有必要的。

为了解释第一个原因，柏拉图举了一个画家画床的故事。上帝创造出了床的理型，木匠制作出了这个理型的模糊副本，画家照着木匠的副本画出了另一个副本，这相当于拿着镜子看那个真实的床的一个不完美影像。因此，与其说艺术家是在帮助我们，不如说他是在阻碍我们认清现实。艺术家依旧对床的真实本质一无所知，并且满足于复刻特定的床的表象。柏拉图认为诗人所做之事与画家大同小异，因此他对诗歌艺术持反对态度。

柏拉图也承认，善于模仿的艺术家们的作品也是极具诱惑性的。它与理智无关，但却会吸引灵魂中更低级的部分，而艺术家们倾向于表现恶，而非善，这种冲动让这一效果更加明显。善于模仿的艺术家们会把粗心的人引入歧途，远离知识。所以，在理想国中没有他们的一席之地。

对《理想国》的批判

国家及个人的类比

在《理想国》中，柏拉图的整个思想体系是依附于国家公正和个人公正之间的强类比性。如果这种类比关系比较脆弱，那么任何从国家公正推及个人公正的结论，其合理性都会相应地减弱。柏拉图理所应当地认为，他从国家层面推及个人层面是非常合理的。然而，这种推及方式的合理性多少都值得质疑。

只有统治者能做到公正

此外，柏拉图的理论得出的结论似乎是只有统治者才能做到公正。在公正被定义为精神和谐且理想国中的每个阶层都以此作为他们的主要动机来源之后，很明显只有那些理智占上风的人才有能力表现出公正。而统治者是这个位置上的唯一人选。因此，似乎就得出了"只有统治者能做到公正"的结论。柏拉图可能并没有把这个看作他理论中的缺陷，相反，他觉得这是一个顺水推舟就能得出的结论。然而，对于今天的很多读者而言，它揭示了柏拉图思想中坚定且固有的精英主义。

对"公正"概念的模糊不清

当柏拉图告诉我们，公正确实是一种精神健康，在这种状态下，灵魂的三部分会和谐地运作，他似乎摒弃了一般意义上的"公正"。他似乎武断地重新定义了这个词以迎合自己的目的，或者说他至少把它用在了两个不同的意义上。为什么会有人想以这种方式谈论"公正"呢？

柏拉图无疑会对这种质疑做出回应，他所说的公正确实就是我们所说的普通意义上的公正。在柏拉图的公正观里，个人不会偷窃，也不会多占多拿，因为那会让理智屈从于更低级的欲望。然而，这也留下了一种可能性：由于某些人的一些行为，我们可能会给他们贴上公正的标签，但他们没有办法通过柏拉图的考核，因为他们的行为可能源自精神的不和谐运作。他们可能只是简单地想表现公正，但理智方面却发育不全。

书中的欺骗

在柏拉图论证的几个核心观点中，他提倡为了保持对国家和其他公民的忠诚而撒谎。比如，金属神话中所谓的"高贵的谎言"，性交抽签中也存在谎言。许多人觉得这是不可接受的。一个理想国度不应该建立在谎言之上。然而，柏拉图似乎没有意识到这一点。他感兴趣的是结果以及实现这种结果的最佳途径，而不是实现这个最终结果时是否会存在道德问题。

难以接受的理型论

柏拉图的理型论为其论述理想国度打下了重要基础。对于今天的大多数哲学家而言，这个理论直观上看没有什么合理性。也许最难以让人接受的是理型是真实存在的，且是这个世界的真实本质，而我们观察到的世界只是一个模糊的摹本。

如果我们摒弃理型论，那么柏拉图的很多观点中的形而上学基础就会被移除。例如，如果没有哲学家们尤其擅长获得真实世界的知识这一概念，那么显然就无法让哲学家们掌管理想国度，也不能禁止模仿艺术出现在这个国度里。

极权主义合法化

然而，对柏拉图的《理想国》最严厉的批判可能是它为极权主义提供了一个方法。其中的优生计划、"高贵的谎言"、家庭不合法化以及艺术审查都使得国家渗透到生活的方方面面。柏拉图世界里的个人必须服从国家要求，并且要牺牲个人自由的方方面面以达到这个结果。我们当中那些看重个人自由和选择自由的人会认为柏拉图式愿景毫无吸引力可言。

❀ 生平纪要

公元前 427 年，柏拉图出生于一个雅典贵族家庭。

公元前 399 年，苏格拉底饮下毒芹汁。

公元前 399 年，柏拉图写下 20 多篇文学对话录。

公元前 347 年，柏拉图逝世。

❀ 关键词表

辅助者（Auxiliaries）：辅佐统治者的守卫者，提供抵御以使国家免于外界威胁。

民主（democracy）：由人民统治的国家。

dikaiosunē：通常翻译为"公正"，意思是做道德上正确的事。

理型（Forms）：有时也会译为"理念"。理型世界是完美实体的真实世界；表象世界，即我们大多数时候待着的地方，由理型的不完美复刻品所组成。

守卫者（Guardians）：保护和统治国家的公民阶级。由统治者和辅助者共同构成。

模仿（mimesis）：临摹。柏拉图用这个词来形容他所认为的艺术作品的本质，即对自然的复刻。

寡头政治（oligarchy）：由一个富裕的精英人物统治国家。

哲学家国王（philosopher kings）：柏拉图理想社会的

统治者。哲学家因其有认知理型的能力而被赋予这个角色。

统治者（Rulers）：柏拉图理想国里手握权力的哲学家国王。

荣誉政治（timocracy）：在这个国家中，军队荣耀最为重要。

极权主义国家（totalitarian state）：在这个国家里，所有事情皆被操控，给个人空间留下很少的余地，或者根本没有余地。

暴政（tyranny）：由一个手握重权的领导者统治国家。

乌托邦式（utopian）：代表了一种理想社会的愿景。

❀ 延伸阅读

Bernard Williams *Plato* （London: Phoenix, Great Philosophers series, 1998）.

这本简短的书很好地介绍了柏拉图的著作以及对《理想国》的一些讨论。

Julia Annas *An Introduction to Plato's Republic* （Oxford: Clarendon Press, 1981） & Nicholas Pappas *Plato and The Republic* （London: Routledge, 1995）.

这两本书中都有很不错的论述。

Karl Popper *The Open Society and Its Enemies* （London: Routledge, 1945）.

　　这本书中包含了一个反对柏拉图理想国的有效案例，作者认为这会是集权主义的梦魇。这本书可以说是对普遍存在的一种倾向的纠正，因为这些研究柏拉图的学者更倾向于给他的政治提议以更为宽容的环境，而这种宽容对待远超他所应得的。我会在第二十九章讨论这个问题。

第二章
亚里士多德的《尼各马可伦理学》

亚里士多德是一个务实的人。尽管柏拉图是他的老师，但他不认同老师的观点，即现实存在于日常生活的世界之外，存在于理型世界之中。他也不相信柏拉图的洞喻神话。在拉斐尔的画作《雅典学院》中，柏拉图指向天空，即理型世界；与之相反的是，亚里士多德走向现实世界。他的研究范围远超我们认为一个哲学家所涉及的研究范围。例如，他是第一批杰出的生物学家之一。在哲学方面，他涉猎广泛，横跨形而上学、伦理学、政治学和美学。

尽管事实上他的《尼各马可伦理学》（*Nicomachean Ethics*）只是一本讲义合集，风格多变，内容晦涩难懂，而且亚里士多德肯定也没打算出版这本书，但它仍然是伦理学史上最重要的文献之一。在这里，亚里士多德向全人类提出了一个基本的问题，即"我们应该如何生活"，这也是古代伦理学讨论的核心问题，但很遗憾，这个问题被 20 世纪的哲学家们忽视了。亚里士多德的回答虽然复杂，有些地方还有点奇怪，但是却非常重要，这不仅仅是文明历史的里程碑，同时也对当前的哲学辩论具有重大影响。

　　《尼各马可伦理学》是一部深奥复杂的著作，学者们对于它的真正含义都解释不清；但不管怎么说，这本书的核心要义是非常容易理解的。亚里士多德所提及的一些关键术语并不好翻译成英语。实际上，许多哲学家研究亚里士多德时发现，运用一些希腊词的音译会比依赖令人感到困惑的英语近义词更加直观。其中最重要的一个词就是 eudaimonia。

Eudaimonia：幸福人生观

　　希腊词 eudaimonia 通常被译为"快乐幸福"，但这很容易误导读者。这个单词有时候也译为"繁荣"，虽然这样翻译有点别扭，但是却更贴近它的内涵：比如，它会将植物的茁壮成长和人类的繁荣昌盛进行类比。亚里士多德相信，所有人都需要 eudaimonia，即人人都想让生活往好的方向发展。一个 eudaimonia 的人生才是成功的人生。人们一旦实现这种生活，就一定都会选择它。这是一种我们想让所爱之人过上的生活。Eudaimonia 通常都是作为终极目标，而不是作为达到目标的手段。比如，我们可能追求金钱，因为它提供了购买昂贵衣服的手段；而我们可能会买昂贵的衣服，因为我们相信穿上这些衣服就更能吸引到想要吸引的人；我们想吸引那些人，因为我们相信他们能让生活变得更好。但它对于回答"我们为什么要往好的方向发展"这一问题毫无意义可言。Eudaimonia 并没有任何其他用途：解释链就到此为止了。它也解释不了"为什么要追求 eudaimonia",因为在亚里士多德看来,这是概念上的真理,是每个人都应该去做的事情。Eudaimonia 本身并不是我们追求的唯一目标。比如,我们可能听音乐或是和孩子们待在一起,并不是因为我们期望从这些活动中获得更多的东西,而是因为我们就是想用这种方式来消磨活着的时间。但是,在某些情况下,我们追求这些东西是因为每个人或多或少都相信这些行为是 eudaimonia 生活的必要组成部分。

《尼各马可伦理学》的一个要义就是展现出对 eudaimonia 的追求。如果我们更多地了解我们所追求的东西以及实现它的具体方式,我们就更可能实现它,即使像亚里士多德认为的那样:最终,我们早期的训练和当前的物质环境很大程度上会决定我们走向正确道路的能力。亚里士多德不同于之后的许多道德哲学家,他很清楚地意识到,一些超出我们控制范围的事件对我们生活的成功具有一定影响。他认为,有一定数量的储蓄、得体的外表、好的出身和孩子是任何真正 eudaimonia 生活的前提条件。如果没有这些有利条件,我们可能没有办法达到 eudaimonia 状态的最大化,但也足以让我们在所处的特定环境中行为得体。对于亚里士多德而言,过得好并不是将普适规则运用到特殊情况里,而是通过改变我们的行为以适应我们所处的特定环境。

亚里士多德说过,只有追求工作领域的精益求精,才是智慧的标志。关于"如何生活"的判断对大多数人都是有效的，但并不适用于每种情况下的每一个人，所以也不存在硬性规定和快速的解决办法。伦理学并不像数学，它不是一个精确的学科。木匠所关注的正确角度也是从实践中观察出来的，这和研究几何的学者的关注点完全不同。不把伦理学视作一门具有普遍性标准的实践性学科，这种做法是错误的。作为一个实践性学科，它旨在向我们展示如何成为一个优秀的人，而不仅仅是让我们在理论上更好地理解什么是美好生活。

尽管亚里士多德认为我们都应该追求 eudaimonia，但他并不是一个提倡追求感官刺激的享乐主义者。他认为那些只追求性和吃喝方面所带来的愉悦感的人把自己降低到了牲畜层面。Eudaimonia 并不是一种无忧无虑的心理状态。它更像一种行为活动，一种生活方式，它本身就自带愉悦，但在特定行为中却无法得以考证。在我们可以肯定一个人实现了 eudaimonia 之前，他的一生都应该纳入考量范围。正如亚里士多德所说，一燕不成夏，快乐生活一天也不代表快乐生活了一辈子，这个比喻鞭辟入里。若你的生命是以悲剧告终，那么在"你这一生是否过得好"这个问题上就会产生完全不同的倾向性。因此，还有一种说法是，直到一个人生命终结之后，我们才能够确定这个人有没有过上 eudaimonia 的生活。亚里士多德甚至认为，你死后发生的事情会影响对"你生活是否幸福"的评估。对此，亚里士多德的答案是后人的命运也会在一定程度上影响你的 eudaimonia。

人的功能

亚里士多德认为人类具有一种特殊的功能或行为（希腊语为 ergon）。换句话说，就像木匠因其特殊的行为活动（用木材做东西）为他人所知一样，人类整体因有这种与众不同的活动而成为现在这样。"功能"这个词意味着人类的出现带有一个特殊的目的，但这并不是亚里士多德想表达的含义。他并没有声称存在一位负责物种诞生的智慧神，而是想让我们注意到人类独特的力量，这种力量让我们成为人，而非其他物种。人类的 ergon 并不是指肉体的成长，因为植物也有这种能力。肉体的成长并不能把人类和天竺葵区别开来。它也不是认知能力，因为其他动物也拥有。比如说，马也可以。人类的 ergon 是理智行为，这也是我们人类生活最核心的一部分。

好人就会在这种特殊行为中尤为突出。为人的卓越包括善良的行为。亚里士多德的结论是人类的美好生活中有理智和善良的行为。只有行善的潜意识是不够的。奥林匹克运动会的冠军都是从参赛选手中产生的，跑得更快却没参加比赛的人是无法夺冠的。同样，只有那些行动起来的人才会获得生活的褒奖，而生活中的褒奖就是实实在在的幸福感。玫瑰生长在肥沃的土地中，茁壮成长，热烈开放。人类过上理智又善良的生活时，自身才会蓬勃发展。《尼各马可伦理学》的大部分内容都在阐释这是一种怎样的生活，以及为了过上好生活，你应该拥有什么样的品质。这当中的核心部分就是对美德及其培养进行分析。

美 德

美德是人性的一个特征：在相应的场合下特定行为的倾向性。很重要的一点是要意识到今天使用的"美德"一词包含道德层面的含义：把某人称为"有德之人"，是对其道德品质的积极评价。但对于亚里士多德而言，把古希腊语的 ethikai aretai 翻译为"美德"，仅仅意味着品性优良，这并没有我们所说的道德层面的含义。在他看来，有德只是拥有好的品性并且付诸行动而已，这可能与评判你的道德价值毫无关联。实际上，有一些评论家甚至提出质疑，在我们现在所理解的层面上，《尼各马可伦理学》在多大程度上算得上一本有关道德哲学的著作。一般认为道德学至少会考虑其他人的利益："我已经完全提升了自我道德，这种道德是完全自私的"，这种说法是毫无意义的（用今天对"道德"的理解来看）。然而，亚里士多德最主要的关注点不在于对其他人的考虑，而在于是什么让你的人生走向成功。在某种意义上，《尼各马可伦理学》就像一本自我发展的实践性手册，它能大幅度提高个人效率，这本书也因此为很多当下的管理者所推崇。

亚里士多德描述了几种重要的美德。比如，勇者从来不会因畏惧而不能正确地行事。一个勇敢的士兵会冒着生命危险去拯救他的战友，不会因为害怕而畏缩不前；一个勇敢的异议者会站在政府的对立面宣扬自己的主张，尽管这样做意味着牢狱之灾，甚至遭受酷刑或者招来杀身之祸。一些慷慨的人会很乐意把金钱或者时间给予那些有需要的人。

亚里士多德区分了两种类型的美德：道德层面的美德和智力上的美德。道德层面的美德，比如节制，是通过早期训练获得并强化的，它潜移默化地变成了一种习惯，而非有意识的决定；智力上的美德，比如高智商，是可以传授的。道德层面的美德是由个人非理性因素形成的，而智力层面的则是由理性因素决定的。亚里士多德认为所有美德都有一个共同的架构：它们都介于两个极端之间。这也就是他所信奉的中庸之道的基础。

中庸之道

通过亚里士多德的一些例子，我们很容易就能理解他所说的"中庸"的含义。"勇气"这种美德处于两种缺陷之中：勇气不足是怯懦；勇气过多是鲁莽。"机智"这种美德处于粗俗浅陋和哗众取宠之间；"谦逊"介于害羞腼腆和厚颜无耻之间。值得注意的是，通常情况下，"机智"和"谦逊"都不被当作美德，尽管"勇气"可能算得上。

对"中庸之道"最普遍的一个误解是"适度"的建议。因为"道"总是处于行为的两种极端之间，人们就认为亚里士多德提倡任何事情都要适度。然而，"道"处于反应过度和反应不足之间，并不意味着有德之人总是以适度的方式行事。比如，如果你看到有人在打小孩，适度的行为很明显不合时宜。然而，亚里士多德的理论可能会支持强制介入这种情况。这样的行为可能介于冷漠和报复性暴力这两种极端之间。

有德之为通常来说是一种"道"，有实践智慧的人都会选择它。在希腊语中，拥有这种智慧的人叫作 phronimos，他对特定环境高度敏感，且能准确判断要做之事。

行动和过失

相比于行为，亚里士多德对行动更感兴趣。我们应该说人类是在行动，而不只是做出行为，因为在生活中的大部分时候，我们都有选择的能力；与之相反的是，一只蚂蚁只有行为，因为它没有办法考虑要做什么或者不做什么。我们通常只会让个人对自己的行动负责：如果他们忍不住要去做某些事，那么就不应该责备他们。亚里士多德把目的性行动和其他两种行为方式区别开来，即无意识行为和非自愿行为。

无意识行为源自强迫或无知。比如，如果有人把你从窗户推了出去，那么你就不用为打破玻璃而负责，特别是你并不想打碎它的时候。如果你因无知而无意间吞食了以为是蘑菇的毒菌，这同样也是无意识行为。你可能会对这两种情况的发生感到十分懊恼，但这些都不是你能直接控制的。这些事情都违背了你的意愿，如果你能阻止自己做出这些事，你肯定不会让它们再次发生。但有些被迫的行动是不同的，在这种情况下，你仍然有权做出选择。比如，如果拯救狂风骤雨中的船只的唯一办法是扔掉船上的货物，那么当船长下达这个命令的时候，他的行动似乎是自愿的，是他自己选择这么做的。然而，从其他角度来看，这种选择受极端环境限制。在其他情况下，扔掉船上的货物是应该受到谴责的，但在特殊环境下，为形势所迫，是不得已而为之。

亚里士多德思考并反对了如下观点：你可能会因为对愉悦的渴望而产生一种特定的行为方式。比如，你的欲望可能迫使你变成了一个连环诱奸犯，这样你就不用为自己的行为负责了。如果照着这个思路想，那么按照亚里士多德所说，你也不应为自己的善举而受到褒奖，因为如果这个行为来自你的欲望，那么这些事情的发生都在你的掌控之外。

非自愿行为与无意识行为并不相同，因为无意识行为会让你感到懊悔。对无意识行为所造成的后果的懊悔表明，如果你能完全把控这件事情，你就不会让之前的种种发生：你不会让自己被推出窗户；或者，如果你有足够的知识储备，你就不会误食毒菌。只是外部因素导致你这样做了。如果我无意中踩了你一脚，但我并不对我的行为感到懊悔，那么这种行为就是非自愿行为。

Akrasia：意志力的薄弱

Akrasia 通常译为"无节制"，对于现代大部分读者而言，这个词意味着一种特殊的、经常让人感到为难的自我身体失控。但对于亚里士多德而言，这个词具有更广泛的含义。当你知道自己应该做什么，知道什么会让自己的生活更成功，但你依旧固执地选择了你所知的最坏的一种时，这种情况就和 akrasia 很相似。与医学层面上的"失禁"不同，这是一个自愿的行动。比如，你可能知道对婚姻不忠会损害你的 eudaimonia 生活。然而，面对一个迷人又主动的第三者时，即使你完全明白那个第三者会毁掉你对于 eudaimonia 生活的憧憬，你也和其他人一样在找寻 eudaimonia，但你可能会被片刻欢愉的欲望淹没，臣服于诱惑之下。你选择了你明知错误的选项。受柏拉图的影响，亚里士多德发现了一个问题，即"你可能很清楚最好的行动方案是什么，但你就是不选择它"。对于柏拉图而言，如果你确确实实知道什么是"善"，即拥有理型知识，那么你就会自发地随"善"而行。在柏拉图看来，真正的 akrasia 并不存在：任何能展现 akrasia 的例子都是一种对"善"的无知。与之相反的是，亚里士多德坚持认为 akrasia 现象是真实出现过的。经历过 akrasia 的人都知道特定的行动对他们而言并非好事，也不会让他们生活美满。他们甚至会承认，在某些特殊场合下，他们的所作所为是错的；但当他们这么做时，却丝毫没有感觉不对劲儿，只是不断麻痹自己。他们被自己的欲望淹没，臣服于一时欢愉的诱惑之下，而没有做出任何有益于长期发展的行动。从某种层面上来讲，即使他们知道什么对他们有利，他们也不会选择它，因为他们不会把普适原则运用到特殊情境中。

沉思生活

在《尼各马可伦理学》的结尾，亚里士多德描述了一种他认为是美好生活重要组成部分的活动，即理论行为或沉思行为。尽管他的书中大部分内容讨论的是实践性美德，并且突出强调能够带来生活美满的行动，但亚里士多德认为，反复思考你所知道的事物是人类活动中最高级的行为。他的理由如下：因为人类的特殊行为是理性行为，且任何事物的卓越之处都源自其独特功能的完全展现，那么可以肯定的是，人类的卓越是通过理性行为得以展现的。然而，只有上帝才能不断进行哲学思考；对于人类而言，这样的沉思是人生极其重要的组成部分，但它却不足以涵盖整个美好人生。但是，沉思是我们所能知道的最高级的行为形式。

对《尼各马可伦理学》的批判

人的天性

亚里士多德全书所讨论的人类优越性和特性都是基于人类天性的存在，并且人性中最为核心的一点在于我们的理性能力。但亚里士多德关于人性的假设会受到各种质疑和挑战。

最根本的方式是否定任何所谓"人性"的优势。这是一些存在主义哲学家的观点，比如萨特就认为，任何事先宣布"人类必须是什么"的尝试都注定会失败，因为是我们的选择造就了我们自己，而不是对一些预设模板的遵循。

第二个对亚里士多德提出挑战的方式是评判他对人性的特定描述及由此得出的其他结论。真的是我们的理性行为能力将我们同其他动物区别开来的吗？为什么是这种能力，而不是我们可以利用武器屠杀彼此的能力？抑或为什么不是我们演奏乐器的能力呢？

无从比较的价值观

在亚里士多德看来，存在一种最高级的生活模式，即沉思。它比其他任何生活模式都更胜一筹。但事实真的如此吗？一些哲学家认为人类看重的任何事情都不具有可比性，也就是说，根本没有办法进行比较，我们也没有任何方法对它们进行衡量。从这个观点上看，沉思生活可能是一种有意义的生活方式，但积极参与日常事务的人就可能过着另一种人生了。我们没办法坐下来判定这两种生活的优劣，也找不到衡量它们的公认价值标准。

利己主义

对亚里士多德伦理学更深刻的批判在于它仅仅为个人的 eudaimonia 提供了方法，但并没有关注到其他人的幸福。它用利己主义的方式来告诉读者如何实现个人利益最大化。

对这种批判所做出的一个回应是，这种批判只是不了解古希腊人是如何理解伦理学的。个人特性发展是古希腊伦理学的着重点。

另一个回应是，在大多数情况下，亚里士多德所推崇的美德都恰恰是社会繁荣发展阶段个体所需具备的美德。

美德似乎具有随意性

在我们看来，亚里士多德在《尼各马可伦理学》中提出的一系列特定美德都可以看作他所处环境下的产物。亚里士多德并没有挑战现状，而是用一篇哲学论述将其所处社会中早已存在的价值观记录下来。比如，他认为奴隶制是可以接受的。他拥护的是古雅典贵族所推崇的价值观。然而，他提出的这些显而易见的价值观并不仅仅是古雅典人的天性，也是整个人类的天性。尽管只适用于特定场合，亚里士多德仍然将这些视为人类生存的普遍特征。

然而，在许多读者看来，对美德和缺陷的选择和忽略似乎太过随意。比如，为什么亚里士多德不谈谈同理心或者利他主义？他对于善行的描述似乎有点狭隘。如果这确实有点狭隘，那么这个理论和如今道德理论化的关联必然会减少。

精英主义

此外，亚里士多德在一些理论中毫不避讳地谈及精英主义。首先，并不是所有人都能过上 eudaimonia 的生活：你得拥有得体的外表、孩子、不错的收入和一定的好运。与其他道德理论不同，在亚里士多德的理论中并没有预设你只要拥有意志力就可以达到最高境界。外部因素会决定你是否能过上美好的生活。其次，如果我们认真思考"美好生活由哲学沉思主导"这个建议，那么很明显的是，只有那些相当富裕的人才会有时间闲下来进行这种沉思，而也只有他们能过上极好的生活。

亚里士多德可能并不会在意这种对精英主义的谴责。但是，这确实是其理论的一个重要特征，需要进行明确说明。当今许多读者会感觉到，由于理论中的精英主义元素的存在，该理论并没有阐述清楚道德本质的核心内容。

尚未解释清楚的部分

也许，对这种"试图帮助我们成为更好的自己"的理论最有力的批判是其在"我们应该如何作为"这一问题上含糊不清的回答。"中庸之道"并没有为我们提供太多的指导意见。要求我们依照中庸之道的智慧行事是没有任何意义的，除非我们能有幸碰到一个拥有这种智慧的人来告诉我们，他在这种环境下是如何作为的。甚至在这种理论内部也存在自相矛盾之处：我们是应该投身于有德行为的生活（亚里士多德在《尼各马可伦理学》一书中对这种观点进行过长篇大论），还是应该像书中末尾所推崇的生活方式一样，致力于哲学沉思的生活呢？学者们试图中和这些明显对立的观点，但不可否认的是，亚里士多德显然没有为"如何生活"这一话题提供明确指导。

✳ 生平纪要

公元前384年，亚里士多德出生于古希腊斯塔吉拉（Stagira）。

在雅典时，是柏拉图的学生。

亚历山大大帝的导师。

其出版的文章主题范围极广，内容涉及政治学、悲剧和生物学。

公元前 322 年，逝世于卡尔基斯（Chalcis）。

✳ 关键词表

Akrasia：意志力薄弱，即知道什么是最佳方案，但仍然选择其他做法。与柏拉图不同，亚里士多德坚信意志力的薄弱是真实存在的。

利己主义（egoism）：只关注自身的利益。与利他主义相对立。

Ergon：任何事物所具有的特殊功能。

Eudamonia：幸福。在亚里士多德看来，这并不是稍纵即逝的幸福的精神状态，而是一种贯穿一生的美满状态。

中庸之道（Golden Mean）：亚里士多德认为正确的行为处于两个极端之间。

无可比性（incommensurability）：无法比较两个事物，因为缺少能进行比较的公认标准。

无节制（incontinence）：akrasia，或者意志力薄弱。

Phronimos：一个具有实践性智慧和谨慎的人，他对特定环境高度敏感且能准确判断要做之事。

美德（virtue）：这种行为方式会让你成为良善之人。

✳ 延伸阅读

J. L. Ackrill *Aristotle the Philosopher* （Oxford: Oxford University Press，1981）.

此书对亚里士多德的哲学思想进行了很好的概述。

J. O. Urmson *Aristotle's Ethics* （Oxford: Blackwell，1988）.

此书对《尼各马可伦理学》的评论思路清晰，大有裨益。

Amelie O. Rorty（ed.）*Essays on Aristotle's Ethics*（Berkeley: University of California Press，1980）.

此书涉及部分经典章节节选。

第三章
波爱修斯的《哲学的慰藉》

正如《哲学的慰藉》（*The Consolation of Philosophy*）开篇所言，波爱修斯（Ancius Manlius Severinus Boethius）在监狱里哀叹自己命运不济。他想死。他已经没有什么可期待的了。命运曾经赠予他财富与自由，现在却全部收回。然后，在他吟诗以表哀伤之时，他注意到有一个女人站在他旁边。她的身高飘忽不定，时而处于正常身高，时而高到难以估量。她的衣裙底部绣着希腊字母 π，顶端绣着希腊字母 θ，这两个字母之间绣着一个梯子。她的衣服破破烂烂，手里还拿着几本书和一根权杖。这个女人就是拟人化的哲学。字母 π 代表着实践性哲学（包括伦理学），字母 θ 代表了沉思哲学（形而上学和科学）。

哲学女神责备波爱修斯抛弃了她。通过与波爱修斯交谈，哲学女神给予了他一直苦苦寻找的慰藉。尽管他被不公正地判处了死刑，并且失去了大量的财富、名声和自由，但是哲学女神说她能给予波爱修斯内在的力量。哲学女神诊断出了他的绝望，并理性地给予了他一些安慰的良药。这种情形下的哲学是一种自我救赎，是一种对心灵的慰藉。有时候，波爱修斯把哲学当作自己的良医。

据我们所知，《哲学的慰藉》一书大概写于公元 524 年，彼时波爱修斯被关押在帕维亚等待行刑，其罪名是叛国，即反对西哥特国国王狄奥多里克。波爱修斯的人生起落极具戏剧性：他曾是狄奥多里克政府中最受人景仰、最具声望的成员。之后波爱修斯遭受严刑拷打，死于棍棒之下，这种死法对于他这个身份和地位的公民而言是极不光彩的，也是他们极其不愿意接受的。

尽管他所出版的书籍种类繁杂，其中还包括音律类图书，他还将亚里士多德的大部分著作都翻译成了拉丁文，但他是因生前最后的著作《哲学的慰藉》而为现代人所知。这本书妙趣横生，融合了散文、诗歌和对话录，在中世纪和文艺复兴时期曾是最畅销的书之一。乔叟亲自翻译过这本书，伊丽莎白一世也翻译过。这本书的哲学内容并不都是原创，但其表达思想的方式让它成为一本寓乐于教的书。

哲　学

正如我们之前所提到的，哲学化身为一个女人，来到波爱修斯的牢房里探视他。但哲学对于波爱修斯而言意味着什么呢？他是一个新柏拉图主义者，也就是说，他的哲学观点深受柏拉图学说的影响。他尤其认同柏拉图所说的"哲学沉思将我们带离表象世界的歧途，引向现实的真实体验"这一观点。他反复提及表象世界中的朦胧影像，并把它与真理的阳光相比较。这里借用了柏拉图在《理想国》中运用的典故，即在洞喻中，太阳象征着"善"的理型。

哲学女神教会了波爱修斯，或者说提醒他，作为一名哲学家，他应该看淡命运起伏所带来的影响。哲学女神唤醒了波爱修斯的记忆这一事实很可能再次对应到了一种柏拉图学说的隐喻，即知识是一种回忆。

机遇和幸福

一个真正的哲学家不会为机遇所动摇。命运的车轮必定会不停转动，那些处于高位之人很快就会发现自己落于底端。这就是命运的本来面貌：变幻莫测。实际上，哲学告诉波爱修斯，只有当哲学女神身处逆境之时，命运才会眷顾人类。好运会欺骗我们，因为它给了我们拥有真正幸福的错觉，但当命运摘下它的面具，展示出它的狡诈之时，便是我们收获最多之时。逆境告诉我们，由财富、名声和享乐带来的幸福是多么不堪一击。它也告诉了我们谁才是真正的朋友。

波爱修斯确实得到过命运的眷顾：他的两个儿子在同一天被任命为执政官，以感谢波爱修斯为国家发展所做的贡献。然而，他的锒铛入狱夺走了他的幸福。哲学女神告诉他，他是多么愚蠢：真正的幸福并不存在于任何为机遇所掌控的事物之上，比如财富或者名声。它一定是发自内心的。从这个角度来说，波爱修斯确实受到了斯多葛哲学某些方面的影响，这种哲学强调面对外部困境之时要保持镇静。对于斯多葛主义者来说，幸福来源于内在，不受命运起伏的影响。

罪恶与报应

这个世界似乎并不公平，波爱修斯对此感到遗憾。心术不正的人常常生活美满，而有德的良善之人却饱经沧桑。哲学女神对此的回应是，那些有德之人才会得到真正的福报，因为他们有能力通过对"善"的追求而达到终极目标，即真正的幸福。而罪恶之人只是表面风光：事实上，他们因丢弃了理智而成为次等人，比起受到报应性惩罚，他们更值得被同情和被拯救。

上帝和自由意志

哲学女神提醒过波爱修斯，所有人追求的真正幸福来源于哲学沉思，而非名声、财富或者享乐。尽管这些身外之物让罪恶之人表面风光，却不能让他获得真正的幸福美满。哲学女神和波爱修斯就上帝和自由意志进行了一番探讨。因此，这本书就变成了一本严谨的哲学对话，其风格与柏拉图的对话录如出一辙。波爱修斯扮演提问者，而哲学女神向他阐述上帝的本质，并借助理性引导波爱修斯从单纯的表象世界进入一个纯净光明的世界。

书中大部分讨论侧重于"人类如何获得自由意志"这一问

题，即真正拥有选择所做之事的能力，但与此同时，上帝可能会提前知道人们真正想做什么。如果没有自由意志，就不会有理性行为；但如果上帝知道我们要做什么，那就很难说我们是否可以真正自由地做出选择。

哲学通过区别宿命论和先知回答了这一难题。那些相信宿命论的人认为上帝已经把未来必然会发生的事情安排好了；而先知只是提前知道将要发生的事。哲学认为上帝知道人类将要做出什么选择，但这并不会导致事情的发生，人类还是有做出选择的权利。因此，神的预知和人的最终选择是并存的，因为知道将要发生的事并不能决定它发生与否。

然而，这似乎就是说，如果上帝提前知道了我们会选择什么，那我们表面上做出的选择就是一个错觉，而不是真正的自由意志，只能算是自由意志的幻觉罢了。哲学女神对这个质疑的回应是，我们对于先知的错误看法建立在人类对时间的体会上，这是可以理解的。但是在一些重要方面，上帝和我们是不一样的。尤其是上帝是不受时间控制的，是永存不朽的。因为上帝立于时间之外，他的先见之明可以与我们现在的知识相媲美：过去、现在和将来对于他都一样。我们对于现在所发生之事的看法并不会影响其发生。上帝的先见之明也没有排除我们可能做出真正的自由选择的可能习性。我们误认为上帝同时间的联系与我们是一样的。上帝对既定之事、发生之事和将做之事都了如指掌。

哲学女神在书的结尾处勉励波爱修斯追求美德，因为他生活在审判者的眼皮子底下，这个审判者处于时间之外，远远地看着他，掌握着全局。因此，在《哲学的慰藉》一书中，波爱修斯的思想之旅追随着柏拉图《理想国》里哲学家的步伐。波爱修斯把表象世界的阴暗，即洞穴墙上的影子，抛于脑后，成功地认识到了"善"的理型和有关上帝的知识。

对《哲学的慰藉》的批判

合理化

波爱修斯对一切能免于机缘巧合影响的事物的歌颂，被认为是一种合理化行为。考虑到他被关在监狱里，面临着酷刑和既定的裁决，毫无重获昔日财富和公众尊敬的希望，他却依旧称颂理性行为，这难道不令人感到惊讶吗？他身边已经没有什么有意义的事情了。也许他拒绝把财富和名声列入幸福生活的必要条件，只不过是一个绝望之人的自我安慰罢了。

就像这里的批判所说，即使波爱修斯确实是因为无事可做才得以注意到理性思考的重要价值，那也不意味着他说的都是错的。无论他相信与否，事情的真相都跟他的动机无关。另外一种解释是，波爱修斯之前认为有价值的东西都被剥夺了，这才使得他从之前的自满中惊醒过来。直到那时，他才开始理解（或者说回忆起）哲学女神留给他的有力话语，重拾自给自足式的朴素幸福，这种幸福是哲学女神教给他的。这种解释得到了文中哲学女神的支持，哲学女神认为逆境可以让人回归善的大道，而外部世界中成功的附属物会让人误以为他们已经找到了真正的幸福。

所以，即使波爱修斯相信哲学女神所授知识的动机值得怀疑，但也不意味着哲学女神传递的信息是错误的。然而，对哲学信仰最具破坏力的是，人们发现实际上财富、名声和其他世俗之物才是幸福的重要组成部分。比如，亚里士多德坚信，拥有一定量的财富和自己的孩子才是幸福的重要组成部分。如果他是对的，那么波爱修斯试图从哲学里得到真正的慰藉就注定会失败。

❋ 生平纪要

公元 480 年，出生于罗马。

公元 524 年，写下《哲学的慰藉》并被处以死刑。

❋ 关键词表

先知（foreknowledge）：提前知道将会发生之事。

自由意志（free will）：做出真正选择的能力；它通常和决定论相提并论，决定论的观点是我们所有的想法和行为都是在我们没有权利选择所想和所做的情况下出现的。

新柏拉图主义（Neo-Platonism）：柏拉图哲学思想的修订版本。

斯多葛主义（Stoicism）：一个古希腊哲学学派，该学派强调，人活着的目的不在于追求荣誉和财富，人可以通过降低欲望来实现幸福生活。

❋ 延伸阅读

V. E. Watts *The Consolation of Philosophy* （London: Penguin，1969）.

译者在本书导言中清楚地介绍了波爱修斯的生平和作品。

C. S. Lewis *The Discarded Image* （Cambridge: Cambridge University Press，1964）.

本书有一处内容涉及对《哲学的慰藉》的探讨，观点耐人寻味。

第四章
马基雅维利的《君主论》

　　许多读者都以为《君主论》（*The Prince*）是一本冷酷无情者的自助手册，但这本书所讲的内容远不止这些。尽管马基雅维利（Niccolò Machiavelli）有些时候确实提倡虚伪和残忍，但他也把赞美留给那些知道怎样适时使用武器和诡计的人。他解释了一个强大而又有效率的统治者是如何最大程度上维护国家利益的。他的建议并不适合每一个人：这是给君王或者统治者提出的建议，即那些决定着他们的人民命运的行动者。对于这类人，他的建议是不要太过拘谨。他们需要快速高效地采取行动，做到最好。而对于一个国家而言，最好是忽视传统道德的存在。

　　在他的家乡佛罗伦萨，马基雅维利的政治生涯特别成功。然而，在公元 1513 年，他被指控密谋反对极具影响力的美第奇家族。他锒铛入狱，受尽折磨，之后被流放城外。他撰写《君主论》似乎就是为了表明自己非常适合当新君主的顾问。这本书就像一块敲门砖，意图帮助他重回政坛纷争。从这个层面上来看，他失败了。他并没有得到他想要的地位。

在马基雅维利去世后不久,《君主论》于公元 1532 年首次出版,此后这本书就一直饱受争议。如今,人们在讨论所谓政治上"肮脏的手"的必然性时就会频频提及此书,并且还用"马基雅维利式的"这样的形容词来形容以奸诈的方式追求个人利益,这是极具误导性的。

《君主论》的写作风格被称为"君王的镜子",即通过小短文来给统治者提出建议并激励他。这种风格在文艺复兴时期非常普遍。通常情况下,他们会很推崇勇敢和怜悯心这些美德。与之大相径庭的是,马基雅维利给出的建议是一个成功的君主需要学会变得不那么好,也需要学会在必要之时快速采取可能看起来有些残酷的行动。一个成功的君王只有在合适的时候才会兑现他的承诺,尽管他只是表面看起来比较诚实而已。有时候,为了识别和规避别人给他设下的陷阱,他需要敏锐得像一只狐狸,但与此同时,他也需要勇敢得像一只雄狮,以吓退在他身边伺机而动的狼群。马基雅维利想传达的信息是,一个君王需要知道如何像一只野兽一样行动,这个想法是对人文主义传统的挑战,因为人民都希望他们的君王是他们的道德榜样。

人的天性

马基雅维利对人的天性并不看好。基于他自己的观察和对佛罗伦萨历史及古典文献的研究,他声称,人们的行为都是不好的,且是可预见的。人都是喜怒无常、撒谎成性的,他们趋利避害且极其贪婪。在这样的环境下，君主需要利用恐惧心理以实现有效的治理：受人爱戴并不是一个可靠的权力来源，因为人们会在合适的时候打破感恩的纽带。如果你可以选择，最好是被人爱戴的同时也要为人所敬畏；如果你只能选择其一，那就选择成为让人敬畏的君主。

相较于研究"人们应该怎么行事"，马基雅维利对人们的实际行为更感兴趣。他的观点是，除非君主意识到人类确实一直都是反复无常的，要不然他很可能会因此而吃苦头。如果人们实际上经常背弃诺言，那么就不能仅凭信任就让他们遵守承诺。并且在这种情境下，君主也大可不必坚守自己所言，否则就是有勇无谋的表现了。马基雅维利坚持认为，君主应该遵循一套与传统道德观所倡导的完全不同的准则，不管这种传统道德观是来源于古典文学还是基督教教义。

对于一个君主而言，表象就是一切。人们只会对表象特征做出反应，即使有可能，他们也很少会了解到一个君主真正的想法。因此，君主必须掌控好他的出现方式，即使在面具之下，他还有另一副面孔。

当机立断

理解《君主论》的一个关键概念是"virtù"，这是一个意大利词，通常翻译为"当机立断"。尽管这个词来源于拉丁语"virtue"（美德），但在马基雅维利的观念里，这个词的含义大不相同。通览全书可以发现，马基雅维利的目的在于解释清楚一个君主如何展示出他当机立断的品质。这种品质是一种快速有效地行动的能力，它能确保一个国家的安全和持续发展。但这可能也意味着做出虚假的承诺，谋杀那些对你有威胁的人，甚至要在必要的时候屠杀自己的支持者。

当机立断的品质会提高统治者的成功概率，但拥有这种品质的统治者（表现出当机立断的品质的人）也不一定能建立丰功伟绩。马基雅维利坚信，我们的人生有一半是由我们无法控制的偶然事件所主导的：不管这个君主准备得如何充分，他的计划可能仍会因灾祸而搁置。命运就像一条河，不断冲刷着两岸：一旦洪水蓄势待发，我们任何人都无能为力。但这并不能阻止我们在洪水泛滥前就采取行动，把损失降到最低。偶然事件通常会在不加注意的方面造成极大的危害。然而，马基雅维利也确实相信，命运会眷顾年轻人和勇士。用一个不恰当的比喻来说，命运就像一个女人，她会回应一个大胆的年轻男人的求爱，尽管这个人会对她进行蹂躏和摧残。当机立断这种品质只是男人用来征服她的手段罢了。

马基雅维利认为，展现出当机立断这种品质的君主楷模是切萨雷·博吉亚（Cesare Borgia）。他的当机立断展现在把奥西尼人诱骗到西尼加利亚，然后对他们进行谋杀。然而，马基雅维利最欣赏博吉亚的地方是其对自己党羽所做之事。博吉亚刚刚控制了罗马涅地区就派遣了一个凶残的同党奥尔科（Remirro de Orco）来掌管这一区域，而奥尔科用残暴的手段很快将此地平定下来。博吉亚认为这种残酷之人会变得不受他控制，所以为了平息开始指向他的仇恨，博吉亚杀害了奥尔科并将他的尸体砍成两半扔到公共广场上。仅仅通过这样一个惨不忍睹的场景，博吉亚就安抚住了罗马涅人，也让他们变得麻木不仁。马基雅维利对博吉亚的行为拍案叫绝，因为这是对残忍的巧妙利用。他将博吉亚的做法和暴君阿加托克利斯（Agathocles）的做法进行了对比，他认为后者只不过是一个暴徒而已，其行为丝毫没有表现出当机立断的品质。

切萨雷·博吉亚和阿加托克利斯

阿加托克利斯通过暴力手段成为锡拉库扎的国王：他杀害了锡拉库扎的参议员和那里最富有的公民就轻易地夺权了。他通过残酷且不人道的手段统治并捍卫他的国家，在马基雅维利看来，阿加托克利斯的行为不应该同"当机立断"这种品质相提并论。那么是什么让博吉亚不同于阿加托克利斯呢？马基雅维利并没有完全说清楚把他们二人区别开的原因，然而最有可能是如下缘由：他们两个人都简单粗暴又高效地使用了残酷手段。然而，博吉亚的行为使他达到了自己的目的，且带来了一个符合大众利益需求的局势（尽管几乎可以肯定的是，他受到了对权力的欲望的驱使）。相比之下，阿加托克利斯只是一个残忍的暴君，他的所作所为让锡拉库扎的局势变得更加糟糕，也就是说，他的行为无异于犯罪。因此,博吉亚的行为算得上当机立断,而阿加托克利斯并不算。

马基雅维利谴责阿加托克利斯的行为,这个事实让那些声称马基雅维利赞成不道德行为的人都哑口无言。他确实赞同一些传统道德观里认为"不道德"的行为,比如博吉亚对奥尔科的处决;并且毫无疑问的是,他丝毫不尊重我们现在称之为基本人权的东西。马基雅维利甚至很喜欢那些对血腥场景的描写。然而,他对于诸如阿加托克利斯的种种行为却是不赞成的。

对《君主论》的阐释

是讽刺吗?

有些评论家发现马基雅维利对待政治的态度如此极端,以至于他们认定马基雅维利是在讽刺暴君。当然,他们坚持认为,马基雅维利并不是真的把博吉亚当作好君主的典范。他们声称,通过讽刺性语言来表明对暴君不道德行为的支持,马基雅维利实际上是在批判这种治国方针,而非称颂它。这似乎是卢梭对《君主论》的看法。

除了马基雅维利在之后的《论李维》(*Discourses on Livy*)一书中表达过对共和制的同情之外,支持这种观点的证据少之又少。这就可能让人们相信,马基雅维利本人非常反对"佛罗伦萨应该由一位君主来统治"这一观点。然而,评论界一致认为,马基雅维利早期在《君主论》中所写是经过深思熟虑的，这也就解释了为什么这本书引起的争议颇多。

与道德无关吗？

对《君主论》的另一种解释是，马基雅维利是在为那些一心夺权而不择手段的人提供指导。从这种解释来看，马基雅维利是不关心道德问题的，完全置道德于不顾，他只是在给那些如精神病患者一般行事的人提建议罢了。这种解释难以服众。通过博吉亚和阿加托克利斯的比较可以看出，马基雅维利并不赞同无节制的暴政，因为这种暴政纯粹出于自私，且于国家没有什么益处。这本书也不是一本对"如何做"不加评判的手册。在马基雅维利所讨论的范围里，残暴是存之有理的，而且还是在道德层面占理的：它能够防止日后更残酷的行为发生；它是对大众有益的。因此，《君主论》远非一本与道德无关的书籍。它可能会倡导一种传统标准认为不道德的政策，但这些政策的存在本身于道德和政治都是合理的。所以，它远不只是一本为不道德之人提供玩弄权术技巧的手册。

马基雅维利的原创性

思想史学家以赛亚·伯林（Isaiah Berlin, 1909—1997）对马基雅维利在政治思想方面的贡献进行了更为精准的解读。在他看来，马基雅维利最大的独创性和魅力在于，他认识到了古典道德观和基督教道德观应用于君主时所存在的局限性。一个拥有诸如诚实和怜悯之心等传统美德的君主很有可能会落入敌人之手，因为他的敌人可不这么讲道德。伯林的观点是，马基雅维利并非不在乎道德问题，他只是无意间引出了一个概念，即可能存在不止一种道德观，并且这些道德观之间并不相容。并不能说这一种道德观是对的，其他的都是错。实际上，很多道德观并不相容，但彼此的内部都是和谐一致的。

伯林捍卫的是一种被称为价值多元化的立场，这种立场表明可以存在很多不相容的道德体系，并且也没有原则标准来评定这些体系（尽管有些体系明显优于其他体系）。伯林在马基雅维利的作品中看到了自己思想观点的前身。

政治上的"脏手"

马基雅维利的观点至今仍然会引起纷争，其中一个颇具争议的话题就是政治上的"脏手"，即一个政治领导者要扮演好他的角色，必然会做出一些明显不道德的行为，这种结果无可避免。马基雅维利在《君主论》里的阐释似乎是想说明，任何有实权的统治者在必要情况下都会变得冷酷无情，有时候甚至会违背传统道德观里的规定。这并不意味着，当政治领导者发自内心地为了民众的利益而不得不这么做的时候，他的那些诸如撒谎、遮掩、失信于人等行为于他自己而言就是不道德的。在马基雅维利的观点里，君主应当遵循的道德模式与其他人不同，且这种道德模式应是为他们量身定做的。

对《君主论》的批判

对不道德的提倡

马基雅维利对现在我们所说的人权丝毫不在乎。于他而言，为了保障国家利益是可以牺牲个人利益的（如果必要）。有时国家对个人的折磨和谋杀也是有必要的；事实上，他认为，一个不愿在必要时刻做出快速高效的决策的统治者，从某种意义上来说是一个不称职的君主，因为他的谨小慎微很可能会导致之后更大规模的流血事件。

近代史已经表明了一个毫无章法的暴君会给无辜群众带来何种危害。"给这种暴君的行为找明显合理的理由"，这种行为带来的后果非常严重，其中一个后果就是至少一些百姓会因此陷入水深火热之中。由于人类具有自我欺骗的能力，我们很容易就能想象出，一个领导者会对自己说，要想国家昌盛，那么他们所做之事必不可少。事实上，这可能是对暴行的自我合理化，也是为谋求政治局面稳定而付出的极高代价。马基雅维利对这种批判的回应可能会是：这种暴力行为的作用要根据其结果来进行评价，即这个国家是否变得更加富裕、更加稳固、更加强大了。对于马基雅维利而言，他并不会考虑其他方面。

过于愤世嫉俗

马基雅维利十分不看好人的动机。也许他在这方面考虑不够周到。在有关"人类是否有关心困境中的其他人的潜质"

这一问题上，许多人的看法比马基雅维利要乐观许多。如果他在"人的反复无常"这一点上认识有误，那么通过恐吓和适时的残忍手段来进行统治就显得不那么必要了。但如果他是对的，那些坚定不移地遵循传统美德的政治领导者就会把他的人民置于水深火热之中。

❀ 生平纪要

公元 1469 年，出生于意大利佛罗伦萨。

公元 1513 年，受尽折磨，流放城外。开始撰写《君主论》。

公元 1527 年，在佛罗伦萨逝世。

公元 1532 年，遗著《君主论》出版。

❀ 关键词表

无道德的（amoral）：完全在道德范畴之外的。

命运（fortune）：机遇或者好运。马基雅维利坚信，与人有关的事情多半为机遇所掌控。

不道德的（immoral）：违背既定的道德体系。不道德的行为经常作为道德理想和道德原则的反面教材。

virtù：马基雅维利理论中的重要概念，常被译作"当机立断"。不要跟"virtue"（美德）的传统含义混淆。对于马基雅维利而言，当机立断这种品质可能会涉及欺骗或者快速高效地使用暴力手段。

❇ 延伸阅读

Quentin Skinner *A Very Short Introduction to Machiavelli*（Oxford: Oxford University Press，2000）.

对于任何有兴趣了解马基雅维利生活和思想的人来说，此书都是必读材料。

Isaiah Berlin，ed. Henry Hardy *The Proper Study of Mankind*（London: Pimlico，1998）.

以赛亚·伯林的经典篇目《马基雅维利的原创性》（*The Originality of Machiavelli*）收录于此。

Nigel Warburton，Derek Matravers and Jon Pike（eds）*Reading Political Philosophy: Machiavelli to Mill*（London: Routledge，2001）.

此书包括对《君主论》的探讨以及斯金纳、伯林等人对马基雅维利的解读。

Sebastian de Grazia *Machiavelli in Hell*（London: Macmillan，1996）.

此书是一本关于马基雅维利传记的获奖书籍。

Maurizio Viroli *Niccolò's Smile*（New York: Farrar，Straus and Giroux，2000）.

莫里奇奥·维罗里近期所写的这本传记提供了一个人物形象框架，旨在将马基雅维利富裕的生活及其思想联系起来。

第五章
蒙田的《随笔集》

蒙田（Michel Eyquem de Montaigne）开创了散文体裁的先河。或者说，他开创了 "essai"，这个词在法语中的意思与英语稍有不同。在法语中，它意味着一种尝试、探索或者测试，而英文中的 "essay"，至少对于大多数学生来说，这意味着一篇结论清晰的文章，其中的论点及论据用以支持所得结论。通常这种文章带有某种评估的目的，检验你所学的知识以及组织好材料的能力。然而，对于蒙田而言，文章只是一种探索形式，并不一定具有结论性。他在写作中探索思想，结合古典作家的作品对自己日常生活中的古怪之处进行描述。与大多数写论文的学生不同，他很乐意让人知道自己才疏学浅，也乐于描述自己生活的细节，这种描述实诚得让人惶恐，因为描述中还包含他的性生活，而在当时很少有人愿意公开这种隐私。流传下来的随笔中，有107篇的主题是关于死亡、怀疑主义和食人主义等。有一些探讨出结论了，而另一些则行文散漫，偏离正题。

蒙田与之后的哲学家康德并不相同，康德在他的著作《纯粹理性批判》（详见第十四章）中高度概括了他的思想，即所谓的"理性建筑术"。而反观蒙田，他坦言自己毫无计划，书的编排也是随心所欲。那种规整的排版、系统化的内容既不能体现出蒙田的生活方式，也不能体现出他的思想。如果你想理解生活的混乱、细节的堆叠以及明显毫无联系的事物并为之喝彩，那么蒙田的书是一个不错的选择。康德把自己当作知道答案的人之一，并且或多或少会客观地告诉你答案是什么，而蒙田的散文为我们打开了一扇窗，让我们得以窥见一个探索答案的伟人，他视问题为儿戏，揭示了他生活中微不足道的一面，即这个伟人并不急于得出结论，也不过多地关注结论。

　　蒙田的散文中包括题外话、大量的引语（通常是拉丁语）以及参考，甚至有时候在一篇散文中还会出现自相矛盾的观点。这些散文的重点通常都偏离了既定主题，即题外话也可以变成主要论题。尽管如此，蒙田的散文还是激励了一代又一代的读者，他们甚至觉得，就算蒙田已经逝世了几个世纪，但只要一读起他的散文，蒙田就会出现在他们的生活中。且不说内容有多么具体，蒙田在其开放的心态和敏锐的自我发现意识下发现了有关人类生活方式的深刻事实，这些想法仍能与当今的人们产生共鸣。那时他的散文都是自传体，但当时自传还没有成为广为人知的文学形式，也就是说，这并不是人们惯于用来谈论哲学的方式。蒙田认为，在某种意义上，他写下的散文都是自己的缩影，因为这些散文展现出了他本身，也给予了他安静的一隅，以让他在写作过程中发现自我。

他认为写作的行为也涉及自我发现的过程，而这个过程让他活得与众不同，更加精彩。他因此变得更加关注周围发生的事情，更加热爱思考。

当蒙田直言要讨论哲学的时候，他的思想也并非原创，而是如他自己所说，借鉴了古代斯多葛主义和怀疑主义的想法，其中主要借鉴的是诸如普鲁塔克（Plutarch）和塞内卡（Seneca）这样的古罗马时期作家的思想，而这些想法则得益于他们之前几个世纪的古希腊哲学家。蒙田的原创性体现在其独特的文风、敏锐的观察以及自传体的使用上，尤其体现在他对私生活所持有的开放心态上，比如他会说到自己的性倾向，也会提到不管是国王还是哲学家，抑或淑女名媛，都会排便的事实。但他写作的终极目的是弄明白这些事情对于人类的意义。与苏格拉底一样，他认真思考"认识自己"这句古训，并且努力思考应该如何生活以及如何为死亡做好准备。

蒙田是谁？

蒙田是 16 世纪的一个法国贵族，住在法国西南部的波尔多附近。他家庭富裕，拥有一大片葡萄园，本人住在一个大城堡里。退出公众视野之后，他大部分时间都待在城堡里的塔楼上写作或思考。事实上，他把写作当成一种集中注意力的方法。

怀疑主义

受皮浪（Phyrro）的影响，蒙田相信怀疑主义，并认为唯一能确定的事情就是任何事情都具有不确定性，甚至理性本身也是不可信的。他最喜欢说的一句话是"我知道什么呢？"这个问题暗示的答案是"一切都不可得知，或者说近乎一无所知"。人类其实知之甚少，或者说一无所知。他假想自己是他所养的那只猫，并通过猫的视角来进行观察，据此他提出疑问："在逗猫的时候，我怎么知道是我在逗猫，还是猫在逗我？"他也试图理解他那只嗅觉高度灵敏的狗狗的内心世界，因为他想从各种动物的不同视角来感受所谓的"真实"。因此，蒙田自己的观点也属于这些不确定的一种。笛卡尔（René Descartes，详见第六章）虽然参与有关怀疑主义的纷争，但是他依旧在寻找一些确定的东西。蒙田与笛卡尔不同，他始终站在不确定性一边，并坚信这才是人类处境的一大特点。

斯多葛主义

考虑到世界是不受人类掌控的，蒙田想控制自己的欲望这件事也反映出斯多葛主义对他的影响，即这种哲学立场强调，我们有能力决定如何应对发生在我们身上的倒霉事，并且一个真正的哲学家能够在任何情况下保持头脑冷静，因为在任何情况下，一旦出错，我们大多数人都会感到痛苦忧心，但真正的哲学家可以从这些情绪中抽离出来。对于一个斯多葛主义者而言，最严峻的考验在于如何面对死亡以及死亡过程中的痛苦。死亡这一话题始终困扰着蒙田，并在他的文章里反复出现。

有关死亡

蒙田有五个孩子，其中四个早年夭折；他最好的朋友死于鼠疫；弟弟被一个网球击中了脑后，几个小时后就因此丧命。蒙田本人也从马背上摔下来过，伤得很重，几乎没了半条命，而这件事的起因是他和一个骑马疾驰的仆从相撞。"死亡"这个主题时常出现在他的散文中，他从古代哲学家的认知里汲取有关死亡的想法。古代哲学家们认为，学习哲学就是学会如何面对死亡，或者至少这件事能分散他们的注意力，让他们不必为必然会降临的死亡而惶惶不可终日。散文的核心观点就是"学习哲学就是学习死亡"。

尽管蒙田承认他也害怕死亡并深受其扰，但他自身的经历让他并不会过多担心这件事。他认为死亡是一个自然现象，即当他大限将至，事情会自然而然地发生。我们与其对死亡的真相躲躲藏藏，不如多想想死亡这件事，多想想生命的短暂，因为我们很难知道自身的死亡何时降临，也很难确定它将以什么方式出现。在这一点上，蒙田很赞许古埃及人的做法，即古埃及人有一个习俗是，在宴会的高潮拿进一具干尸，以此表达对死亡的铭记。蒙田虽然不是公认的无神论者，但在他的笔下，死亡似乎就是最终的宿命。与塞内卡的观点相呼应，蒙田认为，活了多久并不重要，重要的是活着的时候的所作所为。他提出，能消除我们对于死亡的恐惧的最好办法之一就是每一天都去思考它。蒙田坚信，每时每刻都想着我们自身的死亡可能会随时降临这件事有助于我们好好生活，好好享受当下，因为我们已经足够幸运能存活至今。同时，他也讲述了自己濒死的经历，并且认为，相比于死亡不大可能出现之时，当死亡看似真的来临的时候，他反而不那么害怕了。

其他主题

蒙田的散文涵盖主题极广，其中包括怯懦、恐惧、食人主义、祈祷、孤独、酗酒、残忍以及父子相似性等，其内容之丰富，三言两语无法概括。而蒙田出现在所有主题当中，他很乐意坦诚地探讨这些问题，其间还会引用古代作家的观点和自己的亲身经历。

对《随笔集》的批判

太过主观

蒙田并不总是按照教学的方式来讲哲学，也就是说，他的散文更像是法国文学课的必读书单上的一本书。之所以这么说是因为，跟休谟或者罗素比起来，蒙田所写的内容大部分都非常主观。他把自己的立场和生活中真实发生过的种种小事作为文章的切入点。正如他所说，当他意识到有时在同一篇文章里，自己的观点发生了改变时，他会说："我可能会反驳自己，但我从不违背真理。"他想强调的是对自己生活的真实体验，以及他对于生活琐碎超乎常人的关注，而正是这两点让他的文章读起来津津有味，但这些算不上真正意义上的哲学。这种批判有失偏颇，其思想的狭隘之处体现在哲学仅仅被当作一门始终追求普遍性和客观性的准科学学科。

哲学原创性的匮乏

另一个对蒙田的批判是，在他的文章中很少有未被其他哲学家提及过的部分。蒙田大量借鉴了斯多葛主义者和怀疑主义者的思想，并且还引用了大量的拉丁文献。蒙田的许多思想，诸如他对怀疑主义和死亡的看法，都直接照搬古代哲学思想。也正因为如此，蒙田的文章似乎缺乏哲学原创性。但是，他的思维方式独特，且乐意用自己的生活经验来举例说明自己的思想，再加上他的写作风格坦诚又开放，这些都是极具特点且史无前例的。蒙田真正的原创性体现在他把自己的个人存在和经验作为研究对象，并由此得出一幅关于人类生活的概貌，以及一个重要的观点，即正如他在"致读者"部分所写，他的主要研究对象是他自己。

❋ 生平纪要

公元 1533 年，出生于法国的阿基坦地区。

公元 1571 年，淡出公众视野，开始思考和写作。

公元 1589 年，《随笔集》第一卷出版。

公元 1592 年，去世。

❋ 关键词表

散文（essay）：由法语词"essai"翻译而来，有"尝试"的含义。对于蒙田而言，散文是一种有探索性质的文学体裁，也是一种了解自己想法的方式。

怀疑主义（scepticism）：持有怀疑态度的哲学立场，比如怀疑感官迹象的可靠性。皮浪的怀疑主义甚至质疑理性的可靠性。

❋ 延伸阅读

Sarah Bakewell *How to Live: A Life of Montaigne in One Question and Twenty Attempts at an Answer* （London: Vintage，2011）.

这本书极其详细地介绍了蒙田及其著作，且是按照蒙田的写作风格进行编撰的。作者的网站（www.sarahbakewell.com）也提供了一些与蒙田有关的资源的链接。

Saul Frampton *When I Am Playing with My Cat，How Do I Know She is Not Playing With Me?: Montaigne and Being in Touch With Life* （London: Faber，2012）.

这也是一本有趣且所涉内容极广的书，介绍了蒙田这位不同一般的思想家。

Terence Cave *How to Read Montaigne* （London: Granta Books，2007）.

这本书非常有用，它可以作为了解蒙田主要思想的初级指南。

第六章
笛卡尔的《第一哲学沉思集》

笛卡尔的《第一哲学沉思集》（*Meditations*）是一本引人深思的书籍。这本书以第一人称视角进行叙述，就像作者记录六天中所思所想的自传。然而，事实上，作者通过这种巧妙的写法鼓励读者紧跟错综复杂的论述。要想领悟书中的真谛，需要读者积极思考书中的观点，而非被动接受其中的想法。你会成为文中的"我"，不断经历从怀疑到开悟这两个阶段。作为有关哲学的文学作品，《第一哲学沉思集》的地位仍然无可超越，其中许多观点都深深影响着后来的哲学家。笛卡尔也因此被视为"现代哲学之父"。

在《第一哲学沉思集》中，笛卡尔着手建立了我们可能会知道的思想体系边界。所以，他在书中的一个侧重点是认识论，即知识的理论。为知识划定边界并不仅仅是一个学术实践：笛卡尔坚信，如果他能够消除自己思维中的错误，并且发现获得真理的合理原则，那么就能够为科学大厦奠定一块基石，这块基石能够帮助我们理解这个世界，也能告诉我们在世界构成中的角色。笛卡尔于 1640 年写下这本《第一哲学沉思集》，而当时法国的主流观点受天主教影响，在很多时候都对科学抱有敌意。笛卡尔本人也反对哲学的传统教学方法，因为这种教学模式倾向于提升辩论技巧，而不是追求真理。在这种社会背景下，回到最初的原则上，并且摒弃已有的观点，这些都是笛卡尔所做的一些激进的行为。

在开始对其著作进行建设性完善之前，笛卡尔第一次意识到他需要放下之前所有的信仰，因为他意识到之前的观点中有许多都是错误的。他觉得最明智的做法是：一次性摒弃之前所有的信仰，然后再逐一考虑潜在的可替代品，这总好过试图在他原有的信念结构里修修补补。在回应对其作品的批判时，笛卡尔用类比的方式来解释这种做法：如果你很担心桶里会有烂苹果，那最好把所有苹果都倒出来，逐一仔细检查后再放进桶里。只有确定你所检查的苹果都完好，你才能把苹果放回桶里，因为一个烂苹果会毁了其他所有好苹果。这个类比解释了他极端的怀疑方式，这种怀疑方式通常被称为"笛卡尔式怀疑法"。

笛卡尔式怀疑法

笛卡尔式怀疑法包括怀疑之前的认知信仰都是错误的。你只能相信那些能完全确定是正确的事情，即哪怕只有轻微的怀疑，都应该把它排除在外。怀疑某件事并不意味着它一定是错的，它有可能是正确的。但是，只要对它有轻微的怀疑，就不能让它成为知识大厦的基石。知识大厦应该建立在不容置疑的知识之上。笛卡尔自己也承认，这种方法很明显并不适用于日常生活。他建议一个人一生中至少这么尝试一次。这种方法的关键在于，它能够让笛卡尔发现一些毋庸置疑的观念，而这些观念，在他的基本原则之上，能用作他重建知识大厦的基石。而最坏的情况莫过于能告诉笛卡尔万事皆有疑，无一能确定。

感官的证明

笛卡尔在《第一哲学沉思集》中介绍了这种怀疑法，并将其严格地应用到了他之前的信仰观念上，由此开始质疑他所获得的五感。他的感觉有时候会欺骗他，比如他在看远处的某些东西时就会有失误。从原则上来说，"被欺骗一次就不再相信"这件事是明智的，笛卡尔也因此不再相信感官所提供的各种迹象证明。但是显而易见的是，尽管有时候会被远处的物体欺骗，但通过感官获得的事实并不都会欺骗他，就好比他穿着睡衣坐在炉火旁读报纸，这总该是真实的吧？

笛卡尔对此的回应是，与前面所说的不同，他很有可能会被非常确定的事实欺骗。因为之前他曾梦到过自己坐在炉火边，但实际上他是躺在床上睡着了。他并不能肯定现在不是在梦里。但即使在梦里，诸如头、手、眼睛等这些事物都会出现，它们跟现实世界里的几乎毫无差别。因此，我们可以确定的是，这些都是真实存在的。一些更抽象的概念，诸如尺寸大小、形状和体积（他指的是物体所占空间的大小），似乎更加确定。不管你是睡着的还是清醒着的，二加三都等于五，一个正方形永远都不会多于四条边。这些事情似乎确实是真实的。但是笛卡尔认为这些都只是明确得很明显罢了。为了验证这一点，他进行了"恶魔"思想实验。

"恶魔"思想实验

如果有一个强大又邪恶的魔鬼不断操控你的体验和理解，会变成什么样呢？你每次看到的世界上正在发生的事情，很有可能就是这个恶魔制造出来的幻想，让你以为这一切都是真的，但其实不过是恶魔所创造出来的罢了。如果你觉得这个很难想象，那就想象一下，在你还没意识到发生了什么的时候，有人把你扔进了一个结构非常复杂的虚拟现实机器里。然后现在，每次你用二加二时，出来的结果都是五。但你怎么能够确定这不是恶魔或者虚拟现实机器的操控者的一个恶作剧？可能这个恶魔在你的计算过程中加入了一个错误的程序，导致你得到了错误的结果。这可能听起来有点牵强附会，但与笛卡尔的观点并不相悖。这其中最重要的是，你现在有可能就处于被欺骗的状态。如果你运用了笛卡尔式怀疑法，那么你所相信的东西但凡有一丝虚假的可能性，你都有足够的理由拒绝继续相信它。当然，在日常生活中，在我们准备摒弃掉一个观念之前，我们需要找到很多强有力的证据来证明它的错误性，这才算找到了这个观念的本来模样。但是当我们寻找一个不受质疑的信仰时，恶魔思想实验也为我们提供了一个非常有力的检验方式。任何可以通过这个检验的观念，任何你可以确定并没有被恶魔误导的观念，都一定是正确的。

在《第一哲学沉思集》的这一部分，笛卡尔更倾向于相信任何事物都是值得质疑的。然而在第二沉思中，他的怀疑是先发制人的。也就是说，他把怀疑论使用到了极致，以此向我们表明，有一些观念是不可能被怀疑的。他的另一种做法是怀疑"怀疑论"本身：给出他所能想到的最有力的怀疑论证形式，然后向我们展示，即使是这样，也没办法阻止他建立至少一种确定性。

他所发现的这种确定性，即他的哲学世界中的转折点，通常被称为"我思"，来源于拉丁语中的"Cogito ergo sum"（我思故我在），尽管这句话在《第一哲学沉思集》中并没有以这种形式出现。在《第一哲学沉思集》中，笛卡尔说："'我思故我在'这句话一定是正确的，每次我念到这句话或者想到它的时候，都感觉到它是对的。"

我　思

笛卡尔的观点是，即使这个恶魔真的存在，并且不断地欺骗他，仍然有一些事情是恶魔无能为力的，即他自己的存在。在笛卡尔看来，他不可能质疑自己的存在，并且笛卡尔相信，他的读者们经过思考也会认为自身的存在是不可怀疑的。你的任何想法都表明，这个思考者是真实存在的。即使你对自己的想法感到无比困惑，也改变不了这个事实。你可能会想象自己正站在帝国大厦的顶楼俯瞰美景，而实际上你却在锡德卡普的站台上等车，但这一切都不重要：只要你有思想，那么你就一定是真实存在的。

值得注意的是，笛卡尔认为他在思考时所展现出来的"我"并不等同于他的肉体。在这一阶段，他仍然可以像之前质疑所有事情一样，质疑"他的肉体是否真实存在"以及"他的肉体的存在形式是否和他所想的一样"。只有思考是与他的存在不可分割的。他通过"我思"展现出来的最重要的一点是，他本质上是一个会思考的物体。

笛卡尔的二元论

在笛卡尔的观念里，他非常确定自己是作为一个会思考的物体存在着，而非一个肉体，这一点也就表明精神和肉体并不是一体的。精神指真正的笛卡尔（或者其他任何人），而他的肉体可能存在，也可能不存在。精神可以脱离肉体而存在。对精神和肉体进行清晰划分这一观念，现在通常被称为"笛卡尔的二元论"。笛卡尔认为，尽管精神和肉体原则上是分离的，但是这两者之间也有相互作用的关系，因此他的观念时常也被称为"交互主义"。

蜂蜡的例子

笛卡尔用一块从蜂巢里取出的蜂蜡来举例说明：刚取出来时，它仍然有丝丝蜂蜜的味道，带着一点花香，又冷又硬。当他把这块蜂蜡放在火焰旁边，它的味道和香气都消散了，颜色、形状和大小都发生了改变。它变成了滚烫的液体，难以触摸。这个例子是想表明，虽然我们通过各种感官了解到什么是蜂蜡，但实际上我们所了解的所有关于蜂蜡的信息都是可以发生变化的。然而，尽管发生了这么多改变，但它仍然还是一块蜂蜡。笛卡尔对于这一点的解释是，理解蜂蜡的本质，即理解是什么让它成为这块蜂蜡而不是其他东西，涉及跳出感官经验做出判断。而这种判断也是一种思想观念，它所展示出来的东西再一次让笛卡尔更加确定，他自身是作为一个会思考的物体存在着，而非一个物质世界的本来存在。这个例子也展现出了笛卡尔的理性主义，也就是说，在他看来，我们只需要通过理性就能获得关于这个世界本质的知识。这个观点和经验主义大相径庭，后者最中心的观点是这个世界里我们所有能获得的知识都必定是通过感官得来的。

上　帝

"我思"是笛卡尔重建知识大厦的第一步，而这个知识大厦之前就毁于他的怀疑论。从这一点上来看，他确实是一个思想建设者。然而，一开始他似乎没有办法回避"他思考所以他存在"和"他本质上是一个会思考的物体"这两个结论。这样的处境不比他在第一沉思结束时那种跌进怀疑的旋涡的感觉要好多少。

然而，笛卡尔有一个避免自己陷于"我思"中的方法。他要证明上帝的存在，并且要证明上帝是不会欺骗我们的。他用了两种方法来证明，即商标论证法和本体论证法，这两种论证方法分别出现在第三沉思和第五沉思中。这两种方法极具争议性，甚至在他那个时代也是如此。

商标论证法

笛卡尔说他的脑子里有一个关于上帝的想法。这个想法一定是有来源的，因为任何东西都不可能是凭空出现的。另外，他认为有其因必有其果：在这种情况下，这个想法是"果"，并且可以假定上帝就是那个"因"。尽管笛卡尔没有用类比法来说明，但是看起来好像是上帝在他的作品中留下了一个印记来表明上帝的存在。这是证明上帝存在的传统论证法的一种变体，即宇宙论证法。

在笛卡尔看来，上帝是一个仁慈的存在，这样的上帝并不会经常欺骗人类。欺骗是一种恶的表现，而不是仁慈。因此，笛卡尔得出了"上帝是存在的，并且上帝不是一个欺骗者"的结论。这个结论所导致的后果是，笛卡尔非常自信地认为，无论他清晰地看到什么、清楚地感受到什么，那些都是真实的。上帝不会让我们感到既确定又迷茫，也不会以这种方式创造我们。"任何能清晰且明确地感知到的东西都是真实的",这个观点在笛卡尔的哲学架构中起着至关重要的作用。

本体论证法

在第五沉思中,笛卡尔诠释了他对本体论证法的一种解读。他用先验论证法来验证上帝的存在,也就是说这种方法不基于任何通过感官所获得的证据,而是基于对"上帝"这个概念的分析。三角形的内角和等于180度。从逻辑上来看,这个结论是从"三角形"这个概念衍生出来的。三角形的一个本质特性就是其内角之和等于180度。按照笛卡尔所说,以此类推,"上帝"这个概念就是从"他是一个非常完美的存在"中衍生而来。上帝的存在是上帝本质的一部分。如果上帝不存在,那么他就不会是一个非常完美的事物,因为根据笛卡尔所说,上帝的存在是其完美特性的一部分。因此,从上帝的概念中可以得出"上帝一定存在"的结论。

再生疑虑

一旦笛卡尔心满意足地确定了"上帝是存在的且不是一个欺骗者"这个结论,他就要开始重建物质世界了。他仍然还要解释"他的感官偶尔还是会欺骗他"这个事实,以及回答"他是否确定他不是在做梦"这个问题。笛卡尔可以确定的是,他自己,准确来说是他的精神与他的肉体紧密结合,因为上帝不会欺骗他,那些他能清晰感知到的东西一定是存在的。但是他通过五感，即视觉、触觉、味觉、嗅觉和听觉，似乎能感受到的物质世界是存在的吗？

笛卡尔对这个世界的常识性观念都来源于他的想法。比如，他看到远处的一座塔，感觉它是圆形的时候，他就会产生有关圆塔的概念。在反复思考这个想法之前，笛卡尔假设世界上所有物体都是真实存在的，并且也存在因这些事物而产生的想法。然而，视觉上的幻觉很明显会让他对该事物产生一种印象概念，但这种印象和该事物的实际情况大相径庭。比如，那座塔可能是方的。在第六沉思中，笛卡尔得出的结论是，上帝不是一个骗子，并且其存在确保了物质世界中的事物的存在，但是全盘接受通过感官得来的证据是一个愚蠢的行为，因为很显然它们会时不时欺骗你。然而，仁慈的上帝并不会让我们完全被这些事物的存在欺骗，上帝并不是以这种方式创造了我们。此外，上帝为我们提供了对世界本质进行精准判断的详细办法。但这并不意味着世界上的事物会完全如我们所想。

我们会误判诸如尺寸、形状、颜色的物体特性。到最后，我们如果想了解世界到底是什么样子，还是要诉诸对这个世界的数学分析和几何分析。

在《第一哲学沉思集》的质疑阶段，笛卡尔所提及的最强有力的论点是，我们可能都在梦中，但我们没有意识到这一点。在第六沉思中，他声称我们至少有两种方法把睡梦和现实区分开来。记忆不可能把一个梦境和另一个梦境联系起来，但在清醒状态下是可以的：我们生活的不同阶段在记忆中都是连贯发生的，但是在梦境中就不会如此连贯了。第二种能将梦境和现实生活区分开的方法是，梦境里会出现奇怪的现象，但是在日常生活中不会出现。比如，如果某个人在和我说话的时候突然从我眼前消失了，那么我就会强烈怀疑我是在做梦。

对《第一哲学沉思集》的批判

笛卡尔会质疑所有事情吗？

尽管怀疑论似乎对所有能怀疑的事物都进行了质疑，但实际情况并不是这样。比如，笛卡尔依赖其记忆的准确性，从来不怀疑他过去曾经做过梦，也不怀疑他的感官曾经欺骗过他；他也从不怀疑他赋予一些词的特殊含义是否与上一次使用它们时一致。

然而，这对于笛卡尔而言并不是什么严重的问题。笛卡尔式怀疑论一直都是怀疑主义的一种有力表现形式：他要做的仅仅是怀疑他觉得可疑的东西。怀疑主义中更有力的表现形式可能已经削弱了他研究哲学的能力。

对"我思"的批判

有时笛卡尔的"我思"会受到批判，尤其当他的这种想法是以"我思故我在"的形式提出的时候。该批判表示，这种想法是假定了"所有思想都有其对应的思考者"这一说法是普遍正确的，但是笛卡尔从来没有试图建立这个假设，也没有将其阐明。这个批判基于笛卡尔言论的一个假设，即他所展示出来的有关"我思"的结论是通过逻辑推导出来的，推导的具体过程如下：

所有思想都有其对应的思考者，

现在存在思想，

因此这些思想对应的思考者也是存在的。

然而，这种批判并没有影响"我思"在《第一哲学沉思集》中的出现，因为没有人提议说这里需要逻辑推理。相反，笛卡尔似乎很倡导读者进行自省，让读者自己去判断"我思故我在"这句话的真实性。

笛卡尔式循环论证

笛卡尔通过"我思"的方式确定了他自身的存在就是一个会思考的物体之后，他的整个重建工程就取决于两块基石了，即仁慈上帝的存在和"我们清晰且明确地感知到的一切都是真实的"这一事实。这两者本身都极具争议。然而，笛卡尔的策略经常会遭到一个更根本性的批判，也就是说，他用"清晰且明确的感知"这个观点来辩证上帝的存在，而在辩证"清晰且明确的感知"这个观点时，却提前预设了上帝的存在。换句话说，他的论证是一个循环。商标论证法和本体论证法都是用于论证上帝的存在，而这两个关于上帝的论证的前提是笛卡尔清楚地知道这个观点是正确的，因为他清晰且明确地感受到了这一点，即如果没有"上帝"这个概念，那么任何论证都不会出现。从另一个角度来看，"能清晰而准确地感知的东西是真实的"这一说法完全建立在"仁慈的上帝是存在的，上帝不会让我们经常被欺骗"这一假设之上。因此这个辩证是循环的。

与笛卡尔同时代的一些人注意到了这个问题，并且把它列入笛卡尔思想体系的核心问题。如今这个现象被称为"笛卡尔循环"。这对整个《第一哲学沉思集》所构建的体系进行了强有力的批判。对于笛卡尔来说，并没有一个很明显的方式可以逃避这种批判，他既找不到其他可替代的解释来为他对上帝的信仰进行辩护，也没有单独对"能清晰而准确地被感知的东西是真实的"这一观点进行解释。不过，他怀疑式的辩证方式和"我思"理论依旧保持其魅力，即使在循环论证的作用下也是如此。

对有关上帝存在的辩证的批判

即使笛卡尔有办法摆脱那些对循环辩证法的批判，但他那两个用于论证上帝存在的辩证还是非常容易受到批评的。

首先，这两种辩证法都依附于一个假设，即我们所有人内心都有关于"上帝"的概念，这个概念并不是在早期教育中被灌输而来的。这个假设是可以被质疑的。

其次，商标论证法依附于一个更进一步的假设，即现实中存在的"果"必须至少有一个对应的"因"。笛卡尔需要借助这个假设使得观念里的上帝转变为实际存在的上帝。但是这个假设也是值得怀疑的。比如，如今的科学家们可以解释生命如何从无机物进化而来，也就是说，我们并不能认定生命只能由具有生命活力的物体进化而来。

把本体论证法作为上帝存在的证据更是无法让人信服。它似乎是逻辑上的一个小伎俩，试图以此定义上帝的存在。对这个辩证法最严厉的批判在于，它假设这种存在是一种诸如全能或者仁慈的特性，而非存在本身，也就是具备所有这些特性的条件。本体论证法一个更大的问题在于，它似乎允许我们把各种特性都归于存在本身。比如，我的脑海里有一个关于"完美哲学家"的想法，但是如果只是因为我有这么一个关于哲学家的想法，那么就因此得出"必须存在哲学家，因为不存在的哲学家就是不完美的"这样的结论，那就太荒谬了。

二元论是个错误

如今很少有哲学家支持笛卡尔有关精神和肉体的二元论。二元论产生的最大问题在于如何解释非物质的精神和物质肉体之间为何会产生交互。笛卡尔认识到了这个难题，他甚至认定了大脑中的松果体是他所认为精神和肉体发生交互的地方。但是即使找到了这种交互发生的具体地方，还是不能解决"为何一些非物质的东西可以改变物质世界"这一难题。

一般来说，比起二元论（该理论认为存在两种不同的物质），一元论，即"认为世界上只存在一种物质"的理论，面临的难题似乎更少一些，尽管解释人类意识的本质仍然是一个棘手的问题。

❀ 生平纪要

公元 1596 年，出生于法国拉艾（La Haye，现已更名为笛卡尔市）。

公元 1641 年，出版《第一哲学沉思集》。

公元 1649 年，搬到瑞典的斯德哥尔摩，成为瑞典女王克里斯蒂娜的老师。

公元 1650 年，在斯德哥尔摩去世。

❀ 关键词表

先验（a priori）：独立于感官且可以被认知到的。

笛卡尔式的（Cartesian）："Descartes"（笛卡尔）的形容词形式。

笛卡尔式循环（Cartesian Circle）：有时指笛卡尔思想体系里的特定难题。清晰且明确的想法是思想的可靠来源，因为这些是由仁慈的上帝赐予的，而上帝并不是一个欺骗者。但是上帝的存在仅仅依靠建立在"清晰且明确的想法"上的认知。笛卡尔也由此进入了一个死循环。

笛卡尔式怀疑论（Cartesian Doubt）：为了达到论证的目的，笛卡尔式怀疑论认为任何不能确定的事情都是错误的。

Cogito：拉丁语中的"我思"来源于短语"Cogito ergo sum"，通常翻译为"我思故我是"。然而，按照笛卡尔的论证，在这一阶段，只有当我确实是在思考的时候，我才能确认我是存在的，所以，可能最好还是翻译为"我思故我在"。

宇宙论证法（Cosmological Argument）：这个论证法旨在证明上帝的存在。它通常以如下形式进行：所有存在的物体都必然有"因"，而那个无"因"之"因"就是上帝。

二元论（dualism）：该观点认为，世界上存在两种完全不同的实体，即精神（或灵魂）和肉体（或物质）。

经验主义（empiricism）：该观点认为，对世界的认知来源于感官认知的输入，而不仅仅靠天性和理性来发掘。

认识论（epistemology）：哲学的分支，主要解决知识及其合理性的问题。

交互主义（interactionism）：该主义认为，精神和肉体互相联系。精神上发生的改变会带来肉体上的改变，反之亦然。

一元论（monism）：该主义认为，宇宙中只有一种物质形式存在（该观点与二元论不兼容）。

本体论证法（Ontological Argument）：这个论证旨在证明上帝的存在基于"上帝是一个完美的事物"的定义。一个完美的事物如果并不存在，那么它也并不完美，因此上帝一定是存在的。

理性主义（rationalism）：一个与经验主义背道而驰的哲学方法。理性主义者认为，有关现实本质的重要真相可以仅由理性推导出来，并不需要观察。

怀疑主义（scepticism）：哲学质疑。

商标论证法（Trademark Argument）：该论证法被笛卡尔试图用来证明上帝的存在。我们脑海中有一个关于上帝的概念。但是这个想法是从何而来的呢？一定是上帝预先灌输给大脑的。

❉ 延伸阅读

Bryan Magee *The Great Philosophers* （Oxford: Oxford University Press，1988）.

这本书收录了和伯纳德·威廉姆斯的对话，题为《笛卡尔》，对笛卡尔的思想做了一个简短而富有启发性的概述。

Philosophy: Basic Readings （London: Routledge, 2nd edn, 2004）.

我的这本著作中再现了这个对话。

John Cottingham *Descartes* （Oxford: Blackwell, 1986）

这本书对笛卡尔的哲学著作进行了更详细且更容易理解的介绍。

Stephen Gaukroger *Descartes: An Intellectual Biography* （Oxford: Clarendon, 1995）.

Anthony Grayling *Descartes* （London: Free Press, 2005）.

如果想了解更多笛卡尔的生平，可以阅读以上两本书。

第七章
霍布斯的《利维坦》

托马斯·霍布斯（Thomas Hobbes）的著作《利维坦》（*Leviathan*）一书的卷首图罕见地以图画形式展现了一个哲学观念，令人见之难忘。图中，一个由成千上万个小人组成的巨人屹立在井然有序的城市之上。这个巨人头戴皇冠，一手握佩剑，一手持权杖，在他面前，教堂的尖顶都显得分外渺小。这就是伟大的利维坦，即霍布斯所描绘出来的"道德上帝"。在《旧约·圣经》中，利维坦以海怪的形象出现，而在霍布斯的笔下，他是一个手握强权的君主的化身，这个君主代表着所有公民，某种意义上来说，也是所有公民的化身，即团结在一起的群众共同创造出了这个人造的巨人。

在《利维坦》一书中，霍布斯找到了出现斗争和冲突的一般原因，并且为此提供了解决办法。这本书的中心论点在于提出了"为何'个人愿意被一个手握强权的君主统治'这件事是合理的"这一问题（这里的君主可能指一个人，也可能指一个政治集团）。只有每个人都接受了社会契约，社会和平才会得以实现。霍布斯对于这些议题的探讨是《利维坦》

一书的核心内容，但是这本书还涉及许多诸如心理学和宗教的其他话题。实际上，《利维坦》一书中大部分内容都在对宗教和基督教教义进行探讨，现在极少会有读者去看这一部分的内容了。在此，我将着重研究这本书的中心话题，即契约。该契约是指自由个体决定放弃他们一部分天性自由以换取互相保护，免受外界攻击。霍布斯首先分析了"如果社会和联邦并不存在，那么生活会变成什么样"这一问题，然后在此基础上开始研究社会契约。

自然状态

霍布斯并没有直接描述现实社会，而是把社会分解为最基本的部分：在资源有限的世界中，个体为了各自的生存而奋斗。他让读者想象处于自然状态下的生活条件，即在所有社会保护都不存在的情况下，我们会处于什么样的状态。在这个想象出来的世界中，没有对错之分，因为那里没有法律，也没有绝对权威来强制执行这些法律。同样，也不会有财产差距，因为每个人都有权得到任何他想要的东西，并且想持有多久就可以持有多久。在霍布斯看来，道德和公正是特定社会的产物。没有任何绝对的价值观可以独立于特定社会而存在。正确与否、公正与否这些价值观都由国家内部主权决定，而不是先前就存在于这个世界，而后才被发现。因此，在自然状态下，没有任何道德可言。

霍布斯对于自然状态的描绘是一个思想实验，旨在划清政治义务的边界限制。如果你觉得自然状态并不吸引你，那么就有一个绝佳的理由去做任何能避免陷入自然状态的事情。自然状态是一种无休止的战争状态，每一个个体都会与其他人为敌。因为在这种状态下，没有强势的法律制定者和执行者，个体之间不存在合作关系。没有强权的限制，任何人都不用兑现他们所许下的承诺，因为当条件合适的时候，他们总会因为有利可图而失信于他人。在自然状态下，假设你的求生欲望非常强烈，且处于合适的时机时，失信于他人就是一件简单而严谨的事情。当可以拿到你需要的东西，但却无动于衷的时候，你就把自己置于风险之中，因为其他人会偷走你仅有的东西。在这种直接争夺生存所需的稀缺资源的情况下，对任何你认为威胁到自身安全的人先下狠手的行为是很有必要的。这是最有效的生存战略。霍布斯也提到，即使没有发生任何争斗，人们仍将处于战争状态，因为一直存在暴力事件即将爆发的威胁。

在自然状态下，不存在任何需要合作的人类工程，如大面积的农耕和建造房屋，甚至最弱小的个体都有可能杀死最强壮的那一个，因此没有谁是安全的，每个人都有可能是一个威胁。霍布斯用"孤独、贫穷、肮脏、野蛮、短暂"来形容这种令人印象深刻的自然状态。如果你可能面临这种生活，那么牺牲自己的一部分自由来换取和平和安宁似乎很划算。霍布斯解释了在这种状态下个体必须做哪些事情才能逃离这种糟糕的境遇。害怕死于暴力、向往安宁所带来的益处，都为人们提供了强有力的动机去选择放弃自由。

在自然状态下，每个人天生就具有自我保护的权利，并且即使由于社会契约而放弃了其他权利，人们仍然继续保有这个权利。霍布斯将自然权利和自然法则进行了对比。权利是指你可以自由地做你想做的事情，但并不要求你必须这么做；法则迫使你必须服从它的命令。

自然法则

即使是在自然状态下，也存在着一些自然法则。有些法则都是从理性行为中衍生出来的。这些法则与如今反对酒驾的法律法规不同：霍布斯用"民法"一词来指代这种规定（民法的具体内容由掌权人或者行为代表决定）。相反，自然法则是任何理性之人都要遵守的规则。在自然状态下，每个人都有权拥有任何事物。而这会引起不可避免的后果，就像我们先前看到的一样，安全的缺失和持续的战争状态。理性在这种状态下给予的自然法则是"无论如何都要寻求和平安宁"。第二条自然法则是"当别人与你所做的事情相同时，放弃你在自然状态下所拥有的权利，并且满足于与别人产生联系时他们给予的自由，就像保证自己所能得到的自由一样"（这来源于一个宗教教义，即"别人怎么对待你，你就如何对待别人"）。霍布斯列举了许许多多的自然法则，其结果是，对于任何一个处于自然状态下的人而言，如果其他人也准备这样做，那么放弃无限自由来换取安全的做法是很合理的。

社会契约

人类的理性行为就是制定一个社会契约，把自由交由一个强有力的君主。这个君主必须拥有足够的权力来兑现任何承诺，因为，正如霍布斯所说："没有刀剑保护的契约不过是一纸空文，这样的契约根本没有保护人的能力。"君主的权力可以确保每个公民都会做他们保证过的事情。这带来的结果就是和平安宁。

确实，一些动物，诸如蜜蜂和蚂蚁，它们似乎生活在一个不需要上级指令就能正常运作的小社会里。霍布斯指出，人类的处境与蜜蜂和蚂蚁大不相同。人类会不断地为了荣誉和尊严而斗争，而这会导致嫉妒和仇恨的产生，以至于最后爆发战争；而蚂蚁和蜜蜂并没有荣誉和尊严这些概念。人类拥有理性思考的能力，这能让他们找到统治方式中的错处并渐渐产生不安情绪；而蚂蚁和蜜蜂并没有理性思考的能力。人类仅仅通过契约来组建社会，而蚂蚁和蜜蜂彼此之间存在着一种天然的默契。因此，人类需要武力的威胁来确保他们不会失信于他人，而蚂蚁和蜜蜂却不需要。

在霍布斯看来，社会契约是一种与其他自然状态下的个体共同签订的契约，这种契约旨在通过放弃自己的自然权利来换取保护。这个契约并不需要史实证明：霍布斯并不是声称，在每个国家发展史上的某个阶段，每个人都会突然认同"不值得在战争上消耗精力，合作会更有意义"这个观点。与之相反，他只是提供了一种理解、证实和改变政治体系的办法。解读《利维坦》的一种方式是将霍布斯所说的观点理解为：如果一个潜在契约的存在条件被剥夺，那么我们会发现自己身处自然状态之中，处处都存在着相互对抗的战争。如果霍布斯的观点是合理的，且他对自然状态的描述是精准的，那么《利维坦》就为"在一个强大的君主统治下可以维持和平状态"这一观点提供了一个令人信服的理由。

君　主

不管君主是个人还是一个政治集团，这个形象最终都会变成一个人为设定的形象。一旦所有人的意志都由社会契约绑定在一起，那么君主就是这个国家的活化身。尽管霍布斯考虑到了建立君主议会制度的可能性（由一个类似于议会的政治集团来管理国家，而不是只由一个手握强权的人把控全盘），但他还是支持一人持权的君主制。然而，他对当时广为流传的"君权神授"观点非常不屑一顾。按照君权神授这个观点的说法，上帝准许王位的继承制，并且给予王位继承人神圣的权力。

社会契约的产生并不会剥夺个人自我保护的自然权利，这种权利是个体在自然状态下就拥有的。霍布斯甚至进一步说明，即使是在受到军权拥护者攻击的情况下，每个人依旧拥有保全自我的自然权利。一个被判刑的人即使之前遵纪守法且接受了公正的审判，但他在行刑前如果反抗了那些把他押上断头台的士兵，也不能算是不公正的行为。然而，在这种情况下，任何人都无权介入其中以帮助这个人。你只能自己努力挣扎，拯救自己的生命。

囚徒困境

有一些当代评论家在点评霍布斯的著作时指出，霍布斯对自然状态的探讨与为人所知的囚徒困境之间存在相似之处，后者是一个想象出来的场景，旨在揭示与他人合作的过程中产生的某些问题。设想一下，你和你的犯罪同伙被抓住了，但并非当场抓住。你们被带进不同的审讯室审问，你并不知道你的同伙有没有招供。

可能产生如下情形：你俩都没有招供，那么你俩都将无罪释放，因为警察并没有足够的证据定你们的罪。乍一看这似乎是最好的做法。但是关键在于，如果你保持沉默，而你的同伙坦白从宽并且指控你，那么他会因配合调查而受到奖赏，并且依旧无罪释放，而你会被判处长期徒刑。如果你招供了而他没有，你也同样会得到奖赏。如果你俩都招供了，你们俩都会被判处短期徒刑。在这种情况下，不管你的同伙有没有招供，你自己招供都是有意义的（假设你想把自己的利益最大化）。这是因为如果他不招供，你就会获得奖赏并且无罪释放。如果他招供了，那你就会被判短期徒刑，这比因为他指控你而被判长期徒刑要好得多。

因此，如果你们俩都想把自己的利益最大化，把徒刑时间最小化，那么你们俩都应该招供。但很不幸的是，这比你们俩同时保持沉默所得到的结果要差。

霍布斯的自然状态与这个情景十分相似。在这个状态下，对于你（或者其他任何人）来说，为了从中获益而打破社会契约这件事是很有意义的。遵守社会契约是存在一定风险的：最糟糕的情况就是，你遵守了契约而其他人却打破了它。如果其他人也遵守契约，那么你很可能会因打破契约而从中受益；如果其他人也打破了契约，那么你也同样应该打破契约以减少自身损失。所以，不管是在哪种情况下，你都不应该信守契约。在这种情况下，对于理性之人而言，该个体并没有理由为了获得最佳结果而信守契约。这也就是为什么霍布斯引入了"君主"这个概念，因为如果不存在这么一个手握强权的契约执行者，那么没有人会主动兑现他们所许下的承诺。你为了让权给君王而签订的协议和你与他人签订的协议是大不相同的，如果你打破了前者，那么你就会因此受到惩罚，甚至是酷刑。所以，在这种情况下，你就会有强烈的欲望去遵守基本的社会契约。

对《利维坦》的批判

对人性的错误看法

对霍布斯所描述的自然状态最常见的批判是，它描绘的是人类天性中过于黑暗的一部分，这一部分并不受国家文明状态的影响。霍布斯认为，我们骨子里都是利己主义者，会不断地寻求能满足我们欲望的东西。霍布斯本人是一个严谨的唯物主义者，即他认为宇宙中的万事万物都可以用移动中的物体来解释。人类就像一个复杂的机器。霍布斯的观点或多或少有一些悲观，他认为当文明的外衣被剥去的时候，人类彼此之间的斗争和战争是不可避免的。而与之相反的是，一些哲学家似乎更为乐观，他们声称，利他主义也是相对比较普遍的人类特性，即使没有外界压力的威胁，个体之间的合作也是有可能存在的。

然而，在霍布斯对此的辩解中，他的理论似乎确实是在描述国际关系中各个国家之间的敌对和侵略行为。

如果国家之间不存在相互不信任的情况，那就没有必要囤积核武器。但是如果霍布斯的理论确实适用于国家之间和国家内部，那么人类的未来甚至会更加惨淡，因为不太可能出现一个能对各个国家之间的契约进行约束的更强大的君主，那就必然会发生一场永无止境的战争，将所有人卷入其中（即使这可能不是字面意思上的战争，只是一种潜在的冲突状态）。

社会寄生虫

对霍布斯所阐述的理论的进一步批判是，他没有提供一个让人们在打破契约后能逃脱惩罚时依旧选择遵守契约的理由。如果一个小偷确定他不会被抓住，那么他为什么还要遵守君主颁布的有关反盗窃的法律呢？正如霍布斯所说，如果需要武力才能使自然状态下的人遵守契约，那么很有可能，这群人也需要被强制遵守民法。但是没有哪个国家可以时刻监控着所有人，即使是安装了电子监控设备的国家也做不到。

霍布斯在回应这种批判的时候，很有可能会坚持认为这是一个自然法则，你如果不接受国家民法所规定的义务，那么也得不到国家的保护。但是这种回应并不足以让人信服。

自然状态纯属虚构

对霍布斯的理论最根本的批判在于，他所说的自然状态就是一个毫无意义的杜撰而已，这种杜撰与史实毫不相关。在理论的建立过程中，他把各种关于君主制的偏见都放进自己的想法，仿佛这些都是理性论证得出的结论一样。

从第一点来看，虽然他确实认为一些美洲土著的生活方式接近自然状态，但人们普遍认为，霍布斯并不想让他的理论仅仅是一个假设状态。他明确指出了"如果没有掌权的君主，或者君主的权力被剥夺了，那么人们的生活会变成什么样子"。然而，如我们所见，他所假设的"那种状态实际会是什么样子"这个问题是值得质疑的，而当一个思想实验与现实截然不同时，从这个实验中得出的价值观同样是值得质疑的。

在"私自加入偏见"这一问题上出现了一个很有意思的想法，即霍布斯认可"君主可能应该是一个政治集团，而非个人"这个观点。如果霍布斯仅仅只是展现他对于君主制的偏见，那么似乎没有必要把这个观点加入其中。当然，除非霍布斯是出于理性的考虑，想到了他自己的自我保护（这和他对于人性的哲学观点相符），即他不想给群众留下一个极端君主论者的形象。

极权主义

就像之前的柏拉图，霍布斯似乎满足于在他的理想国度里大幅削减公民自由。比如，他认为君主的审查制度是完全可取的，甚至是非常有希望实现的：任何一本书在出版之前都应经过评估和审查，以评估它是否会有助于维持和平。国家对外包容度低，而个人的良知并不重要。君主会宣称什么是对的、什么是错的，而个人并不应该尝试进行诸如此类的评判。我们中的大多数人会觉得霍布斯有关自然状态的这一部分内容特别无趣。尽管霍布斯也给君主的权力设置了许多限制，以防止他们为所欲为，但是这些限制都不够严格，不足以阻止一个国家从各个方面走向极权主义。

面对这样的批判，霍布斯可能会用其著作的一个章节名来予以回答，即"至高无上的权力并不像夺取权力的欲望那样伤人"。但是，从某种程度上来说，即使是生活在条件艰苦的自然状态下，也好过生活在极权主义的政体中。有些人宁愿选择一种孤独、贫穷、肮脏、野蛮且短暂的生活，也不愿做极权主义下的奴隶。

❈ 生平纪要

公元 1588 年，生于威尔特郡（Wiltshire）的马姆斯伯里（Malmesbury）。

公元 1641 年，提出对笛卡尔《第一哲学沉思集》的异议。

公元 1651 年，《利维坦》出版。

公元 1679 年，逝世于德比郡（Derbyshire）的哈德威克（Hardwick）。

❈ 关键词表

民法（civil laws）：人类创造出来的法则（与自然法则相对）。

国家（commonwealth）：一群个体通过社会契约联合在一起，形成一个政治团体。

君权神授（divine right of kings）：这个概念是指统治者一出生就能继承王位这件事是上帝的意愿。

利维坦（Leviathan）：在《旧约·圣经》中是一只海怪，被霍布斯用来比喻一个国家整体，这个国家里的成员由社会契约联合在一起。

自然法则（natural laws）：由理性产生的法则，甚至也出现在自然状态中。任何理性之人都受制于它。这个法则也包括"无论如何都要寻求和平安宁"的原则。

囚徒困境（prisoners'dilemma）：一种思维实验，旨

在挖掘出合作和冲突这两种情况的重要特征。它涉及如下场景：两个囚犯分别关进不同的审讯室，每个人都在考量"揭发对方罪行"这件事是否合理。

自然权利（rights of nature）：基本权利，如果你愿意，就可以按照基本权利所规定的那样行事。自然权利的一个例子就是自我保护的权利，我们每个人都有这样的权利，它是不为社会创建的法律所践踏的。

社会契约（social contract）：这个契约旨在放弃部分自由以换取君主的保护。社会契约可以使自然状态转化为公民社会。

君主（sovereign）：一个手握强权的个体或者由个体组成的共同发声的集团，他们给予社会成员保护，但作为交换，公民需要放弃一部分自然状态下的自由。君主强制执行社会成员之间的契约。

自然状态（state of nature）：这是一种假设的状态，如果社会瓦解，我们就会处于这种状态中。这也是一种长期战争状态，每一个人都要时刻准备着攻击其他人。

❀ 延伸阅读

Richard Tuck *Hobbes* （Oxford: Oxford University Press, Past Masters series，1989）.

这本书极好。塔克将霍布斯放入其所在的历史大背景中进行研究，并表明了他作为一个哲学家的重要性。对于霍布斯的政治理论，塔克还提出了一种涵盖各种解说的有效观点。

Richard Peters *Hobbes* （Harmondsworth: Penguin，1956）.

这本书精彩而有趣地讲述了霍布斯的思想，其中包括他在科学和宗教领域的建树。

A. P. Martinich *A Hobbes Dictionary* （Oxford: Blackwell，1995）.

这是一本很有用的参考书目，其中收录了一篇霍布斯的简短自传。

第八章
斯宾诺莎的《伦理学》

巴鲁赫·斯宾诺莎（Baruch de Spinoza）的《伦理学》（*Ethics*）是一本略显奇怪的书。它里面充满着欧几里得的几何术语：定义、公理、命题、推理和例证。然而，如果能克服这种令人望而生畏的科学解释方式，读者就会发现这本书的迷人之处。书中部分内容还有些深奥，试图让我们了解自己在宇宙中处于什么位置。

这本书的全名是《用几何学方法论证的伦理学》（*Ethics Demon strated in a Geometrical Manner*）。你可能会问，为什么会有人试图用编写几何学课本的方式来撰写一篇哲学论文呢？对此的一个回答是，斯宾诺莎对欧几里得推导结论的方式印象深刻，因为欧几里得往往能从他自己设定的各种明确假设中很有逻辑地推理出相应结论。结论的得出严格地遵守了各种前提条件，其过程清晰明了，格式优美工整。斯宾诺莎所得出的结论准确阐述了各种定义的真正含义。如果你认可他的前提条件，那么你就一定会接受他的结论，因为其推理是非常合理的。

尽管这本书中运用了大量的几何学术语，斯宾诺莎的论证却绝没有达到几何学论文所展现出来的纯粹程度。然而在这本晦涩难懂的著作中，处处都蕴含着对哲学和心理学的深刻见解。

斯宾诺莎通常被称为一个理性主义者。他认为仅凭理性的力量就能获得有关我们在宇宙中处境的知识。

从这一点上来看，他的侧重点与经验主义者完全不同，因为经验主义者相信经验和观察才是知识的基本来源。斯宾诺莎不仅相信可以通过理性来发掘宇宙的本质，更相信宇宙本就是按照理性的秩序来安排放置的。宇宙的结构并非偶然形成，其存在必有其必然原因。感官经验不够完美，它并不能让我们充分地理解宇宙。这并不意味着斯宾诺莎在诋毁科学研究：他本身靠打磨镜片为生，这个工作本身就要依靠光学这门学科才能完成。他打磨的镜片可以用于显微镜和望远镜，这两种仪器的使用大大地扩充了人们的科学知识。

书名含义

正如我们之前所见，确切来说，这本书的书名应该是《用几何学方法论证的伦理学》。然而，这本书并非通篇都在探讨我们现在所熟知的"道德"。第一部分用了大量的笔墨来阐述实物与上帝，且后经证明，这两者本质相同。我们现在把这个探讨归于对形而上学的探讨。斯宾诺莎的著作主题是宇宙以及我们在宇宙中的处境，即现实世界的本质。在他看来，形而上学和伦理学密不可分。现实生活的本质决定着我们理应如何去生活。

上帝和泛神论

在《伦理学》的最初几个章节里，斯宾诺莎从他对实物的定义入手，证明只会存在一种实物（这个立场被称为"一神论"），这种实物就是上帝。而由此得出的结论是，存在的任何事物从某方面来看都是上帝的一部分。上帝没有创造大自然，上帝本身就是大自然。斯宾诺莎写道："上帝或大自然"，很明显他认为二者是等同的。思想及其延伸（在物质世界占据的空间）只是上帝无数特征中的两个而已，也是我们可以触及的两个方面。斯宾诺莎对这个论点的证明过程非常复杂。他的"任何事物都是上帝的一部分"这一结论常常被认为是泛神论的一部分。而一些阅读得更为仔细的学者解释说，斯宾诺莎只是说上帝的所有特征都在这个世界中有所体现，而不是说上帝就是这个世界。因此，如果斯宾诺莎是一个泛神论者，那么他也不是一个广义上的泛神论者，因为后者认为这个世界和上帝就是一体的。

不管哪一种解释能正确解读斯宾诺莎的神学立场，很明显，他的这种立场与基督教和犹太教中关于上帝本质的看法大相径庭。斯宾诺莎是 1632 年生于阿姆斯特丹的葡萄牙人后裔，后被当作犹太人抚养长大。他于 1656 年被逐出教会，理由是他抛弃了正统犹太教的信仰。由此，我们就能很容易地理解为什么其著作《伦理学》在他去世之后才得以出版，也能够理解为什么与他同时代的人都认为他已经完全不信仰上帝了。

精神和肉体

对于精神和肉体的问题，即"如何解释我们自身存在的精神和肉体之间的联系"这一问题，斯宾诺莎给出了一个很有趣的解读办法。他研读过与他同时期的笛卡尔的著作，甚至出版了一本书来阐述笛卡尔的哲学思想。斯宾诺莎的许多哲学观点都和笛卡尔相悖。笛卡尔认为精神和肉体是完全不一样的存在，而斯宾诺莎与他的观点不同，他坚持认为精神世界和物质世界是同一事物密不可分的两个部分，精神和肉体是一码事。对于同一个事物，我们既可以认为它是精神的产物，也可以认为是实物。精神本身不是实物，但却是实物的一种表现形式。精神和肉体并不像笛卡尔所描述的那样进行交互，因为它们只是同一事物的两个方面而已。斯宾诺莎也承认，这个观点带来的结果是所有实物都拥有精神方面的特征。

自由和人性的枷锁

有关自由的观点一直处于斯宾诺莎道德演说的核心位置。然而，他并不觉得我们能挣脱因果的枷锁。我们所有的

行为，以及宇宙中发生的一切事情，都是之前的行为种下的
"因"导致的。你很自然地拿起这本书并开始阅读它，但在
斯宾诺莎看来，你的这个决定是受到了之前的决定以及物理
因素等诸多原因的影响。尽管你感觉自己的决定是凭空产生
的，但事实并非如此。只有上帝才能获得真正意义上的自由，
即上帝的行动不会受到之前行为的影响。

　　因此，就"挣脱因果的枷锁"这一事而言，人类是没有
得到自由的可能性的。但是斯宾诺莎仍然认为我们可以把自
己从激情的束缚中解救出来。这会让我们在这种情况下感受
到真正的自由，因为这种行为是内心自发的，而不是外界因
素强加在我们身上的。道德行为是为个体服务的，它不应被
激情控制。激情是一种外界推动力，它通过各种方式把我们
变成了一个个绝望的受害者。当我们能把自己解放出来，不
再受到诸如激情的外界推力的驱使，并且开始理解自己的行
为的时候，我们才真正自由。

　　人们如无法理解自身行为的"因"，就无异于身陷囹圄。
在这种情况下，人们通常会被外界诱因带动，也就是说，在
之前所描述的状态下，人们是不可能行动自由的。他们就像
一方顽石，被外界不知名的力量推动着前进。只有对行为形
成的原因有正确的认知时，我们才能挣脱这种状态，才能遵
从内心而动，而非借助外部推力而动。一旦我们意识到一种
情感的各种"因"，这种情感就不能像激情那样控制我们的
行为了。从这部分来看，撰写《伦理学》的初衷就是教会读
者获得这种掌控感，从而变成一个更完美的人。

因此，就这方面而言，在斯宾诺莎的思想中，他更推崇一种心理疗法。为了挣脱激情的束缚，我们必须了解行为形成的真正原因。但是这并不意味着自由的决定不受其他因素干扰。当我们理解了真正的原因之后，这些因素才能得以内化，即因理解而有所改变，但是它们所导致的行为仍然是被决定的。所以，从这个特殊意义上来看，斯宾诺莎仍然认为人类的自由意志及其行为都是由因果关系决定的。

上帝之爱

在《伦理学》后面几个章节中，斯宾诺莎用一幅近乎神秘的画卷向我们展现了何为明智的生活方式。我们应该努力理解我们自身存在的意义以及在宇宙中的处境，这将是通往明智的必经之路。同时，当精神状态变得更加活跃、更加饱满的时候，这条路也可以被看作一条幸福之路。尽管斯宾诺莎的哲学理论核心是上帝的智慧之爱，但是这种爱与拟人化上帝所关注的人类福祉并无关联。准确来说，斯宾诺莎的哲学体系中并没有给传统基督教和犹太教所描述的上帝留有存在余地。就如同斯宾诺莎用来推导上帝存在和范畴时运用的几何学论证一样，他眼中的上帝就是一个客观存在。

对《伦理学》的批判

不需要上帝的存在

就像斯宾诺莎自己所注意到的那样，一旦抛开了拟人化上帝这种观念，并且证实了自然世界在某种形式上表现出上帝的特征之后，他的研究就能够更进一步，也更加相信哲学里的无神论了。他笔下的上帝与正统基督教以及犹太教的上帝大不相同，甚至可以说，他笔下的上帝并不能被称为"上帝"。实际上，一些与斯宾诺莎同时代的人认为他的哲学观念等同于无神论。但是斯宾诺莎本人坚信自己已经证明了上帝的存在，并且认为幸福生活就是上帝之爱的一种体现。

否认真正的自由

斯宾诺莎在《伦理学》中所描绘的人类处境的画面并没有给无原因的自发性行为留有发展余地，而这种行为在诸如萨特等其他哲学家看来就是自由意志的本来面目。根据斯宾诺莎所言，我们所能达到的最佳状态就是，我们的行为是随心而动，而不是因外界推力而动。然而，斯宾诺莎对于人类自由的悲观看法还是非常具有说服力，或者说相当准确。也许这只是一种一厢情愿的想法而已，希望我们能够做出不受前因所扰的选择，随想即所为。斯宾诺莎认为自己揭露了自由意志的幻象。

对于理性的过度乐观

就像在斯宾诺莎之前和之后出现的许多哲学家一样，他把人类的理性思考能力看作通往明智和幸福的道路。对斯宾诺莎而言，对上帝的理性沉思可能就是幸福的最佳形式，并且这种沉思还会给他带来回馈。这一结论听起来就好像一个知识分子偶然间在自己的思想中轻易找到了慰藉一般，可能是因为他对于理性及其带给我们兴奋的能力持有一种过度乐观的态度。然而，他所得出的"通过理解我们精神状态的成因，我们就能更好地掌控我们的生活"这一结论是正确的。

❈ 生平纪要

公元 1632 年，出生于阿姆斯特丹。

公元 1675 年，完成了《伦理学》的撰写。

公元 1677 年，在海牙（Hague）逝世。其遗作《伦理学》在其死后才得以出版。

❈ 关键词表

一神论（monism）：这个观点认为世界上只有一种实物。

泛神论（pantheism）：这个观点认为上帝是世间万物。对于"斯宾诺莎是不是泛神论者"这一点目前仍然纷争不断。

理性主义（rationalism）：该主义认为知识是可以通过理性的力量获得的。这与经验主义者的观点大相径庭，后者认为知识来源于观察。

❋ 延伸阅读

Roger Scruton *Spinoza* （London: Phoenix, Great Philosophers series, 1998）.

Spinoza （Oxford: Oxford University Press, Past Master series, 1986）.

第一本书简要概括了《伦理学》一书中能引起共鸣的主题。后一本书是同一作者所著的较长版本。

Genevieve Lloyd *Spinoza and the Ethics* （London: Routledge, Philosophy Guidebook series, 1996）.

如果想了解对《伦理学》的批判性解读，可以阅读此书。

Steven Nadler *Spinoza: A Life* （Cambridge: Cambridge University Press, 1999）.

Margaret Gullan-Whur *Within Reason: A Life of Spinoza* （London: Pimlico, 2000）.

这两本传记都是最近出版的。

Steven Nadler *A Book Forged in Hell* （Princeton, NJ: Princeton University Press, 2011）.

这本书可读性非常高，主要记述了斯宾诺莎的生活及其《神学政治论》（*Theological-Political Treatise*）。《神学政治论》出版时饱受争议。高度推荐这本书。

第九章
洛克的《人类理解论》

新生儿的脑袋里是一片空白吗？抑或我们来到这个世界之前，脑袋就自带知识储备？约翰·洛克（John Locke）在其《人类理解论》（*Essay Concerning Human Understanding*）中阐明了这些问题。他的回答是，我们所有的知识归根到底都来源于我们通过五感获得的信息。我们刚来到这个世界时一无所知。经验教会了我们所知道的一切。这种观点通常被看作经验主义，与天赋论（该理论认为我们所获得的某些知识是天生的）以及理性主义（该主义认为我们仅凭借理性的力量就可以获得世界上的所有知识）相悖。当洛克于17世纪写下本书时，人们对于知识的来源一直争论不休，时至今日，这种纷争仍然以某种形式持续着。

洛克的《人类理解论》一书于1689年出版，并很快成为哲学类畅销书。该书在洛克生前就已经出版到了第4版，到1735年更是出版到了第11版。这本书的内容难以一言以蔽之，涉及范围极广；它侧重于阐述人类知识的起源及其限度。我们能知道些什么？思想和现实之间存在着什么样的联系？这些长期困扰人类的问题都来自一个哲学的分支，即认识论或知识理论。洛克对这些问题的解答对于哲学这门学科的发展影响深远。许多伟大的哲学家，诸如乔治·贝克莱（George Berkeley，1685—1753）和戈特弗里德·莱布尼茨（Gottfried Leibniz，1646—1716），都就洛克的回答表明过自己的立场。

　　洛克把自己所扮演的角色描述为一个"下等劳动者"，以清除掉那些容易混淆的概念，以便科学家或者之后被称为自然哲学家的人能够继续进行"扩充人类知识"的重要工作。这个略带自嘲的绰号并不会让我们忽视洛克给自己设定的工作难度，这一工作并不仅仅局限于解释人类知识的来源和本质。这需要摒弃整个传统哲学体系，因为这种体系建立在"诸如亚里士多德等权威所写的一切都一定是正确的"的假设之上。洛克非常享受推翻已有观点并用合理的前提假设取而代之的过程。他的个人宗旨就是阐述清楚当时尚未明了的观念。他的动力来源于那份对真理的热爱，以及独自思考我们所能问及的最深奥的问题时所产生的喜悦之情。他从未幻想过他会是任何其探讨过的问题的终结者。大体上来看，他对人类理解力也不持乐观态度：他认为上帝已经给予了我们一些了解有关上帝、道德责任以及度过一生的任何必要知识的途径，但是最终，理性的力量还是受到了限制。

没有先天法则

许多 17 世纪的哲学家坚信上帝所赐予的先天法则是存在的，即每个人出生时就拥有知识。这些可能被洛克称为"思辨原则"，就好比一个明显正确的命题"是什么，就是什么"；或者是实践性原则，就好比道德方面的声明"父母有义务照顾自己的孩子"或是"每个人都应该信守承诺"。洛克用了很多例子来证明没有哪一个原则是与生俱来的。这些论证都是基于他的一个根本性假设，即人类思想的内容对其本身是透明的。也就是说，如果你产生了一个想法，那么就很有可能接触到这个想法的具体内容。洛克并不相信"有的人产生了一个想法，但是并不知道这个想法的具体含义"这一说法，他认为这种说法说不通。在他看来，任何有关无意识思想的观念都是荒谬可笑的。

洛克用来支持他的"没有先天法则"这一说法的一个论证是，人们很明显在"先天法则是什么"这一问题上看法并不一致。比如，如果我们所有人生来就知道"我们应该信守承诺"这个道理，那么每个人都会把它看作一个基本原则。但是洛克指出，并不存在这样一个普遍共识。有些人并不认为他们有义务信守承诺。小孩子们也不会立即意识到这个原则对他们有什么约束力，相反，他们是后天习得了这一原则。同样的道理适用于你想验证的任何原则，不管是道德方面的还是其他方面的。

此外，我们可能会认为，比起成年人，那些所谓的先天原则在小孩子身上应该会表现得更加明显一些，因为小孩子受到的世俗影响更少一些，在这个世界的经历也少一些。先天原则应该在他们身上体现得明显一些，但是，事实并非如此。

对于洛克而言，"有一些先天的道德原则是为全人类所共有的"这个观念是完全不可能存在的，因为只要回顾一下历史就可以发现，社会和个人所拥有的道德原则存在着大量的多样性。如果声称这是植根于每个人脑海里的相同原则所导致的，实在是难以服众。

这样或者那样的论证都让洛克没办法接受任何关于先天法则的观点。然而，这也给他留下了一个难题，即如何解释人类脑海中会充满有关这个世界的思想、信仰和知识。对此，他的回应是，我们的所有想法都来源于经验。

观 念

洛克用"观念"一词代表人们所想到的任何事情。当你看向窗外时，你所看见的可能是一棵树或是一只麻雀，但那并不是树或者麻雀本身，而是它的一个化身，一种对它的观念，就像存在于你脑海里的一幅画。你所看到的东西并不仅是出现在这个世界上的物体本身，同时也包括你的感官系统所创造出来的一部分。但是并非你所有的观念都来自对这个世界的即时感观，有一些是思考得出的观念，就比如当我们进行推理、记忆或者计划的时候所产生的观念。

洛克认为我们的所有想法最终都来源于经验，所以，我们想法的具体内容都来自感觉，即使有时候我们是在思考问题，而不是在感知问题。如果有个孩子与世隔绝，只能感知到黑色和白色，那么他就不知道什么是红色、什么是绿色。同样，如果这个孩子没有尝过牡蛎或者菠萝，那么他也不会知道这两种食物是什么味道。

观念是可以通过各种方式组合在一起的，因此只要有了大红色的概念和大衣的概念，我们就能立马想象出大红色大衣是什么样子，尽管此前在现实生活中我们并没有见过这么一件大衣。复杂的观念建立在简单的观念之上，而这些简单的观念则来源于五感中的一种或者几种感知。

第一性质和第二性质

当我们说"雪球是灰白色的、冰冷的和圆的"这个概念的时候，我们想说的其实是这个物体能让我们产生有关这些性质的概念想法。洛克划分出了第一性质和第二性质，并给每一种性质赋予了不同的含义。

第一性质与物体本身密不可分。雪球的第一性质包括其形状和坚硬程度，但不包括它的颜色及其寒冷属性。在这方面，当时的科学深深地影响了洛克，罗伯特·波义耳（Robert Boyle，1627—1691）提出的微粒假说对其影响尤深。波义耳认为，所有物质都由微小的粒子或者"微粒"构成，这些微小的离子通过各种不同的形式组合在一起。仅仅是宇宙中的一个粒子也仍然拥有第一性质，即形状、大小和固体性。洛克坚信，我们对物体第一属性所产生的想法与微粒的性质相近。因此，如果一个雪球的第一性质是圆形和一定的尺寸大小，那么我们对于这些特征所产生的想法就应该与雪球的实际特征相似，也就是说，这些性质通过观念精准地表现了出来。

第二性质指产生观念的力量。但是第二性质与物体本身并不相近。相比之下，第二性质是组成物质的微粒的结构所展现出来的结果（微观结构），是一种在特定情况下为人类感官系统所感知的性质。与第一性质不同的是，第二性质并不是微粒自身性质，而是独立于观察者所能观察到的范围之外的性质。就拿颜色来举例子：雪球看起来是灰白色的。颜色属于第二性质。这也就意味着雪球本身只有形状和尺寸大小，并没有真正的颜色。我认为雪球是灰白色的，但是在不同的光线条件下，它可能会呈现出完全不同的颜色，比如，它可能会是蓝色的。但在这种情况下，蓝色的雪球和灰白色的雪球并没有什么区别，因为这都不是它的第一性质。雪球的颜色由构成它的微粒的排列组合决定；微粒的第一属性让我产生了这种想法。同样的道理也适用于雪球的寒冷属性及其味道。严格意义上来说，我们所发现的这些并不是雪球的特性，而是物体独立于第一性质的第二性质。

洛克在其有关第一性质和第二性质的探讨中清晰地表现出了他的现实主义，即他坚信外部世界里的物体是真实存在的，并且会把经验传授给我们。这听起来像是个常识，但是许多在洛克之前以及之后的哲学家们都对"到底是什么传授给了我们经验"这一问题的本质提出过质疑。

个人同一性

洛克的《人类理解论》中有一章叫作"同一性与多样性"，这一章为这个话题之后产生的绝大多数讨论搭建了一个思维框架，在 20 世纪末期产生了极大影响。这一章是在第二版出版时才补充进去的，其中包含了对个人同一性问题的探讨，即"是什么让一个人在经历了身体和心理上的巨变之后，仍然是之前那个个体"。

洛克在回答这个问题的时候，将其与其他三个独立但又相互关联的问题联系在了一起：（1）是什么构成了物质的相同性？（2）是什么让人在变化前后依然是同一个人？（3）是什么让个体在变化前后仍然是那个个体？

我们可以说，如果组成一个物体的所有微粒都没有改变或移除，那么我们面对的就是同一个物质。很显然，对于一个有生命活力的有机体而言，这决不可能发生，因为至少从微观层面来看，有机体的各个部分会不断地进行着消失再更新的过程。所以，随着时间的推移，物质的同一性并不能作为衡量个体同一性的有效标准，因为没有人能够时时刻刻精准地持有完全相同的生理成分。

在洛克看来，一个"人"就是一个特定的生物有机体，就是我们所说的"智人"中的一员。从这个角度来说，人更像一棵橡树或者一匹马。尽管橡树在 20 年间占地面积扩大了 2 倍，树叶量也成倍增长，但是这个枝繁叶茂的橡树仍然与 20 年前的那一棵无异。它们的物质组成不同，但从橡树生机勃勃的那一部分所表现出来的功能来看，确是同一棵橡树。同样，尽管我在十年间经历了一些身体和心理上的改变，而且这些改变明显得肉眼可见，但是我仍然与十年前的那个我无异。

　　洛克在这个话题上的独特见解体现在他将人的同一性和个体同一性区分开来。但是，如果"个体"和"人"的概念并不相同，那么"个体"到底是什么呢？根据洛克所说，个体是"一个会思考的有智慧的实物，其本身具有理性和思考能力，能够意识到自我的存在，在不同的时空中都能进行思考"。换而言之，一个个体并不仅仅是作为我们人类这个物种的一员，因为有些人缺乏理性的力量以及自我意识。此外，从原则上来说，有些非人类的生物也可以被看作个体。为了说明这个观点，洛克引用了一篇有关"有只鹦鹉具有理性思维，它能够针对具体问题给出令人信服的回答"的报道。洛克指出，尽管这只鹦鹉也有智力，但是我们并不能称之为人：它可能是一只理性的鹦鹉，但是如果它拥有同等水平的理性能力和自我意识，那么它也可以被当作一个个体来对待。

　　按照洛克的说法，在时间的推移下，什么才是个体同一性的标准呢？不应仅仅从身体发展的持续性来判断，因为这并不能保证我们见到的是同一个人。相比之下，个体同一性的延续仅仅是因为意识是可延续的，即拥有记忆且有意识地一直为过去的行为负责，这才是个体具有同一性的条件。无论我的外观发生了多大的变化，只要我能记得自己过去的行为，那么我与过去的我就是同一个人。

洛克用了一个思想实验来阐明这个概念。想象一下，有一天，一个王子醒来时发现自己所有的记忆都是补鞋匠的，而不是王子自己的。他的身体并没有发生任何变化。在同一天早上，一个补鞋匠醒来时发现自己拥有的是作为王子的记忆。洛克坚持认为，虽然作为个体，王子的身体与从前无异，但是他已经不是入睡前的那个他了。让拥有王子肉身的这个个体为其之前的行为负责，似乎并不太公平，因为他已经不记得自己做过的事情了。这个略显牵强的例子是想阐述清楚"人"和"个体"这两个概念之间的重要差别。

但是在记忆缺失的情况下，这个观点会给我们带来什么影响呢？在洛克的观点里，我们似乎永远都不应该指责那些不记得自己做过什么事情的人，因为从某种重要的意义上来看，他们与之前那个做错事的人并不是同一个个体。对于洛克而言，"个体"只是一个法律术语，也就是说，他认为该术语与有关"对个人行为负责"的法律问题联系尤为紧密。我们似乎不应该惩罚一个忘记自己杀过人的凶手。洛克对此的观点是，在记忆缺失或者所谓失忆的情况下，我们更倾向于认为，如果我们确定了这些事情确实是这个人所为，那么这个人就一定与涉事者为同一个个体。即使酒鬼声称他们并不记得自己做过什么，但我们仍然会因为这些酒鬼的所作所为惩罚他们。然而，会出现这个结果是因为很难判断一个人是否真的不记得自己的所作所为了。法律必须切合实际，因此法律很少会接受记忆缺失这样的借口。然而，洛克认为，在审判日，如果有人不记得自己做过的事情，上帝就不会让这个人为那些事情负责。

语　言

洛克对语言的本质及其在有效交流过程中的使用情况都很感兴趣。对他而言，语言并不仅仅是可以被别人理解的声音：鹦鹉（或者其他不具备理性思维的生物）也可以做到这一点。而词是思想的标志，即词表达出了思想。因为词是思想的标志，而我们所有的想法又来源于经验，因此，我们所有的语言以及语言表达出来的思想都与我们的经验息息相关。

通过词的使用，我们可以和其他人交流思想。但是洛克坚信，我们并不需要用相同的词来表达同一个思想。比如，当我说起"信天翁"时所产生的联想可能与你的不同，这是因为我们从信天翁那里得到的经历并不一样。你可能对信天翁毫无概念，或者只是见过一张它的图片，但是仍然能够大大方方地使用这个词。你所产生的关于这个词的想法很有可能与那些每天都跟信天翁打交道的人完全不同。如果你对信天翁没有很清晰的了解，那么你的想法可能就像鹦鹉学舌或婴儿牙牙学语一样，毫无实际意义。因此，尽管我们会在公共场合听到类似的词，但他们对于这些词语的理解仍然加入了一些私人的特别想法。而正因为如此，才会产生概念混淆和误解。

世上有万千事物，但能代指它们的名词却寥寥无几。这没什么好奇怪的，因为如果每个特定的事物都有名字，那就几乎不可能进行有效交流。我们使用"信天翁"这个通用词来代指一种鸟类，洛克坚持认为，我们是先把这些抽象概念从特定经历中抽离出来，继而找到一个通用词来表达它。

对《人类理解论》的批判

先天的知识

语言学家诺姆·乔姆斯基（Noam Chomsky）的研究在 20 世纪掀起了一场关于先天知识的纷争。在对小孩子学习说话时所使用的句子进行仔细研究后，他的结论是，对不同语言普遍共享的语法结构和儿童语法错误模式的最好解释是，这就是一种先天的语言框架，所有孩子与生俱来，并运用这种框架对语言进行理解和使用。他把这种框架称为"语言习得机制"。这个观点对于洛克的观点来说是一个不小的挑战，因为洛克认为，新生儿的大脑是一张亟待经验输入的白纸。这与莱布尼茨所持观点更为相似，即人的心灵就像一块大理石，其上布满了许多裂纹，沿着这些预先存在的裂纹进行雕刻，会得到一个唯美的石雕。

第一性质的概念与其物体本身有相似性吗？

洛克对于第一性质和第二性质的描述乍一看十分有道理，各种感官产生的错觉让我们支持这种描述，因为这些感官上的错觉所表现出来的是，第二性质是我们所看到的物体性质，而不是该物体本身的性质。然而，就像乔治·贝克莱所指出的那样，洛克所认为的"由第一性质产生的观念与物体本身是相近的"这一观点说不通。

在洛克看来，物体的本来面目隐匿于感知的面纱之后。我们只能直观地察觉到想法，但是却没办法知晓这些想法到底是什么。因此，对于洛克而言，他所坚持的"由第一性质产生的观念与物体本身是相近的"这一观点毫无意义。为了确认一个物体是否与另一个物体相似，我们必须能够同时接触到这两个物体。但在洛克关于思想的观点中，我们只能接触到其中一面，即我们自己的想法。贝克莱在此之上进行了更深层次的探讨，他认为，从严格意义上来说，因为我们只能知道自己的想法，所以我们甚至都不能证明独立于思想之外的物体的存在。与之相反的是，洛克只是简单做了一个假设，即如果没有外部世界，我们的思想无法形成观念。

矮人问题

洛克对于观念的描述更像是脑海里的一张张图片。但是这并没有解释清楚思考的过程，因为为了好好欣赏这张图片，你的脑海里似乎会出现一个小矮人来理解这个图片，然后这个小人的脑袋里又会出现另一个小矮人，如此循环往复。这一连串无穷无尽的反应造成的后果是出现了越来越小的小矮人，这个结果显然令人无法接受。这表明洛克的观点出现了差错。

记忆缺失并不总是会切断个体同一性

哲学家托马斯·里德（Thomas Reid）用接下来的这个例子反驳了洛克的"记忆是个体同一性的有效标准"这一观点。设想一下，一个勇敢的军官曾经因为在果园里偷东西而在学校里被鞭打以示处罚。在他还是一位年轻士兵的时候，他在第一场战役中就成功地夺走了敌人的一面军旗。当拿到这面军旗的时候，他还记得年幼时曾因偷窃被鞭打这件事。之后，他成了一名将军。但是那个时候，尽管他还记得自己夺走过军旗，但他已经不记得曾经在学校里被鞭打过了。从洛克的观点来看，这个夺得军旗的人和受鞭刑的人是同一个人，因为记忆是连续的。同样，记忆的连续性也使得将军和那个夺得军旗的人是同一个人。按照逻辑来说，如果那个小男孩和年轻的军官是同一个人，而军官和老将军也是同一个人，那么小男孩和老将军就一定是同一个人。然而，洛克一定会否认这一点，理由是老将军并不记得自己被鞭打过，所以他与过去的连接是被切断了的。里德认为这种逻辑很荒谬，因为洛克所持的观点给我们呈现出来两个自相矛盾的结论，即小男孩和将军是同一个人，但他们又不算同一个人。任何会得出这样显而易见悖论的理论一定都是错误的。

洛克对这样的批判的回应一定会是，小男孩和将军是同一个人，但不是同一个个体，而且并不应该让将军为小男孩的行为负责。

❋ 生平纪要

公元 1632 年，生于索美塞得（Somerset）的威灵顿（Wrington）。

公元 1689 年，《人类理解论》和《政府论》出版（尽管书上印刷的出版年份为 1690 年）。

公元 1704 年，于埃塞克斯郡（Essex）的奥阿特斯镇（Oates）逝世。

❋ 关键词表

微粒假说（corpuscularian hypothesis）：波义耳的理论，认为所有事物都是由小粒子（微粒）构成。

经验主义（empiricism）：该主义认为我们的知识都来源于我们的感官经验。

认识论（epistemology）：哲学的一个分支，研究知识及其获得方式的相关问题。

小矮人（homunculus）：身材矮小的人。洛克的思想理论似乎会产生"大脑中会有一个小矮人在解读想法"的结果（还会有另一个更小的矮人在小矮人的脑海里，以此类推）。

观念（idea）：在洛克看来，这个概念包括感知在内的任何想法。17 世纪时"观念"一词的含义比现在更广。

先天主义（innatism）：该主义认为我们的知识或者至少相当大一部分知识都是与生俱来的。

个体同一性（personal identity）：这种特性让某个人经历过身体和心理上的改变后仍然是同一个人。

第一性质（primary qualities）：物体本身的性质，包括形状和固体性，但不包括颜色和寒冷属性（这些属于第二性质）。由第一性质产生的观点与第一性质相近（第二性质与此情况不同）。组成一个物体的微粒拥有第一性质，但不具备第二性质。

理性主义（rationalism）：该主义认为我们仅凭理性的力量就能获得知识。

第二性质（secondary qualities）：产生观念的力量。第二性质是组成物质的微粒所展现出来的结果，为人类感官系统所感知。与第一性质产生的想法不同，第二性质产生的想法与物体本身并不相同。第二性质包括颜色和寒冷等性质。

❀ 延伸阅读

Stephen Priest *The British Empiricists* （London: Penguin, 1990）.

这本书条理清晰，架构一目了然。其中有一章是关于洛克的。

E. J. Lowe *Locke on Human Understanding* （London:

Routledge，1995）.

　　这本书中对洛克的《人类理解论》进行了详细的查验，也由此引出了其思想的更多研究。

　　J. L. Mackie *Problems from Locke* （Oxford: Oxford University Press，1976）.

　　这本书中收集了一系列探讨《人类理解论》中提出的最重要主题的文章。

　　Maurice Cranston *John Locke: A Biography* （Oxford: Oxford University Press，1985）.

　　想了解更多有关洛克的生平事迹，可以阅读这本书。

第十章
洛克的《政府论：下篇》

我们认为以下真理不言而喻：人人生而平等，造物主赋予他们的权利不可剥夺，其中包括生命权、自由权和追求幸福的权利……无论政府何时侵犯了这些权利，人民都有权对其进行改造或废止它，另谋新政。

以上这些铿锵有力的话语出自 1776 年的《美国独立宣言》，这些话语完美地诠释了近一个世纪之前洛克所著的《政府论：下篇》（*Second Treatise of Government*）中的核心思想。洛克于 1689 年匿名出版了《政府论》，但有研究表明他早在 17 世纪 80 年代就已经撰写了此书。在那个时候，"人民有权推翻一个不公正的政府"这一想法被认定为极端的叛国行为，稍有不慎便会招来杀身之祸。《政府论》中很多细节描写都是 17 世纪 80 年代政治动荡的真实写照。但《政府论：下篇》里有关尝试建立基本人权的内容带来的影响之深远大大地超出了 17 世纪社会的关注范畴。

《政府论》上、下篇

《政府论：下篇》似乎更有意思一些。《政府论：上篇》几乎通篇都是否定性话语，即对罗伯特·菲尔默（Robert Filmer）的思想进行了严厉的批判。菲尔默坚持认为君主的权力都是上帝赐予的，与人民的意愿毫不相干，这个观点即为大众所熟知的君权神授。亚当是第一个人类，上帝将治理全世界的权力赐给了他，而如今统治者手中的权力来源最早可以追溯到这个天赐的恩典。就如同人民有义务遵循上帝的意愿一样，人民也有义务臣服于统治者，因为从亚当时期开始，世界就开始分化，而分化产生的结果之一就是统治者就代表了上帝的意愿。人民的意愿并不重要，可以放在一边忽略不管。每个人都有绝对的义务臣服于君主，而这种义务就是间接臣服于上帝。

在《政府论：上篇》中，洛克驳斥了菲尔默论证的各个细节；在《政府论：下篇》中，他简要说明了自己对于政府的积极看法。洛克在书中提出的问题是："合法的政治权威的来源是什么？限度在哪里？"或者用更具体的方式来说："我们为什么要臣服于统治者？在什么情况下，我们能以正当的理由反对他们？"

自然状态和自然规律

与许多哲学家一样，为了回答这些问题，洛克设想了一下自然状态下的生活，即一个没有政府强行实施法律且无组织的社会。这类思想实验通常并不是为了描绘在某个特定时间点上的实际生活会是什么样子，而是作为一个虚构的故事，用以找到一个建立兼备政府和法律的社会的哲学理由。霍布斯认为，在自然状态下，我们会一直处于战争状态，旨在争夺稀缺资源。相比之下，洛克所说的自然状态是一个更为吸引人的前景。霍布斯认为处于自然状态下的个人会被其癖好和欲望驱使，对于他们来说，采取先行策略制服任何潜在的竞争者才是谨慎之选。然而，洛克坚信，即使是在预先存在的有组织的社会中，人们还是会被那个我们称之为"自然法则"的东西束缚住，即个体禁止伤害其他人。

自然法则是上帝所赐予的。通过思考，任何人都可以发现这个法则。在洛克描述的自然状态中，每个人平等且自由。在此状态下，不存在一个人将另一个人置于他人之上的自然等级制：每个人都一样重要，且在上帝面前人人平等。个体同样是自由的，但这种自由不应该同特权（为所欲为的自由）相混淆。即使在自然状态下，你的自由仍然受制于那些上帝所赐予的显而易见的自然法则，这些法则会阻止你自杀（因为很显然上帝想让你活到寿终正寝的年纪），也会阻止你伤害他人（因为上帝所创造的我们是平等的，我们不应彼此利用）。

比起霍布斯所说的"所有人相互斗争的战争状态"，洛克所说的自然状态似乎更容易为人所接受，其原因之一是，洛克坚信，自然法则可以由任何人来执行。这其中包括对违背自然法则的人进行惩罚。甚至可以说，就算在社会之外，上帝所赐予的法则仍然有效且可以强制执行。比如，如果你在没有正当理由的情况下对我进行了攻击，那么，鉴于自然法则严禁无缘无故伤害他人，我可以行使与生俱来的权利来惩罚你，这么做既是为了得到某些补偿，也是为了阻止你进一步伤害我。这种惩戒的权利可以延伸行使到没有直接关联的人。其他人可能知道你攻击过我，他们可以因此选择对你进行相应的惩罚。显而易见的是，在自然状态下，人们会在维护自然法则的方式上产生偏差，这是非常危险的。他们往往打着运用自然法则的幌子去为自己争取更多的利益。这也就是为什么说人们齐聚一堂、组建政府的行为是一种对自然状态的改良，因为一个政府可以建立一个独立的司法系统。

私有财产

在自然状态下，每个人所拥有的一个基本权利是财产私有权。有时洛克用"财产"一词概括的内容比我们理解的这个词的含义（土地、房屋、个人所有物等）要广得多。对洛克来说，我们自己也有一种属性，即我们拥有自己，有权做我们想做的事，只要不伤害他人或自己。在关于自然状态下私有财产来源的描述中，洛克只提到了家庭意义上的财产，并且主要指土地和农产品。很不幸的是，他并没有对"我们每个人都拥有自己的财产"这一情况多加说明。

那么，尤其是在宗教教条中存在着"上帝将土地交给了亚当，以保证全人类得以共享"这一观点的背景下，个人如何获得对土地的合法权利呢？洛克对此进行回答的核心内容是人类的劳作赋予了土地价值，因此如果没有其他人提前声明私有这片土地的情况下，那么在自然状态下，人类的劳作行为就会使之产生财产私有权。劳动者将其劳作行为与土地结合在一起，这样个人就会获得这片土地。设想一下，在自然状态下，有一个人以收集野生树木或者植物的果实和种子为生。如果他收集到了满满一大袋这种稀缺食物，那么这些食物理应都属于这个人，因为他在收集食物的过程中消耗了自己的时间和精力。同样，如果一个人将他的劳作与土地混合在了一起，也就是说，他在土地上耕种并获得丰收，那么他就合法拥有这片土地及其上面生长的作物。但是，通过这种方式获得的物品数量是有严格限制的，这种限制由自然法则设定，即没有人获得的东西会比其实际需要用到的多。如果觅食者采摘的果实和种子在其进行交易之前就发霉了，或者庄稼主所储存的粮食坏掉了，那么他们都应该因打破自然法则而受到惩罚，因为自然法则限制了个人的财产数量以保证每个人都用其所需。但实际上，觅食者或者庄稼主的这些行为会大大占用他们邻居的财产份额。

金　钱

然而，由于人类生存所需的许多东西都极易消逝，尤其是食物的腐烂速度特别快，所以人类通常很乐意赋予那些诸如金和银等不容易腐烂的物体以价值。在双方达成一致意见的情况下，自然状态下的个人可以用易腐烂的物品换取那些不易腐烂的物品。金钱也由此应运而生。金钱的产生改变了自然状态下人们拥有财产的可能性，因为它允许个人不必冒着腐烂的危险囤积大量的财富。比如，一个农民可以种植出大量的玉米，然后用他吃不掉的那一部分去换取金钱。这样他就获得了一种有价值、能长期保存的商品，并且可以用这种商品去换取其他生活必需品，也能够帮忙养活其他社会成员。洛克认为，由于默认了金钱制度的存在，我们所有人要接受个体间物质资源不平等的事实，而这个事实的出现无法避免。

公民社会

到目前为止，我们只是看到了洛克所描述的自然状态，即在上帝赐予的自然法则的约束下出现的一种状态。然而，他这样表述的主要目的之一在于展示他所谓的公民社会，抑或联邦国家（他交替使用这两个术语）是如何形成的，以及社会成员如何从这样一个社会存在里获益。

人们离开自然状态的主要动机是寻求保护，即保护生命、自由和财产，尤其是对财产的保护。尽管在自然状态下，每个人都有权惩戒打破自然法则的那个人，但是由于存在对自我利益的考量，判断者会在评判邻居行为时出现不可避免的偏差。为了确保生活的和平安宁，很有必要将人们从自然状态转移到有组织的社会之中。这也就意味着你得放弃一些自然状态下拥有的权利。这其中最为特殊的是要放弃惩罚违背自然法则的行为的权利。在双方达成共识的情况下，社会成员都要放弃这项权利，因为这样做能够获得更大的安全。他们把制定和执行法则的权利交到一些人或者一些集体的手上，并委托这些人好好管理公共利益。

个人只有在表示同意后才会放弃其在自然状态下的一部分自由，这是放弃自由的唯一方式。洛克曾写到个人之间签订契约，即他所说的协议或者合同。他的这一术语之后被称为"社会契约"。如果这个契约是在双方意愿自由且内容明确的情况下签订的，那就是他所说的"明确契约"。如果只是通过暗示行为，而非在内容明确的条件下签订，那么这个契约就是一个"默示协议"。

你可能会对此提出反对意见，因为你并非出生于自然状态，而是一出生就身处一个有条不紊的社会，法律和政府都已经存在了。那么你是如何同意放弃你的一些基本权利的呢？"通过协商而建立的政府"这一概念似乎说不通，因为你从来没有意识到要同意现有状态的产生。洛克对此的回应是，在公民社会中享受过财产保护或者享受过该组织带来的其他益处的任何人都已经签署了一份默示协议，表明其放弃部分自然权利。一旦社会契约得以建立，就默认个人服从大多数人的决定。

然而，这并不意味着公民社会中的个人有义务服从专政暴君的命令。而洛克撰写的"有时，公民推翻并取代其统治者的做法是正确的"这一观点成为其出版《政府论：下篇》时最具争议的一个部分，而且毫无疑问的是，这也是他选择匿名出版的原因之一。

谋 反

联合起来形成一个公民社会的全部意义在于保护生命、自由以及财产。洛克认为，当一个冷血残暴的政府或者统治者逾越了其合法角色所对应的权力，且停止在这些方面为公共利益行事的时候，公民奋起反抗并推翻这个政府或者统治者的做法就是理所应当的。公民给予政府或者统治者以信任，但是当这种信任遭到背叛的时候，公民对其履行的一切义务都可以作罢。如果政府或者统治者没有好好改善公共利益，那么他们就会丧失那些公民通过社会契约赋予他们的权力。这个观点是遵循洛克所认为的"所有合法的政府都是经公民一致同意推举出来的"这一理念。对于"这个观点听起来像是在煽动公民去谋反"的这一指责，洛克的回应是，纵容劫匪和强盗肯定是不对的，也就是说，那些没有经过公民一致同意就成为统治者的人以及那些与公共利益背道而驰的人都与罪犯无异，他们不值得公民臣服。在洛克的描述中，任何政府和统治者所拥有的权力都不应该完全凌驾于它的公民之上。对其权力的限制就是对其进行约束，并为公共利益服务。

对《政府论：下篇》的批判

上帝的角色

对洛克所持立场最显著的一个批判是，其很大程度上依赖于基督教的存在，或者说依赖《圣经·旧约》（*Old Testament*）中上帝的存在。自然法则的概念出自传统的基督教教义，但这却是其政府理论体系的根基。如果没有上帝的存在，我们可能会期望自然状态更接近于霍布斯所描述的每个人对每个人的战争状态。尽管如今无神论为大众普遍接受，但是在洛克撰写《政府论》时，无神论还是极少出现的一种说法。现在许多人都认为上帝、基督教及其相关的事物都不存在。对于这些无神论者而言，洛克的观点毫无说服力，除非能找到非神学的观点来支持他的论证。

自然法则的不一致观点

即使是基督教徒也对洛克描述的自然法则颇有微词。这些自然法则被认定为上帝赐予，并且仅仅通过理性思考就能发现其中要义。但是这样的法则是否真实存在却无从知晓。洛克假定这些法则都是存在的且极易被发现。然而，有些哲学家声称通过思考会发现存在不相兼容的行为准则。这些准则的存在说明人们对于自然法则的真正含义并没有一个统一意见。如果并不存在自然法则，或者说人们对这些法则的意义产生了严重分歧，那么洛克的政府理论就不攻自破了。

阶级偏见？

一些对洛克进行批判的人在其对财产的探讨上大做文章。他们认为，这些观点表明洛克一直在为土地所有制辩护，是在维护有产阶级的利益，从而剥削那些只能出卖自己劳动力的人。书中有些内容是支持这种说法的，尤其是洛克建议某人的奴仆劳作过的土地也应该归这个人（而不是归他的奴仆）所有的那部分。确实，尽管洛克坚持说自然状态下人人自由且平等，但是《政府论：下篇》似乎就是在为极其不公平的财产私有化提供合理理由。

❋ 生平纪要

参见第九章。

❋ 关键词表

公民社会（civil society）："联邦国家"的另一表述。

联邦国家（commonwealth）：一群人明确表示或默认放弃一些自由以换取国家保护。

君权神授（divine right of kings）：该观点认为君主统治的权力由上帝赐予。

自然法则（laws of nature）：上帝赐予的法则，适用于全人类，即使处于自然状态下也适用。

特权（licence）：随心所欲地做你想做的任何事情，没有任何束缚。

社会契约（social contract）：该协议表明放弃一些自由以换取国家保护。

自然状态（state of nature）：在达成任何社会契约前的一种假想的人类状态。自然法则在自然状态下也适用。

❀ 延伸阅读

John Dunn *Locke* （Oxford: Oxford University Press，Past Masters series，1984）.

这本书精简地介绍了洛克的生活及其著作，主要专注于分析其政治思想。

D. A. Lloyd Thomas *Locke on Government* （London: Routledge，1995）.

这本书中包含对洛克的《政府论: 下篇》更为细致的研究。

Ian Hampsher-Monk "John Locke"，Chapter 2 of *A History of Modern Political Thought* （Oxford: Blackwell，1992）.

这本书将洛克的《政府论》上、下篇置于其历史背景中进行探究，就如同莫里斯·克兰斯顿（Maurice Cranston）所写的洛克自传一般。

第十一章
休谟的《人类理智研究》

大卫·休谟（David Hume）是一个怀疑论者。但是与那些古希腊的怀疑论者并不相同，他并不提倡对每件事都加以评判。他认为，大自然已经为我们准备好了生活所需，也就是说，从某种意义上来说，直觉和感官主导着一切，哲学上的质疑似乎也因而变得荒谬。休谟对"人类本质上是理性的"这一说法提出了质疑。他认为，理性在人类生活中扮演的角色对人类影响有限，这种影响比之前大多数哲学家所设想的要有限得多。

休谟的著作中展现出来的严谨态度和原创想法足以让人惊叹，尤其是他在撰写和发表大部分哲学思想时不过25岁，这一点更是令人佩服不已。其第一本著作《人性论》（*A Treatise of Human Nature*）受到的关注远不及他所预期的那样。用休谟自己的话来说，就是这本书"一经出版就'夭折'了"。《人类理智研究》（*Enquiry Concerning Human Understanding*）是对《人性论》的重新编纂和扩充延展，旨在让其内容更容易为人所理解。他觉得读者欣赏不来他的表达方式，但是他自己确实对其所著的《人性论》的大部分内容感到十分满意。很难想象如今的哲学家会为了读者而做出如此大的努力。

和洛克一样，休谟也通常被认为是一个经验主义者，因为他与洛克一样，坚信思想的全部内容最终都来源于经验。休谟是一个经验主义者，并不仅仅因为他得出了一些有关我们思想来源的结论，也因为他的方法论。他并不是从一些基本原则来推断出人类应该是什么样子，而是通过内省的方式来进行观察。他的目标是针对人性提出一套完整的科学观点。

他的许多关于思想及其与世界的联系的观念都深受洛克所著的《人类理解论》的影响，但是休谟在此基础上更上一层楼。其哲学思想中有一方面与洛克十分相近，即休谟也依赖观念理论。然而，休谟引进了几个新的术语。在洛克使用"观念"这个词的地方，休谟使用的是"感知""印象"和"观念"。

思想的来源

休谟用"感知"这个词来代指有关经验的所有内容，也就是说，这个词与洛克所说的"观念"一词相当。感知出现在我们进行观看、感受、记忆、想象等活动的时候：这个词包含了更大范围内的心理活动，其含义比我们今天所理解的范围要宽泛很多。对于休谟来说，感知有两种基本类型，即印象和观念。

感知就是，我们在观看、感受、产生爱恨和欲望及念想时得到的经验。休谟在描述它们时认为这些比观念更为生动，他的意思可能是"感知"一词更为清晰具体。观念是印象的临摹版。当我们回忆起我们的经历或者运用我们的想象力时，观念都是我们思考的对象。

因此，假如我现在有"钢笔从我的书上划过"的观念，也有"在图书馆里，我背后坐着的人在翻书"的观念。我还对我触碰到的书页的纹理质地有印象。这些感官上的体验是鲜活的，即很难让我相信我仅仅只是记得之前的体验，或者说我其实正在做梦。之后，当我把这些话语都敲进电脑的时候，毫无疑问，我会回想起这一刻，重拾我的印象。那时我所拥有的就是观念而不是印象了，因为观念是印象的复制品，且不会如现在的感官印象一般生动形象（用休谟的话来说就是"鲜活"）。

休谟重新修改了一下洛克的"没有先天的观念，我们所有的观念都是印象的复刻品"这一主张。换句话说，如果我们没有第一体验作为印象留存下来，那就不可能拥有关于这个事物的观念。

那么，休谟如何解释"我没有见过金山，也从未有过类似的印象，但是我还是能够想象出金山的模样"这一问题呢？他的回答是单一观念和复合观念是不一样的。单一观念来源于单一印象。单一印象包括诸如形状、颜色等对事物的观念，这些观念不能再分成更小的组成部分了。复合印象是单一印象的集合体。因此，我会拥有关于金山的观念是因为它是一个由"山"和"金色的"这两个单一观念组成的复合观念。这些单一观念最终都来源于我对于山和金色物品的经验。

　　支持"我们所有的观念都来源于早些时候的印象"这一观点的理由来自如下理论：经过思考，我们的任何一种观念都可以分解成更小的组成单位，而我们认为这些更小的单位都来源于印象。对这个观点的进一步巩固是通过如下观察完成的：如果有个人天生就完全失明，那么他就没有办法产生有关"红色"的概念，因为他并没有在视觉上产生过有关颜色的任何印象。同样，更具争议的一点是，休谟认为那些自私之人并不能形成"为人慷慨"的观念。

　　休谟认为，从很大程度上来说，他对洛克的观念理论的完善能够解释任何特定观念的起源，但是他确实认为这个理论中存在一个特例。这个特例就是"缺失的蓝色"。假设一个人见过多种不同色调的蓝色，唯独没有见过一种特殊的蓝色，但这个人仍然能够形成有关这种蓝色的观念。然而根据休谟的理论，这种情况应该是不可能出现的，因为如果一个人没有对这种特殊的蓝色产生过直接印象，那么他就不会产生相应的观念。但是，他本人并不是特别担心这个明显的反例，因为这个例子太过特殊，所以他并没有据此重新定义他的基本理论。

观念之间的关联

　　休谟认为观念之间存在三种连接方式。这也就解释了为

何我们能够从一个想法跳转到另一个想法。这三种连接方式
分别是相似、相近和因果。

　　如果两个事物彼此相近，那么我们自然而然就会由其中
一个想法联想到另外一个想法。比如说，当我看着我女儿的
照片时，我会自然而然地联想到我女儿。如果这两个事物在
时间或地点上相近，或者说这两件事接连发生，那么，与之
前那种情况类似，其中一个想法会引出另一个想法。因此，
如果我想着我的厨房，那么我的想法很容易就会转移到旁边
的客厅，因为这两个地方靠得很近。最后，如果两个事物由
因果关系连接在一起，那么有关"因"的想法就会引导我们
产生有关"果"的想法。比如说，如果我产生了一个有关踢
伤脚趾头的观念，那么，由于这个想法是脚疼的"因"，我
的想法就会轻易地转移到有关脚疼的观念中。

　　休谟划分了观念和印象的区别，也阐明了观念之间的三
种连接方式，由此，他坚信自己解释清楚了思维意识的所有
运作流程。

因果关系

　　一颗台球撞上了另一颗台球，导致另一颗滚动。那就
是我们所看到的，也是我们所能描述出来的。但是，一件事
是另一件事情的"因"到底是什么意思呢？这对于休谟而言
是一个非常根本的问题，因为就如同他所指明的那样，我们
对于事物真相的所有思考都是从已知的"因"推导出预期的

"果",或者是从已经产生的"果"回推至潜在的"因"。比如,我在一个荒岛上找到了一块手表,我就会认为,我能在那里找到这块手表是因为之前有人把它遗留在了这个岛上。如果我在黑暗中听到了说话的声音,我就会认为有人在那里。这些都是从"果"回推出"因"的例子。当我看到一颗台球朝着另一颗滚去的时候,我会在它发生碰撞前就对结果做出预判,这也就是从"因"推出可能产生的"果"。科学推理同样建立在因果推理之上。

我们大多数时候都把因果关系看作理所当然,然而休谟却开始质疑我们的这种想法从何而来。无论我看过多少次台球之间的碰撞,我都不能理解为何第一颗台球的移动就意味着第二颗台球一定会朝着特定的方向移动。休谟坚信,我们所有关于因果关系的知识都来源于经验。只有观察过两颗台球相撞的样子(或者至少是一些类似情况),我们才会知道接下来会发生什么。作为第一个人类,亚当肯定不知道把头没入水中会导致溺水窒息。但是一旦接触到了水,他就会知道这件事会带来的后果。

一旦亚当知道把头没入水中会导致的后果,他就会预判出水会一直以这种形态存在。这种基于以往的经验对未来进行推导的方法被称为"归纳法"。相似的"因"会导致相似的"果",我们也因此不得不假设,在这一方面,未来会与过去有相似之处。然而,就是从这一点上,我们才得以看清所谓的归纳法呈现出来的弊端。我们所认为的"过去与未来是相似的"这一观点的理由是苍白无力的。但是归纳法仍然是我们所有思想的基础。我们不能因为之前设定的自然规律和我们的想法匹配得很完美，就把它作为对未来进行归纳整理的理由，这一点我们无法接受。因为这个论证会是一个恶性循环，试图用归纳法来验证归纳法。事实上，这仅仅只是人类拥有的一个习惯而已，尽管从整体上来看，这个习惯很适合我们。习惯和偏好会指引我们度过这一生，而理性的力量是做不到这一点的。

仔细研究我们有关"因果"的知识就会发现，我们对于因果的认识其实基于一种假设，即如果我们发现两件事情总是同时发生，且其中一件事情总是先于另一件发生，那么我们就会把第一件事称为"因"，把第二件事称为"果"。除了休谟所说的"永恒的关联"和因果关系在时间上的先后关系之外，"因"和"果"之间并不存在其他必要的连接。这并不是说休谟想让我们不再相信因果之间的关联，因为对于我们来说，这无论如何都不可能实现。相反，它证明了我们的行为举动很少依赖于理性，而更多依赖于我们具有的天性和习惯。

自由意志

从传统意义上来看，人类的自由意志与其导致的行为一直被认为是相互违背的。如果每个人的行为举止都只是由前因导致的后果，那么我们能控制自己行为的这种感觉就是错误的。在这一观点中，自由意志就是一个幻想虚影。没有自由意志，就不存在道德责任和罪责，也就是说，如果我们所有行为都是由其他原因导致的，并且还不受我们自己控制，那么我们因为这些行为而受到赞扬或者批判就显得不太合理。

休谟并不赞同这种思考模式，他认为我们的行为确实在某种程度上是由其他因素导致的，但同时我们也拥有自由意志。这个观点通常被称为"相容主义"。从某种意义上来说，休谟的观点显得有点粗略。他所强调的是，人同自然万物无异，都要臣服于大自然的法则。比如，相似的动机往往会导致相似的行为：不管是人类世界还是物质世界，都存在着同一种因果之间的永恒联系。如果有个人在查里十字路口的人行道上遗失了一个装满金子的钱袋，那么当他返回路口寻找钱袋的时候就不应该有所期待，就像他不会期待钱袋能长出翅膀飞起来一样。人类的行为具有一种可以预判的规律性，从历史上来看，全世界都是一样的。人类天性中的规律性完全不会阻碍我们选择自己想做之事的可能性。因此，对于休谟而言，我们的行为是可以进行预判的，同时我们也是可以进行自由选择的，这两者之间并不互相矛盾。

休谟的观点是，他对人类行为的描述得出了"我们所有的行为都是对的"这一结论，因为这些行为的起源都可以追溯到上帝，或者说，我们的邪恶行为最终都来源于上帝。有点讽刺的是，休谟否认了这两种明摆着就十分荒谬的说法，并认为这个问题的答案远远超出了他所研究的哲学范围。然而，他的许多读者却十分欣赏休谟对于"上帝"这一概念毫不掩饰的抨击。如果上帝并不存在，或者说上帝与神学家们所描述出来的不同，那么"人们是否要为其邪恶行为负责"这一问题就不复存在了。

在"上帝是否存在"这一问题上存在许多种论证方式，但是休谟对这些论证方法产生了质疑。他的怀疑论主要出现在两个章节中，一个是所谓的设计论证，还有一个是奇迹。这两章都没有包含在《人性论》一书中。而当这两个章节随着《人类理智研究》一起出版的时候，人们认为这两章内容颇具争议，并且其中对奇迹的探讨更是让许多神学家们愤怒不已，纷纷借出版小册子之名对其进行抨击。由于设计论证的内容与其《自然宗教对话录》（这本书是第 12 章的主题）中的内容高度重合，在此我就不赘述了。

奇　迹

休谟想让我们接受的一个基本原则是，一个明智的人总是会在任何问题上都将其信念与可获得的证据相权衡，以判断其可信度。这个原则是无可争议的，也正是因为这个原则，他摒弃了"我们应该相信那些声称目睹过奇迹的人的诚恳描述"这一观点。

休谟很清楚奇迹到底是什么。奇迹是对自然法则的违背，通常被认为是上帝创造出来的。奇迹不能与非常规事件混为一谈。比如，如果我突然在离地 2 英尺高的地方盘旋，其间没有任何支撑点，也没有任何实物把我固定在那里，那么这就可以说是一个奇迹了。而如果我买的彩票中了大奖，这只能算是非常规事件。离地盘旋意味着违背了既定的物理规律，而中彩票并不能算是奇迹（除非我没有买彩票却中了大奖，这也许算个奇迹）。相对来说，这只是不大可能发生在我身上的小概率事件而已。

许多人都声称自己亲眼见过上述意义的奇迹。然而，休谟认为我们永远都不应相信他们的证词，除非他们会撒谎或受骗这件事比奇迹更为不可思议。我们不应轻易相信有奇迹发生，我们应该把奇迹简单地解释为一种非常规现象，而不是神迹的降临。这才是一个根据现有证据来判断自己信仰之人该采取的明智决策。

休谟的意见是，这些证据总是倾向于让我们更相信奇迹没有发生过。这是因为任何自然法则都是经过无数次观察才得以证实的。基于相信现有证据的原则，休谟坚持认为对奇迹的特殊目击证词不足以作为违背自然法则的根本依据。他的这一观点得到了心理学研究事实的支持，即人类从惊讶和震惊的情绪中获得了大量的愉悦感，这样的情绪通常是由那些有关奇迹的报道引发出来的。"你是否真的目睹了奇迹"这一问题很容易让人产生自我欺骗行为。许多自称亲眼见过奇迹的人都只是想借此大赚一笔：他们会得到特别的款待，并被他人认为是上帝特意挑选出来的人。这一点能够成为欺骗他人或者欺骗自己的强大动机。

所有这些因素结合起来只会让人更加相信，在任何特定情况下奇迹都没有发生过。休谟并没有否认从逻辑上来看有发生奇迹的可能性，但是他也认为理智之人永远都不会相信有关奇迹的任何报道。

休谟的叉子

在《人类理智研究》一书的末尾处，休谟强烈谴责了那些不符合其严谨的经验主义原则的哲学著作。对于任何书籍他都会提出两个问题，而由这两个问题架构出来的二分法通常被称为"休谟的叉子"。这两个问题分别是：它是否涵盖了数学或者几何中的抽象推理？如果没有，那它所包含的事实陈述是否可以经得住观察或者检验？如果对这两个问题的回答都是否定的，休谟就会认为，"把这本书烧掉吧。这本书里除了诡辩和幻想，一无所有"。

对《人类理智研究》的批判

观念理论的预设

休谟的哲学，尤其是他对于归纳的描述，在面对批评质疑的时候总能自圆其说。但是，关于观念理论的内容几乎为当今所有哲学家所摒弃。休谟并没有实实在在地解释清楚这个思想，而只是认为它的存在是理所应当的，休谟所做的只是对这个理论进行了完善。但是，这种具有代表性的理论却引发了无数的难题。洛克在其《人类理解论》中提及过一二，比如矮人问题。

"缺失的蓝色"是一个反例

休谟认为我们所有的观念都来源于之前产生的印象，但如上文所述，他也确实认为"缺失的蓝色"可能构成其理论的一个反例。虽然休谟只是把它当作一个特例，然而，同样的例子也能够由其他感官构建出来，比如音阶里缺失的音符、介于两种已知味道之间的那个缺失的味道、摸不到的物体，以及介于两种香味之间的特殊香味。从严格意义上来说，这样的例子对休谟所描述的思想理念构成了极大的威胁，所产生的影响似乎远比他所预料的要大得多。

然而，休谟可能至少有两种方法来应对这种批判。首先，他可以轻易否认"缺失的蓝色"（或者任何与之类似的例子）这一观点。但是他不会这么做。其次，他可能会认为"缺失的蓝色"这一现象属于一个复杂的观念，也许会认为它是"蓝色的"观念及其相关的"浅蓝色的"观念的结合体。但是，因为休谟预设了"有关颜色的观念都是单一观念"这一观点，所以他也没有选择这样解释。

❀ 生平纪要

公元 1711 年，生于苏格兰爱丁堡。

公元 1739—1940 年，出版《人性论》。

公元 1748 年，出版《人类理解研究》。

公元 1776 年，在爱丁堡逝世。

公元 1779 年，其遗作《自然宗教对话录》（详见第 12 章）出版。

❀ 关键词表

相容主义（compatibilism）：该主义认为我们所有的行为都由前因导致，但同时我们也拥有自由意志，而非只拥有自由意志的幻觉。

永恒联系（constant conjunction）：指两个及以上事物总是一起出现。

相近（contiguity）：接近，比如在时间上或空间位置上的接近。

观念（idea）：印象的复刻版。值得注意的是，休谟使用这个词时所涵盖内容比洛克要窄一些。

印象（impression）：任何直观的感知，包括我们自己的感受。休谟认为，印象比它所导致的观念要生动（鲜活）得多。

归纳法（induction）：基于有限的案例进行总结。当你基于过去发生过的事情来预测未来的时候，就可以用上归纳法。

奇迹（miracle）：由于上帝的干预，违背了自然法则的事情。

感知（perception）：休谟用这个术语代指所有想法，不管是印象还是观念。

怀疑主义（scepticism）：哲学质疑。

❋ 延伸阅读

Bryan Magee *The Great Philosophers*（Oxford: Oxford University Press，1988）.

Stephen Priest *The British Empiricists*（Harmonds worth: Penguin，1990）.

约翰·帕斯莫尔（John Passmore）和布赖恩·马吉（Bryan Magee）的访谈收录于第一本书中，其中提供了一些关于休谟核心理论的简明概述。同样，也可以参见第二本书中的相关章节。

Barry Stroud *Hume*（London: Routledge，Arguments of the Philosophers series，1977）.

这本书对休谟的哲学体系进行了更深层次的解读，侧重于分析其具有建设意义的部分和令人质疑的部分。

E. C. Mossner *David Hume*（Oxford: Oxford University Press，2nd edn，1980）.

这本传记读起来妙趣横生。

David Edmonds & John Eidnow *Rousseau's Dog*（London: Faber，2006）.

这本书描述了休谟和卢梭公开争论时的精彩言论。

第十二章
休谟的《自然宗教对话录》

　　除了柏拉图之外，极少有哲学家能够成功地用对话录的形式进行写作。大卫·休谟就是一个让人印象深刻的例外。他的《自然宗教对话录》（*Dialogues Concerning Natural Religion*）既是一本哲学论证的著作，也是一本伟大的文学作品。柏拉图把最好的台词都留给了苏格拉底，但休谟则与他不同。休谟让三个主要对话人，即迪美亚（Demea）、克里安提斯（Cleanthes）和斐罗（Philo），共同分担这些有意义的论证，尽管我们很容易就可以看出来，在这三个人当中，他最看重最后一个。这样做的效果就是让读者加入辩论。在书中，"正确"的观点并没有明确地标识出来，必须由读者将对话作为切入点深入挖掘才能得到。这个小技巧是休谟从拉丁文作家西塞罗那里借鉴而来的。

　　休谟在生前并没有出版这部作品，因为他害怕自己会遭到宗教权势的迫害。然而，他却费了很大力气保证这本书在他死后能够顺利出版。这本书的核心观点是设计论证法，以此证明基督上帝的存在。设计论证法是自然宗教倡导的重要内容，信仰此宗教的人将其信仰建立在科学证明的基础之上。自然宗教跟神谕通常处于对立状态。神谕通常被认为是证明上帝存在的证据，也是《福音书》的重要组成部分。《福音书》中描述了基督的奇迹，尤其是基督的复活。然而，休谟写了一篇名为《论奇迹》的文章，在文中对所谓神学启示的主张进行了强烈的抨击。人们对这篇文章褒贬不一，并且这篇文章收录于休谟的《人类理智研究》一书中（详见第 11 章）。在《自然宗教对话录》中，自然宗教依旧还是受到了抨击，不过是以一种更委婉的方式展现出来的，因为这些论证的过程是由虚拟人物说出来的，而不是由休谟自己发声。

对话录主要人物

尽管在《自然宗教对话录》中出现了五个名字，但是辩论还是发生在三个主要人物身上，即迪美亚、克里安提斯和斐罗。整个对话过程是由潘斐留斯（Pamphilus）及其友人赫米柏斯（Hermippus）记录下来的，但是这两个人物都并未加入哲学探讨。

这三个主要人物都各自为自己的立场进行辩护。克里安提斯坚决拥护设计论证法，该论证法的主要观点是宇宙万物都是精心设计出来的，这就能证明上帝的存在。因此，他也是自然宗教的拥护者。迪美亚是一个信仰主义者，也就是说，他并不完全相信理性，却相信上帝的存在，也相信上帝拥有自己的特性。但他同时也相信所谓的首因论证法为上帝的存在提供了关键证据。斐罗是一个温和的怀疑主义者，尽管其论证法会出现极个别反例，但是休谟也喜欢使用这种方法进行论证。斐罗在《自然宗教对话录》中扮演的主要角色是对其他两位主要人物的说法进行批判，从而证明理性并不能解释上帝的特性。尤其值得注意的是，他对于设计论证法的批判及由此得出的结论是极具颠覆性的。从书中大部分内容可以看出，斐罗是一个无神论者。然而，他也声称上帝明显是存在的，重要的是上帝究竟拥有哪些属性。这是否只是休谟故意加进来的讽刺手法，以防止被指控为挑战宗教信仰，目前尚不清楚。

设计论证法

克里安提斯提出了"后验论证法"，即我们现在所说的设计论证法。后验论证法运用经验进行论证。该论证法认为，我们可以通过观察自然世界来证明全能全知的仁慈上帝是存在的。我们如果环顾四周，就会发现自然世界里出现的每一个事物都带有精心设计过的痕迹。这一切精确得就像一台精密仪器。比如，人类的眼睛非常适合观看事物；晶状体、眼角膜和视网膜似乎是由一个极具智慧之人创造出来的，其设计和构造的精巧性都远非人类之手可以达到。克里安提斯由此得出结论，自然世界一定是由一位极具智慧的造物主设计的。这位造物主的智慧足以使之拥有创造伟大作品的强大能力，因此，一定存在传统意义上所说的上帝。换句话说，克里安提斯在自然创造和人工造物之间进行了类比，并在此基础上得出结论：上帝不仅存在，而且全知全能，以慈悲为怀。

为了进一步证明他所论证的观点，克里安提斯举了几个令人印象深刻的例子。如果我们在黑暗中听到有人很有条理地在说话，那么我们肯定会理所当然地觉得暗处有人。黑暗中听见的清晰声音足以作为这个结论的有力证据。按照克里安提斯的说法，自然存在的事物也为上帝的存在提供了诸多证据，就像黑暗中的清晰声音能证明讲话者的存在一样。

克里安提斯提及的另一个例子是"植物书馆"。设想一下，书籍是一个具有生命力的事物，能够像植物一样进行自我繁殖。如果我们发现这本书上有它自己标上去的注解（词句按照通顺的顺序排列），那么我们就会认为这是由一个极具智慧的生命体书写出来的，这些注解就是有力的证据。即使这些书进行自我复制，这些证据也不会因此减损，依然可以证明书籍中有思想的痕迹。同样，克里安提斯声称，我们可以在自然作品中读到其智慧和巧妙设计。只有装聋作哑的教条主义者才会否认"大自然足以证明上帝的存在及其特性"这一事实。或者说，克里安提斯正是因为上述原因才会坚信上帝的存在及其特性。然而，《自然宗教对话录》中的大部分内容都围绕斐罗展开，而且从某种程度上来说，迪美亚是反对克里安提斯的观点的。

对《自然宗教对话录》的批判

苍白无力的类比论证

斐罗用来反对设计论证法的一个论证观点是，这个理论是建立在不那么具有说服力的类比论证上的，并将大自然或者说大自然的一部分与人类创造物进行类比。类比论证法依赖进行比较的两者之间的相似性。如果这两者只是表象相似，那么基于这一点得出的结论就不具备说服力，需要其他单独的证据或者论证来支持这一观点。

如果我们参观一间房子，从它的结构上就能够合理推断出这间房子是由房屋建造商还是建筑师设计的。因为我们之前见到过由这样的"因"（其他建造商或者建筑师的设计）带来的相似的"果"（其他建筑）。到目前为止，我们运用类比进行论证的时候，都觉得自己有坚实的基础。但是，当我们把整个宇宙与一间房屋之类的事物进行类比的时候，被比较的两者之间差异过于巨大，导致任何基于这两者的类比都只能算作一种猜测。然而，克里安提斯却把这种类比论证作为上帝存在及其特性的关键性证据。

所得结论的局限性

设计论证法的基本原则是相似的"因"产生相似的"果"。因为不管是自然的一部分，还是整个自然，从某个方面来看都像一台精密的仪器，因此有理由认为"自然的起源与机器是一样的，都是智慧设计的产物"。然而，如果这种原则得以严格执行，那么，如斐罗所说，克里安提斯会被迫陷入神人同形同性论（倾向于赋予非人的事物以人的特性，此处指赋予上帝以人的特性）的极端形式。

比如，传统的神学告诉我们，上帝是完美无缺的。但是如果把神和人类设计者仔细进行类比，我们就不会再声称上帝是完美的了，因为很明显，人类设计者是存在缺陷的。不管在哪种情况下，即使设计论证法确实证实了造物主的存在，它也没有办法提供有关上帝的特性方面的信息。

再比如，传统的神学推崇的是一神论。然而，人类大部分复杂的大规模工程都是设计者和建造者共同合作的劳动成果。如果我们在试图解释宇宙形成时严格地运用了类比，那么我们也应该认真考虑"宇宙是由一群神共同创造出来的"这一观点。

其他解释

斐罗还对这个世界上显而易见的秩序及设计给出了几种不同的解释。有些解释牵强附会，像是故意为之。他的观点是，如果我们仔细研究设计论证法提供的证据，就一定会想到其他解释。至少"基督教眼中的上帝是宇宙秩序和设计的源泉"这一说法所能得到的其他解释就数不胜数。

比如，从某一点来说，斐罗十分赞同有关自然选择的进化论的观点。他断言，如果动物没有办法很好地适应自己所处的环境，那么等待它们的只有死亡，大自然中那些显而易见的设计都是基于这样一个事实。因此，我们并不会惊讶于每种动物都能很好地适应周遭环境。在休谟出版《自然宗教对话录》近一个世纪之后达尔文才提出进化论，自此许多科学家都认为在"动物和植物展现出来的明显设计痕迹"这一问题上，这种非人为的自然选择理论是对其最合理的解释。

斐罗提出的另外一种解释是，一只巨大的蜘蛛用腹部吐丝，从而编织出了宇宙。他的观点是，秩序和故意为之的设计并不一定需要聪明的大脑才能完成。蜘蛛所织的网也规规整整，极具设计感，但它们只是用腹部吐丝织网。将蜘蛛和宇宙造物主进行类比似乎有点荒谬，斐罗也觉得如此。但是如果某个星球上只有蜘蛛存在，那么似乎这才是自然秩序最合理的解释，就好像对于我们人类而言，所有显而易见的设计都来源于人类思想一样。

恶

对设计论证法最严厉的批判是关于"恶"的问题。为什么仁慈的上帝设计出了一个满是痛苦的世界呢？斐罗描绘出了一幅人类生活饱受痛苦折磨的画卷。克里安提斯对此的回应是，这种痛苦应该是两种"恶"中比较轻的一种。他声称，理性的上帝之所以设计出了潜藏着痛苦和折磨的世界，是因为另一个平行世界可能更糟糕。但是，如斐罗坚持认为的那样，一个全知全能的上帝也可以创造出一个更好的世界。或者至少对于人类来说是一个更好的世界。斐罗指出了造成痛苦折磨的四大原因，虽然没有哪一个是必要原因，但是这些都是人类生存条件的一部分。

首先，我们天生如此，在某些情况下，痛苦和快乐一样，都会激励我们采取行动。我们似乎就是这样被设计出来的，比如，极度口渴的不适感会让我们产生寻找水的强大动力；然而，斐罗认为，我们可能仅仅是为了获得不同程度上的愉悦感而为欲望所驱使。其次，这个世界，包括人类世界，都严格遵循他所说的"普遍规律"，也就是物理规律。而遵守各种物理规律带来的最直观结果就是一系列灾难。然而，全能且善良的上帝一定会介入这些灾难并阻止其发生。一些细微的调整（比如，在近代史上，要是能够移除希特勒大脑中的一部分想法就好了）本可以让这个世界变得更美好，减少痛苦的产生，但是上帝却选择坐视不管。再次，大自然给予我们用于维持生存所需的东西非常少。这也就导致我们即使面对周遭世界的轻微变化也会显得十分脆弱。斐罗认为，如同父母一般仁慈的上帝应该更为慷慨，也就是说，应该给予我们更多食物和体力等。最后，斐罗指出，很显然宇宙是个很糟糕的设计作品，至少从人类的角度来说是这样的。因此，我们会发现，尽管雨水对于植物生长和人类生活来说必不可少，但是长时间雨势过大会导致洪涝灾害。这个例子以及其他类似的"设计失误"让斐罗得出了"宇宙造物主一定不在乎人类遭遇"这一结论。当然，设计论证法也没有提供充足的证据让人相信上帝是仁慈的。

首因论证法

尽管《自然宗教对话录》中的大部分内容都围绕设计论证法展开，但这并不是唯一能证明上帝存在且创造自然的证据。迪美亚坚决支持自己所说的"简明而崇高的先验论证法"，即我们所知的宇宙论证法或首因论证法。这个辩证法始于"任何事物的存在都一定有一个相应的前因来解释"这一前提。如果我们沿着因果链往前追溯，要么会不停地往前追溯，陷入无限循环之中，要么会找到一个无前因的"因"，一个必须存在的"因"。迪美亚认为前者过于荒谬，因此他得出结论，一定存在一个无前因的"因"作为万物首因，那就是上帝。克里安提斯对此的回应就包含了这个论证法，即如果我们想找到万物的首因，只需要追溯到宇宙本身就可以了，因为没有必要再为宇宙假定一个前因了。或者换句话说，即使首因论证法证实了一个必须存在的事物，也不能证明这个"因"就是基督教中传统意义上的上帝。

休谟是一个无神论者吗？

我曾经提到过，要想基于《自然宗教对话录》精准阐明"休谟是否有宗教信仰"是一件很困难的事。尽管从思想上来看，斐罗是最贴近休谟的一个人物，但他并不只是这位哲学家的发言人。与休谟同时期的许多人都理所应当地把休谟看作一个无神论者，并且丝毫不怀疑。如果《自然宗教对话录》在休谟的有生之年就出版了，这将成为证明其为无神论者的有力证据。然而，有意思的是，18世纪60年代，当休谟在巴黎遇到一个毫无顾忌的无神论者的时候，他还是感觉大为震惊，尽管晚年他的观点已经发生了少许变化。

他的主要学说被弱化为怀疑主义：一种温和的怀疑主义。这一主义不相信任何事物，却也不会像其他认为没有什么事情是理所应当的怀疑主义者一般荒谬。温和的怀疑主义将宗教问题引向无神论，却又不是彻彻底底的无神论。温和的怀疑主义并不认可"设计论证法可以作为证明上帝存在及其特性的证据"这一说法。但是同时也声明，没有足够的证据能够证明上帝的存在并不意味着上帝一定不存在。休谟可能认为，无神论者本身也是对待教义的一种立场，也就是说，无神论认为并没有足够的证据证明上帝存在。那么，也许和斐罗一样，休谟确实相信宇宙中存在着一位极具智慧的造物主。但是，他也坚信人类的理性不足以为我们提供有关造物主的详细信息，比如，如果真的存在一位造物主，那会是什么样子的呢？休谟去世的时候并不期待自己还有来世。

❋ 生平纪要

详见第十一章。

❋ 关键词表

类比（analogy）：两个事物之间的比较。类比论证法所依赖的前提条件是，如果这两个事物在某些方面相似，那么这两者在其他方面也相似。

神人同形同性论（anthropomorphism）：赋予非人的事物以人的特性，此处指赋予上帝以人的特性。

后验论证法（argument a posteriori）：经验论证法。在《自然宗教对话录》中，休谟用这个术语代指设计论证法。

先验论证法（argument a priori）：使用理性进行论证，而不依赖经验。在《自然宗教对话录》中，休谟用这个术语代指首因论证法或者宇宙论证法。

无神论（atheism）：不相信上帝或者神灵的存在。

宇宙论证法（cosmological argument）：该方法对上帝存在的论证基于"如果上帝不存在，那么万物皆空"这一说法。

设计论证法（design argument）：该方法对上帝存在的论证基于自然世界中存在具有设计痕迹的事物。

信仰主义（fideism）：该主义只信仰上帝的存在，不相信理性和论证。

首因论证法（first cause argument）：该方法对上帝存在的论证基于"一定存在一个无前因的万物之'因'，而这个'因'就是上帝"这一说法。

一神论（monotheism）：相信只存在一个上帝。

自然宗教（natural religion）：相信上帝的存在有科学依据。通常与天启教相对。

多神论（polytheism）：相信不止一个神灵存在。

天启教（revealed religion）：相信上帝的存在是通过见证奇迹展示出来的，尤其是在《圣经》中。

有神论（theism）：相信存在一个全知全能且心怀无量慈悲的上帝。

❋ 延伸阅读

J. C. A. Gaskin *Hume's Philosophy of Religion*（London: Macmillan，2nd edn，1988）。

这本书提供了对休谟哲学体系的清晰概述，其中包括对《自然宗教对话录》中使用过的论证法的深度探讨。

J. L. Mackie *The Miracle of Theism*（Oxford: Oxford University Press，1982）。

这本书生动形象地介绍了宗教哲学，内含对休谟的《自然宗教对话录》的探讨。

休谟所著的《人类理解研究》第 11 章名为"特殊天意与国家未来"（Of a Particular Providence and of a Future State），该章在内容和写作技巧上都与《自然宗教对话录》中对设计论证法的探讨有重合。

Michael Ignatieff *The Needs of Strangers*（London: Vintage，1994）。

该作者在这本书的"形而上学和市场"一章中生动形象地描述了休谟之死。

第十三章
卢梭的《社会契约论》

"人生而自由，但无往不在枷锁之中。"这是《社会契约论》（*The Social Contract*）开篇的第一句话，而在之后的 200 多年间，这句话一直激荡在许多革命者的心中。但是，在同一本书里，还存在着另一个让人坐立不安的观点，即那些没有为国家公共利益而有所行动的人应该被"强行剥夺自由"。这听起来更像是在为政府的强行镇压行为提供通行证，因为很难界定什么才是真正对国家有利的行为。这两种思想都体现了卢梭（Jean-Jacques Rousseau）哲学理念中不轻易妥协的特点，即他从来不害怕发表一些会引起争议甚至还有点危险的想法。在那个时代，学者们一般都匿名发表这样的言论，但是卢梭却在其言论下大大方方地标明自己的名字。这么做的结果就是，他的许多作品被禁，其生活也笼罩在被判决处刑的恐惧中，甚至有几次为了保命不得不远走他乡。在这样的环境影响下，卢梭在晚年患上了妄想症，至死都觉得自己是一场国际阴谋的受害者，而人们并不对此感到惊讶。

卢梭撰写《社会契约论》的核心目的在于解读合法权利的来源和限度。他坚信，我们对国家的义务都来源于一个社会契约，或者说"社会协定"。在这种契约的作用下，个体组成的团体就变成了一个政治集体：一个拥有自己意愿的整体，这种意愿并不仅仅是其组成成员的个人意愿的简单叠加。

社会契约

与诸如霍布斯和洛克这样的大多数社会契约论作家一样，卢梭把社会契约描述为一个历史事件。但是，这并不意味着卢梭认为现实世界中的国家就是这样创造出来的，他只是把它当作揭示国家基层建设的手段而已。他并没有说，在历史上的某个时刻，人们真正地聚集到一起并互相建立契约关系，而只是说，通过思考这种假定的互相关联的起源，我们可以更好地理解公民和国家之间的关系。

一个国家的各位成员之间达成的基本协议是他们应该团结一心，一起追求共同利益。作为社会的一部分，这样的团体合作获得的利益将远大于个人单打独斗。社会能给予个体生命以及财产的安全保障。因此，个体会有很强烈的合作意愿并就此组建一个国家。

乍一看，卢梭似乎同时展示出了两种不兼容的理念，因为他既赞美全人类拥有的自由，甚至是社会之外的自由，又同时强调社会生活所带来的诸多益处。我们生性的自由是人性的重要组成部分，也就是说，如果完全舍弃自由或者变为奴隶，那么我们就不再是一个完整的人了。如果社会将完全剥夺我们的自由，那么我们就没有必要加入其中，因为在这个过程中我们会慢慢丧失人性。卢梭给自己设定了一个小目标，即解释清楚"我们应该怎么做，才能在不牺牲自由的同时组建一个国家"这一问题。这似乎不可能实现，因为社会生活的本质就是主动放弃大部分与生俱来的自由，以换取获得保护所带来的益处。然而，卢梭坚信，他对于社会契约理论的特殊看法确实会提供一种能将真正的自由和社会利益相结合的方法。他所讲述的核心观点就是其理论体系中的普遍意志。

普遍意志

一旦个体通过社会契约的方式将自己转变为国家的一部分，他们就会为了共同的目标团结在一起。普遍意志就是整个国家的意志，即普遍意志旨在获得共同利益。

将普遍意志这个概念与所有人的意志进行比较，可能会更有助于理解这个术语。它所表达的可能是所有个体都团结在一起组建一个国家，每个个体都希望有所收获，因为他们想通过组建国家这种形式获得更大的个人利益。比如，他们可能都希望减免税款。这样一来，所有个体的意愿就是减少纳税。然而，如果整个国家更倾向于增加纳税以增加公共利益，这就是普遍意志，即使从个人利益角度来看，个体并不想遵循这一政策。但是为了公共利益，纳税额就应该提高，任何试图反抗这一政策的人都应该被"强行剥夺自由"。同样地，作为个体，我强烈地希望新修的大道不要穿过我的后花园。但是，如果这条路是最符合公共利益的选择，那么作为国家的一员，我必须在某种程度上接受这一点。

卢梭的哲学理论明确地区分了带有个人利益与欲望且大部分只服务自己的个体和作为国家一员的个体之间的差别。从后者的公共角色上来看，他们不能质疑普遍意志，如果这样做，就好像在背叛自己最好的一面。作为个体，想获得个人利益的欲望通常必须屈从于普遍意志的更高需求。普遍意志是为了获得公共的利益，而国家是否能继续存在取决于，当个人利益与国家利益相冲突时，国家成员是否能将个人利益放在一边，以国家大局为重。

自 由

这似乎并没有给自由留什么余地，至少人们理解了"普遍意志"的含义后并不觉得还有自由可谈。如果必须牺牲自己的欲望来换取国家更高层面的利益，那么自由似乎往往会受到限制。我们已经看到，卢梭很乐于提倡，当人们拒绝接受"普遍意志"这一概念的时候，就要强行剥夺这些人的自由。然而，卢梭也坚持认为，国家的组建应该赖于提供自由，而非消除自由。按照普遍意志来行事是自由最为重要的表现形式。这是一种公民自由，与在社会之外单纯地满足欲望相悖。

对他而言，通过武力镇压实现这种自由并无不妥之处。

立法者

一个国家的长盛不衰取决于其法律制度的性质。符合社会需求的优良法律是一个国家持续存在的根基。卢梭认为这些法律应该由一位立法者设立。一个优秀的立法者注定是了不起的人物，因为他可能建立一个繁荣昌盛的国家，并以此推动人们生活的转变。卢梭认为立法者唯一的任务就是撰写国家法律。身为君主的立法者可能会根据自己的利益需求而歪曲法律，因为他知道自己有权通过这种方式获得利益。立法者在设立法律时也不应忽略他所在的地方及公民的自然特性。法律必须因地制宜。

政　府

应该把政府和主权明确地分隔开来。政府只有执行命令的作用。这就意味着组成政府的个人需要将君主制定的各种政策付诸行动。卢梭称一个积极追求普遍意志的国家为主权国家。在机制尚不完善的国家里，主权或许会以另一种方式存在，但是在卢梭设想的理想国度中，每个公民都是组成主权的一部分。他对于"君主主权"这一词的用法让人有点捉摸不透，因为在我们看来，这个词语只代表了"君主"的意思。但是，卢梭坚决反对"君主拥有至高无上的权力"这一观点。

《社会契约论》里的观点被认为极具颠覆性，其原因之一就是它坚决捍卫民主，公然抨击君主世袭制。

政府的三种类型

虽然卢梭也承认，现实中的许多国家政府都属于混合型，但是他仍然认为存在三种可能的政府类型，分别是民主制、贵族制以及君主制。与大多数政治理论不同，卢梭没有为每个国家规定其政府类型，考虑到环境、国土面积、风土习俗等问题，政府类型的确定过程中需要灵活变通，因地制宜。然而，卢梭确实将这三种政府类型进行了排序，很显然他个人更倾向于选举型贵族制。

民主制

尽管英国政府和美国政府都经常被称为"民主制政府"，但在卢梭看来，这两个国家的政府更像选举型贵族制。对他而言，"民主制"这个词意味着直观的民主，也就是说，每个公民都有权在任何事项上进行投票。很显然，这个政治体系只适用于公民人数很少的小国家，而且只能用于决定相对比较简单的事项，否则，把所有公民聚集起来讨论政府事项会耽误他们的其他日常活动。卢梭承认，当困难事项得以解决的时候，这种直观的民主制独具魅力，但同时他也指出，"这么完美的政府"更适用于神灵之间，而非常人。

贵族制

卢梭认为有三种类型的贵族制：自然型、选举型以及世袭型，尽管我们一般用这个词来代指最后一种。他认为世袭型贵族制是最为糟糕的一种，而选举型为最优。选举型贵族制组建的政府由一群因适合这份工作而被公民选举出来的人执掌。有些人在执掌权力期间会以权牟私，将公众利益置于不顾，而选举能够有效降低这种风险。

君主制

君主制意味着将政府的所有权力交给一个人掌握。这个政治体系自带诸多风险。比如，卢梭坚持认为君主往往都不会任命有能力的官员，其选拔官员的基本依据是观察他们是否在宫廷中给人留下好印象，而非其工作能力。这就会导致一个腐败政府的产生。他对君主世袭制的抨击尤甚。他认为，这样的制度总会存在把至高无上的权力交到懵懂孩童、怪物恶人或者智商欠佳的人手中的风险。而这种观点对于那些信仰君权神授的信徒们来说简直闻所未闻，他们坚信君主世袭制代表着上帝的意愿。

对《社会契约论》的批判

自　由

对卢梭的《社会契约论》最普遍的一个批判就是，它似乎把政府的极端镇压合理化了。这不仅没有为自由创造条件，反而为极权主义政府提供了一个削减自由的合理说辞。卢梭的这一观点不仅支持"强行剥夺自由"这个短语背后的险恶用意，更是为其"国家应该雇用一个审查者，以尽其强行执行道德标准的职责"这一建议提供佐证。卢梭推崇的公民自由可能会转变成极端的镇压。这其中当然不会包括宽恕之类的品格，因为"自由"一词似乎就暗含宽恕之意。是否真的会变成那样还要视普遍意志的本质而定。

这并不意味着卢梭刻意为镇压行为提供框架支撑。他真正的目的是描述出一种兼备自由和社会所带来的益处的情景。然而，其理论体系的薄弱之处却为镇压行为提供了支持。

我们如何发掘普遍意志？

即使退一步来说，我们愿意为了普遍意志而牺牲个人利益，但是仍然存在"到底什么才是普遍意志"这一问题。卢梭的建议是，如果人们在没有提前商量的条件下对任何事项进行投票，那么大多数人投票选出来的事项就能够代表普遍意志，也可以说，在这个过程中，利益的微小偏差会相互抵消。但是，这似乎是不可能发生的，因为这要求大众至少了解事情的前因后果。另外，期待人们之间不达成某种协议就进行投票是不现实的一件事。因此，我们所面临的实际问题是如何决定什么是有利于公众利益的事情。如果不知道对公众有益的是什么，卢梭的整个理论体系就会土崩瓦解。

❀ 生平纪要

公元 1712 年，生于瑞士日内瓦。

公元 1762 年，出版《社会契约论》。

公元 1778 年，在法国埃默农维尔市（Ermenonville）逝世。

❀ 关键词表

贵族制（aristocracy）：统治者中的精英团体，这群人的地位可能是自然就有的，或者通过选举得来的，抑或世袭。

民主制（democracy）：对于卢梭而言，这个词通常意味着所有公民可以直接参与任何重要决定。

执行者（executive）：负责把国家政策付诸行动的人。

普遍意志（general will）：对公共利益有好处的任何事情。不要把这个术语和所有个体的意愿混为一谈。

立法者（legislator）：特殊的个体，人们信任他们，并委托他们编撰国家法律。

君主制（monarchy）：把国家的命运全权交由君主负责，且该制度是基于世袭制的。卢梭强烈反对君主制。

社会契约（social contract）：个体团结起来共同组建一个国家，为了共同的利益所达成的一种协议。

主权（sovereign）：不要将这个术语和"君主制"混为一谈。对于卢梭而言，主权国家的理想状态是其追求普遍意志。

所有个体的意志（will of all）：特殊公民恰好想要达成的意愿的总和。这种意愿和普遍意志并不一样，因为个人意愿总是从个人利益出发，是一种自私的意愿，所以所有个体的意愿并不会顾及公共利益。

❀ 延伸阅读

Robert Wokler *Rousseau*（Oxford: Oxford University Press，Past Masters series，1995）.

这本书简要介绍了卢梭的思想。

Timothy O'Hagan *Rousseau*（London: Routledge，Arguments of the Philosophers series，2000）.

这本书对卢梭的哲学思想本质进行了深入研究。

N. J. H. Dent *A Rousseau Dictionary*（Oxford: Blackwell，1992）.

这是一本非常有用的参考书目，它清晰地解释了卢梭主要的哲学概念。

Rousseau *Confessions*.

这是一本卢梭自传，首次出版于 1782 年，之后出现各种语言译本。该自传让我们对他的生活有了更深入的了解。

Leo Darmosch *Jean-Jacques Rousseau: Restless Genius*（New York: Mariner，2007）.

这是一本优秀的传记，它将卢梭的生活及其思想关联到了一起。高度推荐。

David Edmonds and John Eidnow *Rousseau's Dog*（London，
Faber，2006）．

　　这本书通过描写卢梭和休谟之间精彩的辩论来凸显卢梭
的性格。高度推荐。

第十四章
康德的《纯粹理性批判》

伊曼努尔·康德（Immanuel Kant）将其研究方法称为哲学上的"哥白尼式革命"。哥白尼提出了"日心说"，即地球围绕太阳旋转的理论，否认了"地心说"。康德提出的具有革命性的理论是，我们所居住的、所感知的这个世界是依附于接收者的精神品质而生的，它并不只是一个独立于我们的存在。

如果带着粉红色的眼镜看世界周遭，就会发现世间万物都变成了粉红色。在康德之前，许多哲学家都曾断言，从很大程度上来说，我们一直都是这个世界上被动的信息接收者。康德的想法恰恰与之相反，他认为，作为这个世界的感知者，我们会把一些特殊的特征加入经验。我们拥有任何经验的前提条件是感受过这个世界上的因果关系，认识到世界是有时间顺序的，而且我们感知到的物体在空间上是相互牵连的。因果和时空都是接受者赋予外界的，而非独立于我之外的存在。我们佩戴的这些"眼镜"扭曲了所有体验的本来面目。进一步类推，如果我们摘下这些有色眼镜，可能就没有办法体验任何事情了。

如书名所示，《纯粹理性批判》（*Critique of Pure Reason*）抨击的是"我们仅仅通过理性就能发掘现实的本质"这一观点。康德得出的结论是，要想获得知识，就要兼备感官体验和接收者所赋予的概念。这两者缺一不可。尤其是脱离物质表象的形而上学思考如果不以实际经验为基础，那么这种思考将毫无意义。纯粹理性并不是探讨脱离现实的终极本质的关键所在。

虽然作者对文章结构进行过精心架构，但其内容实在是晦涩难懂。造成这本书极其难懂的一部分原因在于这个主题本就过于深奥，因为康德在此研究的是人类知识的局限性，但是其实更主要的原因在于康德使用的学术性术语及其令人费解的文风。另一个造成阅读困难的原因是书中各部分内容之间的连接方式略为特殊，也就是说，要完全理解这本书，就需要阅读者事先对各个部分有所了解，知道各个部分之间的联系。在此仅略述此书的核心要义。

先验综合判断

诸如休谟之类的经验主义哲学家们将知识划分为两类：观念之间的联系和事实。前者给予我们的是概念正确的知识，比如所有袋鼠都是动物，即使我们没有任何和袋鼠有关的经验，我们也可以确认这是事实。这仅仅是从"袋鼠"的定义上得出的结论。如果有人声称自己发现的袋鼠并不是动物，在对他们的故事进行核实之前，我们需要预先确认他们是否对"袋鼠"一词的含义存在理解上的偏差。康德将类似"所有袋鼠都是动物"这样的陈述称为"分析式"陈述。

至于另一种知识，休谟所举的例子是"有一些单身汉收集了几幅版画"。判断这种陈述是否正确的方法是对其进行一定的观察。如果不进行这样的观察，就不能够判断出这个陈述的真假。该陈述描绘的是这个世界的一个方面。对于休谟而言，只存在两种可能：这些陈述要么是分析式的，要么是经验式的。如果一个表述不属于两者中的其中一种，那么这个表述于人类知识的积累无益。

康德声称自己是在读过休谟的作品之后才从"教条的沉睡"中清醒过来，之后才发现了第三种知识，这种知识被他自己称为"先天综合判断"。"综合"一词与"分析式"相对。如果一个陈述从定义上来看不是真实存在，那么它就需要进行综合判断。"先天"是拉丁词，康德通常用这个词代指所有独立于经验而被认为是正确的知识。与这个词相对的是"后天"一词，即通过经验才能获得知识。对于诸如休谟这样的经验主义者来说，"先天综合判断"一词概念似乎有些奇怪。因为他们理所应当地认为，如果一个陈述是"先天"的，那么这个陈述一定就是分析式的。而康德并不这么认为。

或许通过多个例子能更容易理解康德表达的意思。休谟认为知识只有两种类型，而康德认为有三种，即先验分析式、后验综合式以及先验综合式。先验分析式包括诸如"所有袋鼠都是动物"之类的判断，它并没有给我们带来任何有关这个世界的新知识。在康德看来，"是动物"这个观念包含在"袋鼠"这个观念里。相比之下，后验综合式主要是用经验对诸如"所有哲学家都戴眼镜"这样的观点进行判断。这需要通过观察来判断其真伪。在《纯粹理性批判》一书中，康德研究最多的是先验分析式，它由必须为真的判断组成，也可以说它虽独立于经验之外，但仍然是真实的，同时也可以为我们提供有关世界各个方面的真正知识。康德所举的有关先验分析式的例子包括大多数数学知识（比如，类似于 7 + 5 = 12 这个等式）以及"万事必有因"。康德声称"万事必有因"和"7 + 5 = 12"这两者一定都是正确的。然而这两者都提供了有关世界的信息，因此这两者都不属于分析式。编写《纯粹理性批判》的目的在于研究这样的先验综合判断是如何成为可能的。对此问题的答案也可以解释另一个问题：如果我们或者其他有意识的生物有经验，那么到底什么样的判断必须为真？

表象和物自体

康德区别了我们体验的世界（表象世界）和潜藏在这个世界背后的事实。潜藏事实由本体构成，而关于本体，我们一无所知，因为我们根本没有办法接触到本体。我们仅拥有浮于表象的知识，所以对于我们而言，本体始终戴着一层神秘的面纱。因此，大多数有关现实的终极本质的形而上学思考都具有误导性，因为它旨在描述本体世界的特征，而我们注定是完完全全生活在表象世界里的。

但是，我们也不仅仅是这个世界感官信息的被动接收者。感知并不只是接收信息数据，接收之后还需进行认知和组织。在康德所使用的术语中，直觉排在概念之后。没有概念的存在，经验就变得一文不值。就像他自己所指出的一样，"没有内容的思想是空洞的，没有概念的直觉是盲目的"。如果没有直觉（对事物的感官体验），我根本就不会拥有关于我面前这台文字处理器的任何知识。但是即使这样，我还是需要对其进行认知和再认知，这个过程就包括把它变成一个脑海里的概念。我的大脑中有能力处理直觉的是感性，处理概念的是知性。只有通过感性和知性的合作，我们才能得以窥探知识的全貌。

时　空

在康德使用的术语中，时间和空间都是直觉的表现形式。这两者是我们经验的必备特征，而不是物自体的特性。这些特征由接收者总结归纳出来。换言之，当我透过窗户看向大街上玩耍的孩子们时，尽管对于我来说，孩子们玩耍的那个时空看上去似乎只是现实的一个特性，并不是我归纳总结出来的，但是康德的观点是，为了解正在发生的事情，我必须利用这个空间来组织我的感知。我不可能拥有非时空的感知。同样，是我本人赋予直觉的特性才让事情按照时间顺序发生，而非我所感知到的本体内在特性。

范　畴

康德确定了包括本体和因果等在内的 12 种范畴。正是这些范畴让我们把直觉置于概念之下。它们属于先验概念，是接收者对经验所施加的影响。比如，我们所有经验都可以通过因果关系来理解，但是这并不仅仅是一个事实，同时也是拥有经验的必要条件，是我们作为感知主体所做出的贡献，而不只是在世界中探索得来的结论。这些范畴和直觉的各种形式（即时间和空间）就像粉红色的眼镜，如果我们想要获得任何经验，就必须戴上这副眼镜，但它们并不作为世界的一个特征单独存在于主体经验之外。它们由有意识的主体提供，既不是物自体的特征，也不是本体世界的属性。

先验演绎

这是《纯粹理性批判》一书中最为重要的一部分，但不幸的是，全书中最为晦涩难懂的一部分也集中于此，即范畴的先验演绎。如果能够理解这一部分，就会发现这一论证向我们表明，对外部世界的怀疑（即有关"我们所感知到的任何事物是否客观存在"这一问题的哲学质疑）是一种弄巧成拙的行为。康德试图证明的是，无论何种经验都需在范畴之内，并且经验就是从客观世界中产生的，而不只是每个个体主观创造出来的。对外部世界持怀疑态度的人从他们自身的经验出发，认为他们无法证明"这确实就是外部世界的经验，而不是单纯的错觉"。康德则认为，因为他们是从自身经验出发，这样的怀疑破坏了他们自己的研究方法，即外部客观世界的存在是我们获得所有经验的前提条件，这种存在包括在范畴之内。

范畴的先验演绎是康德在此书中使用的一种论证方法的例子，即先验论证法。值得注意的一点是，不要把这个论证法与"超常的"一词混为一谈，康德用"超常的"这个词来形容超乎表象的存在。先验论证法是从我们所得经验的某些方面推导出"如果我们想要拥有这类经验需要哪些必要条件"的结论。换而言之，先验论证法导出了我们经历这一事实的预设条件。

对《纯粹理性批判》的批判

因无法理解先验演绎而不为大众所接受

尽管先验演绎吸引了无数人前来解读和重构它，但无奈的是，康德的这一理论及其结论还是晦涩难懂。这是一件非常不幸的事情。如果康德成功地反驳了怀疑主义中有关我们的经验及其来源的质疑，而且能够用我们能够理解的方式展现出来，这将是具有非凡意义的一个理论。

与形而上学相矛盾

康德的《纯粹理性批判》一书主要抨击理性主义形而上学，即对现实的假设都是基于以下猜测：仅凭思考就能够获得超乎现实的知识。康德抨击了一些形而上学家，然而在某些方面，他也犯了和他们同样的错误。他假定本体的存在，但是，如贝克莱所示，本体远远超出了我们可以用经验合理得出来的结论范畴。换句话说，通过假定本体存在于表象的面纱之后，康德不知不觉中陷入了一种思辨的形而上学中，但是在别处他却清楚地指出过他对这种形而上学的厌恶。

尽管这种不一致性似乎是对与康德相关理论体系的毁灭性的抨击，但几个近代的评论家都曾表示，康德的绝大多数哲学思想都可以自圆其说，也可以通过重组的方式给予读者相同的启发。

❋ 生平纪要

公元 1724 年，生于普鲁士的柯尼斯堡（Königsberg, Prussia）。

公元 1781 年，出版《纯粹理性批判》。

公元 1785 年，出版《道德形而上学基础》。

公元 1804 年，于柯尼斯堡逝世。

❋ 关键词表

后验（a posteriori）：可以通过经验发现的东西。

先验（a priori）：任何独立于经验之外但是我们却知道的东西。

分析式（analytic）：根据定义即为真。

范畴（the categories）：非常普遍的概念（与大多数一般概念不同），必须和经验联系起来。在康德看来，存在包括因果和实体在内的 12 种范畴。

概念（concepts）：能让我们识别相似直觉感官的分类规则，同时也让我们的经验有意义。

直觉的形式（the forms of intuition）：时间和空间。

直觉（intuitions）：经验中未经加工的信息数据。

本体（noumena）：即物自体。人们无法接触到潜藏在表象之后的现实。

现象（phenomena）：我们可以感知到的现象。现象世界就是我们眼前出现的世界。它与本体世界相对，而本体世界确实存在于表象之后。

综合式（synthetic）：根据定义不可判断为真。

先验论证法（transcendental argument）：从"实际存在"到"必然存在"的论证形式。

先验演绎（transcendental deduction）：康德的一种论证，旨在揭示独立于接收者的主观现实存在。

❋ 延伸阅读

T. E. Wilkerson *Kant's Critique of Pure Reason: A Commentary for Students* （Oxford: Oxford University Press, 1976；2nd，revised edn，London: Thoemmes，1998）.

这本书清晰明了地介绍了康德的《纯粹理性批判》，十分有用。这本书逻辑清晰而富有启发性，并将康德的思想与最近的学术纷争联系了起来。

Roger Scruton *Kant* （Oxford: Oxford University Press，Past Masters series，1982）.

S. Körner *Kant* （Harmondsworth: Penguin，1955）.

这两本书都很好地介绍了康德的整个思想体系。

Sebastian Gardner *Kant and the Critique of Pure Reason*（London: Routledge，Philosophy Guidebook Series，1999）.

这本书更为全面地介绍了《纯粹理性批判》一书。

第十五章
康德的《道德形而上学基础》

　　"善"的意愿确实至关重要。行为举动的道德性并不取决于其结果，而只取决于其背后的意图。道德性是一个客观存在：它无关个人品位或者文化风俗，但却适用于所有理性事物，毫不偏颇。伊曼努尔·康德在《道德形而上学基础》（*Groundwork of the Metaphysic of Morals*）中提出的观点是，通过他设立的所谓"道德的最高原则"，也就是他所说的"绝对命令"，来确保这些主张具有说服力。这本书篇幅短小，仅为康德其他有关道德哲学方面更为详细繁复的作品作铺垫。这本书简要陈述了以道德为基础或者与道义论相关的道德理论，其观点经受住了时间的考验。

"善"的意愿

　　在这个世界上唯一一个不用验证就能够判定为好的事物就只有"善"的意愿。关于这一点，康德想说的是，好的意愿是无条件的。其他所有事物都只是在特定环境下才能够判定为好。例如，勇气可能一直被认为是人应该具备的一个优良品质，但是就其本身而言，它可能并不是那么好，因为其前提条件是拥有好的意愿，也就是说，有了好的意愿，才能保证勇气是一个好品质。权力、财富和荣誉或许也是好的，但是同样，如果没有好的意愿，这些也会成为"恶"的帮手。

"善"的意愿本身就是好的，而不是因为其他任何事情让它往好的方向发展。因此，康德告诉我们，只要我们拥有好的意愿，即便如"继母般吝啬的秉性"会阻止我们实现自己设立的目标，从道德上来看，也不会对"善"有所影响。即使我们所有向善的愿望都迫于出乎意料的事情而停止，"善"的意愿仍然会如宝石般璀璨明亮。

这种观点与结果主义道德理论形成了鲜明对比，比如密尔的功利主义（详见第十九章）。这些理论通过某一行为产生的实际影响及其可能出现的后果来判断该事物是否符合道德标准。然而，这种观点在康德看来是极其错误的。尽管结果肯定与生活中的其他方方面面都相互关联，但它确实与道德价值的评判没有任何联系。

责任和倾向性

道德行为的合理动机只能是责任感。有些人的行为表面看起来与其责任相符，但其实只是为了自身利益不得已而为之。例如，精明的店主不会向毫无购买经验的顾客漫天要价，因为他知道这样做终究于生意无益。这种做法并非出于责任感，只是出于谨慎考虑，即精致的利己行为。出于责任的原因而有所作为，是因为你知道这是在做正确的事情，而不是出于其他目的。

责任和单纯的倾向性是相互对立的。有些人天生就恰巧具备同情心。如果看到有人需要帮助，他们会主动施以援手。康德觉得这种只是出于同情倾向的行为并不具备道德价值。负责任的动机是所有事物都同等重要。那些天生并不具备同情心或者同理心的人仍然出于责任原因帮助他人，这样的人才能获得道德层面的称赞。无论那些天生的倾向性有多么值得称赞，如果具备这种倾向性的人只是据此才有所行为，那么他们的行为并不值得道德上的称赞。

对这一令人震惊的陈述，康德的解释是，每个人都可以拥有道德，但是我们天生具备的倾向性超出了我们的控制范围。归根究底，"你是否会具备同情心"这件事只是一个运气问题。康德重新诠释了基督教中"要爱你的邻居"这种说法，他把与此有关的爱称为"实践的爱"，也就是说，出于责任感而有所行为，而不是情感上的爱，即一种名为"爱"的情感上的态度。换句话说，当基督耶稣说"要爱你的邻居"的时候，并不是让你感受你和邻居的关系，而是在教导你出于责任感而有所行动。

格　准

决定一个行为的道德价值是激发这个行为的原则，而不是其产生的最终结果。康德把这样的原则统称为"格准"。同样的行为可能是由截然不同的格准造成的结果。当遵循"要时常说实话"的格准时，你可能会在特定的场合讲真话，但是如果你按照"要时常讲实话，除非你确保自己可以逃脱撒谎的惩罚"这一格准行事，那么在这一情况下，就无法分辨你的行为到底是遵循哪一种格准。只有前者是符合道德要求的。康德提供了一种将道德格准和其他格准区别开来的办法，即运用他所说的"绝对命令"。

绝对命令

我们的道德责任来源于我们对道德法则的敬畏。而道德法则是由康德所说的"绝对命令"决定的。假设性的命令是一种类似于"如果想得到别人的尊重，你就得信守承诺"之类的陈述。这是一个条件句。与之相反的是，绝对命令是一种类似于"你要信守承诺"之类的要求。它的出现是无条件的，与你的最终目的无关。康德认为存在一个基本的绝对命令驱使着我们的道德行为。他为这个命令提供了几种构想。

普遍道德法则

第一种有关绝对命令的构想是"只按照你觉得能够、将要、应该可以成为普遍法则那个格准行事"。这里的"将要"意味着一种理性倾向,与"想要"截然不同。而他所说的"法则"指道德法则,而不是法律(许多违背道德法律的行为是合法的)。康德的观点是,如果一个格准真正合乎道德,它就应该适合与之相关的类似情况下的所有人,即它应该是普遍适用的。同时,它也应该是客观的,因为任何人都不应该成为例外。如果一个行为在道德上来说是完全错误的,那么这件事对于所有人而言,都是个道德错误,你也不例外。如果一个行为在道德上是正确的,那么对于处于相关类似情况下的任何人都是道德正确的。

为了解释清楚绝对命令这一构想的含义,康德举出了"你不想信守你所做下的承诺"这一例子。你可能会发现,有时候很容易就会做出这种承诺,但是,康德认为,你不可能让每一个人都理性地践行"当身负重压时,你可以打破承诺"这一格准。如果广泛应用这一格准,整个承诺制度就会被破坏。这会是个弄巧成拙的事情。你不能相信还会有人信守承诺。因此,这样的格准不可能符合道德标准。你也不希望它成为普适法则。所以,绝对命令提供了一种区别道德格准和非道德格准的方法。如果你不能理性地普及一条格准,那么它就不是一条道德格准。

以人为本

绝对命令的第二个构想是"在行事时,待人待己应以人为本,而不应只当作达到目的的手段而已"。理性的事物指的就是人类，也就是说，人们的存在本身就是目的，他们有自己的生活，而我们不应该仅仅利用他人来达到我们自己的目的。我们应该意识到他们也是有能力主导自己生活的个体。只把他人当成自己达到目的的手段相当于否认了他人的基本人性。换言之，我们应该尊重他人的自主选择权。如果我答应别人偿还他借予我的钱，但却从来没有真正想过还款，这就是把他人当作达到目的的手段了。如果把他人看作自己的目的，就应该信守承诺并践行自己的诺言。

目的王国

对绝对命令的更深层次的构想可以用"目的王国"一词来概括，即"当有所行动时，你应该遵守自己的格准行事，就好像你就是目的王国里的法律制定者之一"。目的王国是一个虚构的国家，其法律旨在保护个体自主权，允许以每个个体为本，拒绝把他人当作达成目的的手段。康德在此明确指出，道德不仅仅是个人的行为，也是社会的基石。康德提出的方法旨在区别，为了达到理想状态，理性个体愿意接受的原则和他们会拒绝的原则。在这种理想状态下，如果你并不愿意某个原则成为法律，就意味着它没有通过这个考验，也就是说，这个原则不能成为道德原则之一。

康德、亚里士多德和密尔

康德研究道德行为的方式与亚里士多德和密尔截然不

同。康德认为，情感既不是理性的，也与道德行为无关。只有实际情感才会对道德产生直接影响，而这种情感并不是指这个世界中普通意义上的情感。相反，亚里士多德认为，适当地培养情感反应是道德教育的核心目的之一。亚里士多德的哲学基于个体对环境的敏感程度，其整体是灵活多变的；而康德的哲学则是严格遵循其普遍原则，不允许其中存在任何例外。

康德研究道德的方式同样也与诸如密尔等功利主义者的研究方式形成了鲜明对比。康德认为行为导致的后果与我们对其进行道德评判并无关联。而在密尔看来，行为导致的后果决定了其道德价值。密尔的方法为区别相互对立的道德主张提供了一些指引，即评估结果并选择能够将整体幸福最大化的方式。康德的道德哲学并没有提供在两种道德行为中进行抉择的方法，也没有明示在两种不道德的行为之间做出选择的准则。

亚里士多德、康德和密尔提供了三种截然不同的研究道德的方式。与亚里士多德和密尔相同的是，康德的理论也遭到不少非议。

对《道德形而上学基础》的批判

内容空洞

对康德的道德理论最为常见的一个批判是其著作中并没有包含任何有关道德的内容。这本书主要研究的是道德评判的结构及其普遍性和客观性，而非帮助我们精准地找到我们应该做的事情。而且更糟糕的是，在运用了康德独创的道德评定测试之后，我们似乎很容易将一些非道德原则普遍化，比如"一直使用最高效的喂养方式，不顾所饲养的牲畜自身生长周期"。坚持这样的原则似乎也不无可能。因为在康德看来，绝大多数动物都没有达到理性门槛，所以要求我们将他人当作目的而非手段的绝对命令在这里并不能挽救他们的性命，所以康德不得不说这是一条道德格准。

即使是康德所举出的有关违背诺言的例子，也遭到了许多非议。如果你遵循的其中一条格准是"如果确保自己可以逃脱惩罚，你就可以随时违背诺言"，那么，在别人不知道这是你的准则的情况下，这么做似乎也没什么自相矛盾的地方。如果每个人都遵循同样的格准行事，那么诚信制度依旧可以存在。然而，康德对此的回应是，违背诺言是完全错误的做法，并且在理性的状态下，你也不可能相信这条格准。这是因为遵循这样的格准不仅要保证"我违背诺言时可以逃脱惩罚"，同时还要满足"其他人违背对我许下的诺言时也同样能够逃脱惩罚"这一条件。所以，在遵循格准的过程中，我只愿意违背自己对自己许下的诺言。

情感的作用

康德的道德哲学认为，情感和个人特质与我们对个体的道德评判之间并无关联。只要你的行为是出于对道德法则的敬畏，康德就不在乎你是否是一个铁石心肠的人。然而，对于我们大多数人而言，同情心才是真正的道德核心，而不是个体内心里分散注意力的怪癖。我们赞扬那些拥有同情心和共情能力的人，这似乎是在赞扬这些有德之人所具备的相应品质。康德的方法主要研究任何理性事物应该如何行事，忽略了情感在人类道德互动中的核心地位。他想用实际情感取代普遍情感，但是人们似乎并没有为前者打上情感的标签。

康德对情感所表现出来的讽刺态度可以表明，他个人认为情感是真正道德行为的绊脚石。然而，实际上他认为情感和性格倾向性会影响对行为的道德评判。如果你发现自己处于一种特殊的情景之中，且有很强烈的情感冲动，想要按照绝对命令的方式行事，那么这时的情感和性格倾向就会与道德评判产生联系了。

比如，当在伦敦四处溜达时，你可能会遇到乞讨的人。一看到这个人，你就忍不住同情心泛滥，准备掏出钱包。但是你也意识到这是一种道德义务，即对绝对命令的遵循使你愿意把钱给这个人。在这样的情景下，可能很难或者根本不可能判断你给钱的真正动机：是天性倾向使然，还是仅出于对道德法则的尊重？然而，如果乞讨者向你要钱，你的第一反应是厌恶和愤怒，但若你仍然遵循绝对命令行事，那么你一定知道你的做法是符合道德标准的。康德并没有排除这一可能性，即那些天生具备同情心的人仍然出于对道德法则的敬畏行事。他想说的是，仅仅出于同情心而行动并不是一个符合道德标准的举动。

然而，康德对情感的摒弃使得道德关系失去了人性。他所指出的道德行为模范是那些冷静理性的处事态度，但是与适当的情绪化反应相比，这种态度似乎并不人性化，也并不为人所赞扬。

❋ 生平纪要

详见第十四章。

❋ 关键词表

自主的（autonomous）：按照自己的意愿进行选择和行事。

绝对命令（categorical imperative）：康德对我们的基础道德义务的定义，是一种绝对责任。

结果主义（consequentialism）：一种伦理学理论，基于产生的结果，而不是产生行为的动机来判断行为的对错。

道义论的伦理学理论（deontological ethical theory）：一种以责任为基础的伦理学理论。责任，而非结果，决定了行为的对错。

条件式命令（hypothetical imperative）：类似"如果想达成某件事，就要做到另一件事"这一形式的言论。

目的王国（kingdom of ends）：一个虚拟国度，其法律保护个体自主性。

格准（maxim）：潜藏在所有行为下的普遍原则。

一般的爱（pathological love）：仅由情感组成的爱。

实际的爱（practical love）：一种基于对道德法则的敬畏而表现出来的理性态度。

普效性（universalisability）：如果一个准则是普遍适用的，那就意味着凡是在相似的场景中，该准则都能够持续发挥作用。在康德看来，所有道德评判都具有普效性。

❋ 延伸阅读

H. J. Paton *The Moral Law*（London: Routledge，1991）.

H. B. Acton *Kant's Moral Philosophy*（London: Macmillan，1976）.

前一本书是《道德形而上学基础》的译本，但同时还按照章节顺序分别总结了康德的观点，用处极大。如果能找得到第二本书，你会发现这本书很有学习借鉴的价值。

Roger Scruton *Kant: A Very Short Introduction*（Oxford: Oxford University Press，2001）.

Stephan Körner *Kant*（Harmondsworth: Penguin，1955）.

这两本书都很好地介绍了康德的哲学理论。同时，两者都涉及对康德的道德哲学的探究。

第十六章
潘恩的《人的权利》

托马斯·潘恩（Thomas Paine）在一个危机四伏的年代颠沛流离。他在 1776 年的美国独立战争和 1779 年的法国大革命中发挥着重要作用，之后在法国锒铛入狱，在服刑的 10 个月中，险些因为狱卒的失误而被送上断头台。人们普遍认为（或者说是误认为）他是一个无神论者，因为他抨击当时有组织的宗教团体，而在当时，无论是谁出版无神论的小册子，都会因亵渎神灵而触犯法律，并因此受到严惩。事实上，潘恩是一个自然神论者，但是他强烈抨击有组织的基督教团体所表现出来的虚伪和荒谬行为。他因反对君主制而导致自己不得不离开英国故土，离开时他正值中年，此后再也没有回来过。因此可以说，潘恩的生活颠沛流离。出于生活所迫，他相继尝试过诸如内衣制造商、海关税务官员以及桥梁设计师等诸多职业，但是在他作为一名作家兼思想家并且自称为"世界公民"的时候，其成果最为突出。在其鼎盛时期，他的名声享誉英国、法国和美国，并且在这三个国家里同时拥有狂热的支持者和反对者。但是，由于他后期出版的《理性时代》（*The Age of Reason*）一书中存在对于宗教的抨击，很大程度上导致他从法国回到美国时的受欢迎程度大打折扣。而他受到的影响远不止这些。他最终在贫困交加中悄无声息地逝世于纽约，只有六个人出席了他的葬礼。在他去世后十年，一个名威廉·克伯特（William Cobbett）的仰慕者挖出了他的遗骨并将其带回了英国，打算在英国为潘恩修建一座与之成就相匹配的墓碑。但是他并没有筹集到足够的钱，此事因此搁置。潘恩的遗骨被放置在其阁楼的一个箱子中。克伯特死后，潘恩的遗骨也不翼而飞了。

潘恩的写作风格直观清晰、幽默诙谐但又不失思辨性。他尚在人世的时候就因此吸引了无数读者。与他之前或者之后的哲学家不同，他终日陷于那个时代的政治斗争中无法自拔，并始终坚信，每一代人都应该以自己的方式肩负起复兴国家的责任，而不只是从前辈手中接过之前的体系。这也是其激进主义的源头所在。他坚信，无论在什么地方，只要出现了不平等的现象，都应该勇敢地挑战现状。他对政治世界的不满使得他寻找重新组建社会所需的新方式。他想基于理性原则来重组社会。这样一来，我们就很容易理解为什么当时的人们会害怕他成为一个颠覆性的革命者。他的言语极具煽动性，容易引起叛乱。与他同时期的许多人都行为保守，满足于当下，并且认可较缓发展的价值，坚持认为应该延续其缓慢变革的传统，但是潘恩却想尽快改善生活，并且一直为这种意愿所驱使。他渴望找到更好的、更合理的政府体系以促进更公平的财富共享形式。即便冒着遭遇不测的危险，他也勇于在公共场合发表自己的这些观点。因此，可以理解为什么那些生来便享有特权并想一直维持这一状态的人想让潘恩保持沉默。许多人都盼着他早日归西。

常 识

潘恩撰写的最重要的著作《人的权利》（*Rights of Man*）的上卷于 1791 年出版，但是真正使他闻名天下的是其长篇小册子《常识》（*Common Sense*）。这本书于 1776 年出版，之后的一年里迅速成为畅销书目，年销量超过 15 万册。在这本书中，他发表了一些关于"美洲殖民地如何摆脱英国统治以获得独立"的见解，这些观点都是在对自由、平等和民主进行探索的过程中提出来的。同时，他还在这本书中提出了一些反对君主世袭制的言论。这本小册子鼓舞了许多读者加入美国独立战争，并且让潘恩成为美国潜在革命者们心中的英雄人物，但是与此同时，也使之站在了英国政府的对立面。

在他之后所写的《人的权利》一书中，潘恩仍在研究《常识》中所提观点并对其进行拓展延伸，提出了"在一个无君主的国家里如何谋求人民福祉"这一问题。尽管《人的权利》一书的历史背景是法国大革命，但是这本书的影响远不止这些。

人的权利

对埃德蒙·伯克的回应

《人的权利》的上篇其实是在回应埃德蒙·伯克（Edmund Burke）所著的《对法国大革命的反思》（*Reflections on the Revolution in France*，1790）一书中的观点。这本书对革命的方方面面进行了反驳，并且抨击了英国的崇拜革命者。伯克是一位住在伦敦的爱尔兰籍政治家兼哲学家。他年轻时曾撰写过一本有关崇高本质的著作，并对美国独立战争持有同情态度。潘恩将其视为挚友和同盟。因此，当潘恩知道伯克对法国大革命以及引发大革命的思想持有强烈的反对态度时，他震惊不已。对于潘恩来说，这就像遭到背叛和人身攻击一般。他以"试图照亮光明的黑暗"来暗讽伯克的《对法国大革命的反思》一书，甚至指责伯克为了从中获利，转而捍卫自己并不相信的言论立场，以达到保持英法对立状态的目的。潘恩拥护法国的《人权和公民权宣言》（*Declaration of the Rights of Man and the Citizen*），并仍对英国的革命心存期待。因此，他的反对者认为他极具颠覆性，持有这一观点也无可厚非。

谁为谁做决定？

保守派的伯克认为，法国人民深受其前辈所做的决定困扰，而这些决定恰恰是关于如何统治他们的国家的。法国人民不应该违背先辈们许下的承诺。其中包括决定由贵族和皇室成员来统治国家的承诺。潘恩对此的回应是，无论一个承诺是多么的有诚意，任何人都不应该用一个承诺来束缚自己的后辈。每个后辈都必须自己决定其被统治的方式。斯人已逝，便不该掺和进生者的重大抉择中。而作为一个整体，无论国家做出何种选择，都应该付诸实际行动。潘恩坚信法律的力量源自生者的共识，而非逝者的许诺。这是一个强有力的观点，它能够让那些被富裕的少数强者压迫的人受到鼓舞，进而采取行动。

对君主制的批判

潘恩对伯克的回应所表达的核心思想是其对于"世袭制下的皇室成员拥有凌驾于人民之上的强权"这一观点的抨击。往日不同于今日，在 18 世纪，欧洲的国王、皇后、公主、王子，甚至被皇室除名的家族成员，都手持重权，能够轻易地参与涉及国家以及个体命运的决定。对于潘恩而言，他自视为世界公民，坚信人人平等，而君主世袭制是一种荒谬的社会架构形式。他热衷于对君主制进行冷嘲热讽。比如，他嘲讽"世袭立法者"这一想法，认为这个想法就像"世袭数学家"或者"世袭诗人桂冠"这些想法一样荒诞。就像数学天赋和写作才能一样，一个统治者需具备的特质并不能通过继承得以保证。为什么会有人想要这么一个仅仅是因为其恰恰是前任统治者的后代而继承其位的领导者？因此，最好是选择一个在这方面兼备天赋和才能的人，或者至少是拥有基本特质的人来担此大任。此外，潘恩还认为，所有君主都是专制的，因为他们把人民当成了自己的私人财产，并将其传承给后辈。伯克认为，潘恩对法兰西国王路易十六的抨击过于粗鲁，且对国王的行为评判有失偏颇。而潘恩对此予以反驳，他认为伯克完全没有理解法国大革命的本质意义，即这仅仅只是在抨击君主制，而不是在批判某位特定的君主。从某种意义上来说，路易十六比较不走运，因为当大众舆论开始有所作为的时候，他恰好处在这个风口浪尖上。潘恩的观点是，即使这个职位是由一个仁慈的人担任，也不能否认因君主制而产生的这个职位所带来的权力是一种"恶"。革命源自人权（即人的权利），特别是公正和平等的基本权利。

自然权利和平等

潘恩坚信，我们拥有生而平等的权利。这些权利塑造并强化了我们的存在。在我们团结一心组建国家之前，这些权利就已经存在了。以下这些都只是我们作为人类应当享有的权利：生存权、信仰选择权、言论自由权，等等。我们不得已放弃一部分自由以在社会中谋生获利，而社会要保护弱者免受强者剥削，但是我们天生就拥有的这些权利几乎是一切美好存在的源头。在《人的权利》下卷中，潘恩也提出了一些积极的建议，比如"社会如何保障所有社会成员诸如退休金、婚姻津贴、低保以及免费教育等基本福利"，以及其他有关税收的建设性政策，这些政策所带来的影响远超他所生活的那个时代。

对《人的权利》的批判

对人性过于乐观

伯克在《对法国大革命的反思》一书中表现出来的立场比潘恩所认为的要更为隐晦。他并不像潘恩那样，对人性持有乐观态度，并对"社会变革的基础在于理性"这一说法深表怀疑。伯克坚信，人类的理性是有限的，让个体从头开始建立一个社会是一件非常危险的事情，也就是说，社会最好是建立在代代相传的智慧上，这种智慧并不一定是一种具体意识，但是相比尝试建立生活新方式，基于前人智慧建立的社会会比在充满暴力和毁灭风险下重建的社会好得多。这种智慧隐匿于日常生活和既定的生活方式中。换言之，伯克极力反对在法国出现的这种大规模革命，也不赞同一般情况下进行大规模的社会重组。法国大革命引发的流血事件和恐怖袭击正是伯克之前就预言到的后果，也是其害怕出现的情形。他更倾向于一代接一代慢慢改变的温和式变革，而不是潘恩大力推崇的颠覆性革命。伯克所阐述的"保守的社会进步"这一观点拥有许多现代拥护者，这一观点极力反对潘恩的作品中所表现出来的那种更为理想化、更为乐观的激进变革。

全靠豪言壮语，毫无事实论证

毫不客气地说，《人的权利》一书是一种诡辩，其中大部分内容都是豪言壮语以及对君主制的调侃式抨击。在政治理论这方面，潘恩属于自学成才，因此他的观点立场无法像诸如霍布斯和洛克之类的哲学家所表现出来的那样纵览全局，万无一失。他对伯克冷嘲热讽，但却几乎从不正面辩驳他的观点，因为这不是潘恩的行事风格。他有时只是进行预判，而不是为自己的立场辩护。不过，从潘恩的辩词来看，他所写的内容倒是一点不晦涩，读起来有趣得很，而且他发现这种写作方式恰恰是广大读者喜闻乐见的。此外，他的诸如反对君主制等许多观点因运用了反讽的手法反而更让人印象深刻，而相比那些详细介绍政治哲学的系统化理论，潘恩所写内容似乎能更快地为大众所接受。他的写作风格更适用于政治小册子，而不是学术论文。

❀ 生平纪要

公元 1737 年，生于英格兰诺福克郡的塞特福德（Thetford, Norfolk）。

公元 1776 年，出版《常识》。

公元 1791—1792 年，出版《人的权利》（上、下两卷）。

公元 1807 年，在穷困潦倒中逝世于纽约。

❀ 关键词表

自然神论（deism）：该理论认为是理性和经验证明了上帝的存在，而非《圣经》中的宗教权威。自然神论者拒绝通过宗教丛书和奇迹来获得权威的神谕。

❀ 延伸阅读

Christopher Hitchens *Thomas Paine's "Rights of Man": a biography*（London: Atlantic Books，2007）.

这本书篇幅不长，希钦斯通过潘恩流离失所的生活及其时代背景来阐释他的思想。

John Keane *Tom Paine: A Political Life*（London: Bloomsbury，1995）.

相较于希钦斯的著作，这本书篇幅更长，且是一本探究得更为完整的传记式研究。

Alan Ryan *On Politics*（London: Allen Lane，2012）.

这本书囊括了一些有关伯克和潘恩的章节。

第十七章
叔本华的《作为意志和表象的世界》

　　《作为意志和表象的世界》（*The World as Will and Representation*）一书常被比喻成一曲包含四大乐章的交响乐。这四大乐章的每一部分都有各自的情感基调和韵律，而叔本华（Arthur Schopenhauer）常常回溯前面章节提及的主题并对其进行延展探究。这本书开篇便宽泛地谈论了我们本身与我们所处世界之间的关系，此处的世界是指我们呈现在自己眼前的世界（表象世界）。在第二部分中，叔本华将这个问题进行了深度探究，并认为存在一个现实世界，这个世界比科学所描述出来的还要高深。在观察自身有目的性的行为时，我们就有机会得以窥见这个现实世界，即物自体世界（意志世界）。第三部分是对艺术进行乐观而详细的探究。在这一章节中，叔本华得以表达自己的主张，即艺术可以给予人们逃离无尽欲望的机会，而正常情况下，人们会一直为这种欲望所困扰，同时他也揭示出更高层次的现实世界，即意志世界的方方面面。而最后，一种阴暗的悲观主义在终章的字里行间蔓延。叔本华也在此章中阐明了我们注定要受到自我本性折磨的原因。但是，如果我们准备好要过一种禁欲主义的生活，抛却欲念，或许还有一线希望。

作为表象的世界

叔本华将"我心所念，即为世界"一句作为《作为意志和表象的世界》的开篇。他想表达的意思是，经验往往来源于感知意识的角度。我们将世界呈现到自己眼前，而非直接接触到隐匿于表层下的现实本质。但是表象世界无法产生有关事物本质的知识。我们如果仅仅满足于表象世界，就会像是一个在城堡外四处晃悠的人，试图找到城堡入口，却总是因为墙上的几幅涂鸦而走走停停。在叔本华看来，这是目前为止所有哲学家都做过的事情。然而，他的哲学理论能够让我们了解藏匿于城墙背后的知识。

现实的终极本质问题其实就是形而上学的核心问题。叔本华认同康德的世界二分法，即：一方面是我们体验到的世界，也就是叔本华所说的表象世界；另一方面就是隐匿于现实世界背后的物自体世界。康德把这种经验背后的现实本质称为本体世界，而叔本华称之为意志世界。我们并不仅仅是感官信息的被动接收者，而且还把时间、空间和因果关系等范畴附于我们所有的经验之上。但是从物自体，即意志世界这个层面来看，这些范畴并不适用。意志世界是一个整体，不可分割。叔本华所说的"个体化原则"，即特定事物的划分，仅出现在表象世界。意志世界中存在的一切都是一个整体。

作为意志的世界

从定义上来看，人类似乎是无法接触到意志世界的，因为我们似乎没有办法通过经验来感知它。然而，叔本华声称，在我们的意志经验，即拥有自主移动我们肉体的力量中，意志世界得以展现全貌。这种意志与肉体移动不可分割，也就是说它是移动行为的一个方面。当我们意识到自己的意志时，我们就超越了表象世界，得以瞥见物自体世界。我们在表象世界中感知到了我们的肉体，而表象世界也是世界上存在的一个事物。与此同时，我们也在意志世界中有所察觉。

对叔本华而言，不仅仅是人类能够表现出意志，也就是说，从根本上来看，所有事物都是意志的表现形式。换言之，他所指的是广义上的"意志"。比如，一方磐石也是意志的表达形式。他所描述的意志并不是一种智慧，而是一种缺失方向感的盲目奋斗，而正是这种奋斗让人们深陷痛苦之中无法自拔。

艺 术

在叔本华的哲学理论中，艺术是至关重要的一部分。对艺术作品的沉思使得我们暂时脱离无尽欲望的桎梏，否则这种折磨将变成一种避无可避的存在。艺术带给我们一种客观的审美体验。当我们欣赏一幅艺术作品的时候，我们应该能够抛下任何现实生活中的顾虑和担忧，这是任何艺术作品都能够带给我们的体验。我们在沉思中迷失自我。而能够给我们带来同样体验的还有欣赏大自然的美景，即当我们远观瀑布或者山川时，我们也能通过沉思获得宁静平和的状态，这与观赏画作带来的效果无异。

艺术天才可以对事物和事件进行客观的沉思，并且能够将自己想表达的情感通过作品表达出来，而这些画作也具备将这种情绪传递给欣赏画作者的能力。这样的天才拥有一种纯粹知性的能力，即他们可以体验其所能感知到的柏拉图式理型世界。柏拉图的一个著名论述就是"我正坐在一把完美之椅的复制品上，这个复制品略带瑕疵，而完美之椅即为椅子的理型"。在柏拉图看来，一个画椅子的艺术家总是站在几步之外观察真正的椅子，即柏拉图式理型之椅。这也就是柏拉图禁止艺术家进入其理想国的原因之一，即艺术家们所临摹的是现实的模糊复刻版本，这种临摹使我们离理型越来越远。与柏拉图相反的是，叔本华坚信，艺术天才能够通过其绘画展示出其所描绘或复刻的特定事物的理型或柏拉图的理想型。因此，艺术天才让我们得以逃离意志的掌控并获得柏拉图式理型的客观知识。

美丽的事物和景色相得益彰，才使得我们有机会从无尽的欲望枷锁中逃离出来。但是，有些事物似乎比其他事物更合适。比如，我们可以沉浸于所绘水果之美，但是出于实际利益考虑，我们可能很难对此一直保持无欲无求的状态，尤其是当我们处于饥饿状态的时候。同样，有的裸体画更容易让人沉浸于那种无欲无求的沉思中，但是，另外一些裸体画则更倾向于唤起观看者的性欲，进而重拾实际利益。

与那些唯美的场景相比，神圣的事物和壮观的景色从某种程度上来说是为人类意志所排斥的。它们因其过于雄伟威严而使得我们敬而远之。黑云压境、电闪雷鸣，或是嶙峋峭壁、绵延不绝，抑或惊涛拍岸、浩浩汤汤，这些都是极其壮阔的景观。而对于壮观事物的审美体验的获得得益于你有意识地脱离意志，满心欢喜地围绕在曾经让你觉得恐惧的事物旁边。这也就再一次展现出沉思事物的柏拉图式理型。

对于叔本华而言，在艺术审美沉思及其本质中所展现出来的柏拉图式理型至关重要，因为这让我们拥有了一种有关物自体的知识，或者说意志世界的知识。我们无法通过这种方式直接获得有关物自体的知识，但是柏拉图式理型展现出了"最充分的客观化意志"。这仅仅意味着艺术家们所展示出来的画作并非经过主观扭曲的结果，而是一种尽可能接近物自体的方式。

音 乐

音乐与其他艺术并不相同，因为它并不能代表意志世界。它甚至通常代表不了任何东西。但是不可否认的是，音乐确实是伟大的艺术之一。叔本华在其理论体系中赋予音乐以特殊地位。他觉得音乐是意志本身的复刻品。这也就解释了音乐具备深刻性的原因，即它能够向我们展示出现实的本质。

悲伤的音乐并不能表达出某个特定的人的悲伤情绪，也不能表现出某种特定环境下的悲伤氛围，因为它表达的是悲伤的本质，这种本质与特定环境无关。尽管从根本上来看，它也是意志的复制品。由这个观点产生的结论是，音乐是一种无意识的形而上学。它给我们描绘了一幅物自体的画卷，如同形而上学家试图向我们阐明表象面纱后所隐藏的事物一般。叔本华很清楚，其有关"音乐及其与物自体之间的联系"这些观点是无法被证实的，因为没有办法将贝多芬的四重奏与物自体进行比较，进而也没办法判断这个观点是否正确。然而，叔本华认为自己的观点合理地阐明了音乐的力量，并且建议读者在欣赏音乐时也要时常记起他的这一理论。

自由意志

一切现象都受制于充分理性原则，即一切事物都有其成为现在这个模样的理由。这个原则不仅适用于人类，同样也适用于岩石和植物。因此，我们的行为举止完全由生理结构、过去发生的事件和我们的性格决定。我们只能幻想着行为自由。然而，意志，或者说物自体，是完全自由的。因此，人类的行为既是既定的，也是自由的。他的建议是，即使我们只存在于表象世界，行为既定这件事还是让人十分悲观。当叔本华聚焦于人类所遭受的悲惨经历的本质时，贯穿整本书的悲观主义基调就如洪流般扑面而来。

苦难与救赎

在叔本华的书中，亚洲哲学传统为其添上了浓墨重彩的一笔，其中包括佛教和印度教的教义。对于人类而言，持续不断的幸福是不存在的。我们的生活构造就是如此，其间包括无尽的欲念，不断地寻求满足感。当达成心愿时，我们可能会短暂地享受一下快乐，但这只不过是在追求欲念过程中的解脱释然。但不得不说的是，这个阶段是非常短暂的。我们要么会陷入厌倦的状态，要么会发现仍有未完成的欲念驱使我们继续追求满足感。因此，所有人的生活都是在痛苦和厌倦中来回摇摆。

但是，如果我们能够洞察到现实的真实本质，如果我们的目光能够穿透摩耶的面纱（即获得意志世界的知识），我们才会有机会获得救赎以及永远逃离折磨的机会，这至少是一种幸福的状态，就如同艺术能带来短暂的审美沉思一般。

朝着这个方向迈出去的第一步就是，意识到伤害别人终将伤害自己，因为从意志层面来看，施暴者和受害者是同一个人。只是在表象层面中，我们感觉他们两者是不同的。如果能够意识到这一点，那么我们就会意识到，从某种意义上来说，所有苦难都是我们自己造成的，因此我们有必要避免这样的苦难折磨产生。我们也会意识到，当一个人伤害另一个人的时候，意志就会像一头发疯的野兽一般，自己撕咬自己的血肉，但是却没有意识到它是在伤害自己。

在《作为意志和表象的世界》一书的末尾，叔本华描述了一种更为极端激进的做法，即禁欲主义，一种刻意否认生命意志存在的做法。禁欲者过着无性的节俭生活，这种做法不是为了帮助别人，而是为了消除欲念，最终得以战胜意志。通过这种极端的做法，禁欲的苦行僧可以脱离人类生活所带来的不可避免的苦难和折磨。

对《作为意志和表象的世界》的批判

形而上学基础薄弱

叔本华这本书的思想自成体系，但是其形而上学基础非常薄弱。全文的整个框架是建立在我们从物自体那里得来的知识的基础之上，或者说至少是某种通过我们自身有意识的身体移动获得知识的渠道。但是，如果叔本华对于这种触及意志世界的可能性判断出现了失误，他的整部作品就会变得面目全非，毫无意义。有时候，叔本华似乎想要鱼与熊掌兼得，因为他既觉得摩耶的面纱阻止了我们知晓现实的终极本质，同时他还声称我们的目光可以看透这层面纱。

然而，即使我们否认了叔本华理论体系的形而上学基础，我们依旧还是能够从这本书中见识到不少有关艺术、经验和苦难的高见。事实上，从整体上来看，这本书本身存在着一些缺陷，但是瑕不掩瑜，并不妨碍叔本华的思想成为丰富研究观念和沉思的源头活水。而一些从事艺术行业的人发现叔本华的著作能够鼓舞人心，这一点不足为奇。

伪 善

叔本华宣称，禁欲主义是通往救赎的必经之路，它能够终结苦难折磨，不然，这些痛苦会一直存在于人类的生活之中，避无可避。但是他自己并没有践行自己宣称的事情，即他不仅没有做到无欲无求，反而乐在其中。所以我们为什么要认真听从这么一个伪善者的建议？

这个批判并没有伤及叔本华的哲学根本：一个人完全有可能自己意识到救赎之路，在这个过程中他实际上甚至并不需要自己去刻意追求。虽然伪善这一点并不是一个讨人喜欢的性格特质，但这并不会影响到叔本华言论的影响力。如果叔本华的"禁欲主义能够为我们提供一种减轻痛苦的方法"这一言论是正确的，那么他本人实际上选择过什么样的生活，就与这个言论扯不上任何关系了。

❋ 生平纪要

公元 1788 年，生于但泽（Danzig，现名为格但斯克Gdansk）。

公元 1819 年，出版《作为意志和表象的世界》。

公元 1860 年，逝世于法兰克福。

❋ 关键词表

禁欲主义（asceticism）：是一种极度克己的生活方式。

无欲无求（disinterestedness）：一个人的态度，其看待事物时，不会产生任何实际动机。

厌倦（ennui）：无聊，精神萎靡。

表象（idea）：呈现在眼前的世界。与意志世界相对。

观念（柏拉图式）（Idea, Platonic）：任何事物的完美理型。比如，柏拉图坚信存在椅子的完美理型。我们所感知到的所有椅子都只是其理型或者柏拉图观念的残缺复制品。

形而上学（metaphysics）：有关现实终极本质的研究。

现象（phenomena）：康德的一个概念术语，代指我们所经历的世界，其与本体相对，而本体隐匿于表象之后。

个体化原则（principium individuationis）：把现实划分为特定的单独事物，但是这种现象并不会在本体世界出现，即不会出现在意志世界层面。

雄伟壮观（sublime）：对于人类而言，这是个威胁。但是当其成为审美者的观察对象时，它又展现出其柏拉图式观念。比如，一场暴风雨不仅仅是美的，更多的是带给人以壮观的感受。

摩耶的面纱（Veil of Maya）：一种障碍，阻止我们感知意志世界，即世界的本来面貌。

意志（will）：物自体，即隐藏于现象背后的终极现实。其中大部分是我们难以企及的，但是当我们有意识地移动身体时，就能得以瞥见其中一隅，而且在音乐中也会有所显现。

✳ 延伸阅读

Christopher Janaway *Schopenhauer* （Oxford: Oxford University Press，Past Masters series，1994）.

Patrick Gardiner *Schopenhauer* （Harmondsworth: Penguin，1963）.

这两本书都很好地介绍了叔本华的思想，且都聚焦于对《作为意志和表象的世界》一书的研究。

Bryan Magee *The Philosophy of Schopenhauer* （Oxford: Clarendon，rev. edn，1997）.

这本书最突出的部分在于其研究了叔本华对于创造型艺术家的影响。同时，它也全面地介绍了叔本华的作品。

第十八章
密尔的《论自由》

　　我肆意挥舞拳头的自由消失于我用拳头击中你的那一刻。从本质上来说，这就是密尔（John Stuart Mill）所著的《论自由》（*On Liberty*）想传达出来的核心意思。能够阻止我做想做之事，或是强迫我去做违背意愿之事的唯一理由就是我的行为会伤害到别人。任何人无权干涉我的私生活，只要我所做之事没有对他人产生实质性的伤害，那么国家或者社会各界都不应该干涉。任何有能力做出明智选择的成年人都应该自由追求他们所认为的美好生活，外界不应对其加以干预。即使我的某些行为伤害了自己，这也不足以成为国家加以干预的理由。比如，我可以下定决心忽略自己的身体健康，转而成为一个终日坐在电视机前的懒散之人，这件事情是我可以自由选择做或不做的。家长式作风，即你知道别人怎么做才能产生更好的结果，并借此控制他人的行为。这种作风只适用于孩童以及那些因精神疾病而无法为自己的决定负责的人。而更有争议的是，密尔还坚信，家长式作风对于那些不具备判断能力的"未开化"人群来说无疑是最佳选择。然而，我们其他人则拥有自由行事的权利，因为这是提高全世界整体幸福水平的最佳方式。

有关作者

尽管人们通常认为《论自由》一书为密尔所作，但是密尔在该书的序言及其自传中强调过，这本书实际上是他和妻子哈莉特·泰勒（Harriet Taylor）共同编撰而成的，而他的妻子在该书出版前就已经离世了。至于她对该书内容的影响程度到底有几分，哲学史学家们并未达成统一意见。但很明显的是，密尔本人认为她是该书的合著者（尽管他并没有把他妻子的名字写在封面上）。

伤害原则

在密尔的自传中，他把《论自由》一书形容为"一本寻找某种真理的哲学教科书"。这一真理通常被称为"伤害原则"或"自由原则"。这也就是前面提及的一个观念，即如果我想做之事会伤害到其他人，那么这是我可以接受的唯一一个阻止我继续如此行事的理由。这与获得无限自由的主张完全不同。密尔认为，如果不对自由加以约束，那么就不可能存在社会生活，也就是说，他想强调的重点在于如何在"可以容忍的事"和"不能容忍的事"之间划清界限。

密尔对功利主义的极力推崇造就了伤害原则的产生。而功利主义的主要观点是，在任何情况下，行为的正确与否都取决于对其产生的结果的评判，也就是说，凡是能够让人产生大量幸福感的事情都是符合道德标准的，也是值得去做的（尽管在密尔的评判体系中，并不是所有类型的愉悦感都同等重要）。密尔认为，如果能够为每个人都留有自由追求其兴趣的余地，那么整个社会都会因此受益。我比别人更清楚什么样的生活更适合我。即使我在这一方面的判断有所失误，我自己所选择的也会比被迫接受别人"现成的"幸福观念更适合我自己。密尔坚信，比起强行让所有人都遵循一种统一的社会模式，允许个人追求自己的生活方式似乎更好，虽然每个人的生活方式可能千差万别、各不相同。他也是个经验主义者，并且相信只有通过体验才能发现大多数事物的真理。只有不断尝试各种解决办法才有可能破解人类困境，并以此促进社会繁荣昌盛，也就是说，这是社会进步的必经之路。他推崇自己所说的"在生活中实践"。相比之下，不加思索地追求统一性反而会导致社会萧条和可选范围的缩减，而这最终带来的结果则是痛苦折磨，以致人类潜能无法发挥作用。值得注意的是，密尔并没有声称我们每个人都拥有自由这种自然权利，即他并不认可自然权利存在的意义。为了方便起见，我们可能会说到自由的"权利"，但是，在密尔看来，这一点必须可以转化为对"什么才最有可能提升幸福感"这一问题的概述。《论自由》的策略是基于功利主义的，而非自然权利理论。

从一定程度上来说，《论自由》针对的是一些特定人群，这群人想要通过法律来强行约束成年人私下的行为（因此，这本书为近年来涉及电影审查以及同性恋等话题的法律改革提供了理论支持）。但是，它同时针对的是密尔所说的"群体暴政"，即大多数人的观点所造成的社会舆论压力会阻碍一些人进行他们的生活实践，即使并没有法律阻止他们去做想做之事。如果我选择的生活方式与常人不同，而我的邻居对此颇为不满，即使我所做之事没有对他们造成直接伤害，他们也会给我的生活带来麻烦，让我不为社会所容，进而有效地阻止我继续享有法律范围内的自由。密尔坚信，屈从于社会压力的行为是在破坏自由，并且这也会让每个人都沦为不思进取的平庸之辈，这样的结果最终于社会毫无益处。

这同时也明确了一个观点，即那些想利用密尔伤害原则的人会发现忽略其理论对自己更有利，也就是说，只是冒犯别人并不等同于伤害别人。如果我选择了一种非传统的生活方式，即同时拥有几个性伴侣，或者我是一个裸体主义者，抑或有异装癖，即使你觉得我的这些行为对你有所冒犯，你也没有充足的理由通过法律或者社会舆论压力来迫使我改变自己的行为方式。如果密尔的原则将冒犯视为伤害，那么他的整个理论就完全不可取，因为几乎每种生活方式都会有冒犯到别人的地方。密尔想通过"伤害"一词表达的真正意思并不明确，很多纠纷都是由此产生的。但是密尔本人很明确地否认过"对他人的冒犯是一种伤害"这一观点。密尔提倡的那种宽容并不是指你必须接受其他人的怪异生活方式。你有权厌恶别人的生活方式。你可以试着说服他们做出更好的选择，国家也有义务对孩童进行系统性的教育培养，以防止他们像一些成年人一样追求自我毁灭式的生活方式。但是你厌恶他人所选择的生活方式并没有充分的理由证明你能够对他人的生活加以干预，以期改变他们的行为。文明社会的一个标志就是，它能够包容个体的多元化差异。

密尔的原则并不是一个与现实生活无关的抽象哲学理念。他想让世界变得更美好。基于这个目的，他致力于运用各种原则，而其中最为重要的是他对于思想自由和讨论自由的探究，即我们通常所说的言论自由。

言论自由

密尔极其热衷于捍卫言论自由。他认为，只有当思想、言论以及写作所表达的内容存在明显的煽动暴力行为的倾向时，才需要对其进行审查。话语或者书写的词句所处语境的不同会影响其带来的危险性。就如同密尔所指明的，在报纸上刊登"玉米贩子会使穷苦之人死于饥荒"这一观点可以为人所接受。然而，如果同样的一句话是对着站在玉米贩子住所外边的一位暴怒的平民说的，那么我们最好还是让说话者保持沉默吧。这种行为带来的高度危险性使得我们有理由对其进行干预。如今有关言论自由的辩论话题往往集中在色情文学或者种族歧视上。对于密尔而言，19世纪的写作内容主要聚焦于对表现宗教、道德或者政治等传统方面观点的言论以及作品进行批判。他认为，即使一个观点是错误的，压制这个观点的传播所带来的危害远远大于允许其自由传播。在《论自由》一书中，他对这一立场进行了详细的说明。

如果有人提出了异议，那么就会有两种基本的可能：要么这个观点是正确的，要么这个观点是错误的。同时，也存在第三种不那么显眼的可能性，即尽管这个观点是错误的，但是它却也包含了真理的一部分。密尔认真地考量了每一种可能性。如果这个观点是正确的，那么对这个观点的压制无疑会妨碍我们摆脱错误的机会。这一说法的前提假设是真理远比假话好。如果这个观点是错误的，那么在沉默中扼杀这个观点，会让群众失去否决这个观点的可能性，而密尔认为，真理会在与错误的斗争中胜出。例如，只要种族歧视的言论不煽动暴力，密尔就会容忍这种观点的存在，因为这些言论会被大众驳回，以证实这种言论是错误的（前提是这些观点确实是错误的）。

如果所表达的观点中包含一部分真理，在沉默中扼杀它会使得这部分真理无人知晓。比如，一个种族主义者可能会指出，某一特定种族学生辍学率并不正常，其学生辍学年龄比正常平均辍学年龄要低得多。种族主义者可能会以此作为该种族成员天生就低人一等的证据。然而，尽管这个观点很有可能是错误的，这个事实却能说明一些实际情况，即事实就是这个种族的成员确实辍学得早，学历普遍较低。而对这个事实的正确解读应该是该种族受到教育体制的歧视较多，而不是他们天生低人一等。密尔认为，把你认为错误的观点扼杀在摇篮里这一做法，会让你忽略掉一些事实，即错误的观点中依旧存在真理的一部分。

为了扼杀一个观点，你必须对自己所持观点保持高度自信，认为它是无懈可击的（即不可能出现任何差错）。但是我们当中没有人能够充分相信自己能做到这一点。在探索真理时，每个人都会犯错误，这是无法避免的。历史上，许多人都曾将真理误认为无意义的谬论，这样的例子比比皆是。回想一下宗教人士对于日心说的压制就可以理解了。伽利略（Galileo）及其追随者就是因为追求他们的信仰而惨遭迫害，而迫害他们的人深信自己的观点才是正确的。

但是审查者基于可能性做出的判断就一定是准确的吗？他们可能并不是完全正确的，但是在某些情况下，他们真的可以确定自己的判断准确吗？我们能够完全确定的事情少之又少，那么确定性所具备的高要求会让我们停滞不前、毫无作为吗？密尔对此的回应是，给予别人发表异议的自由是我们确保自己判断正确的主要途径之一。比起未经质疑的观点，我们更愿意相信一个经得起质疑和批判的观点。另外，即使有的观点明显是正确的，"捍卫这一观点，反驳错误想法"也有利于保持正确观点的活力，防止其演变成一个让人无动于衷的死板教条。

对《论自由》的批判

宗教理念上的分歧

尽管密尔十分推崇宗教宽容，他有关自由的言论依旧时不时会因为宗教原因而受到抨击。有一些宗教教义告诉人们，国家的部分作用在于执行上帝赐予的道德规范。对于信仰该宗教的人来说，他们可能没有办法相信自己所履行的宗教义务是受人误导的。比如，如果你是某宗教的一员，该宗教认为所有同性恋行为都是罪恶的，且该宗教还是国家推崇的官方宗教，那么你就会认为，尽管同性恋行为并没有对任何人造成伤害，但是国家还是应该禁止所有同性恋行为。你可能会想，这项禁令的实施与否似乎与幸福感毫无联系。与之相反的是，密尔认为，这道禁令不应该强行执行，因为这将削减人类的幸福感，限制潜力的施展。这两种观点针锋相对，毫无商量的余地可言。

伤害概念模糊不清

伤害原则是《论自由》一书的核心要义，但是密尔对其所说的"伤害"一词解释得含糊不清。他并不认为被冒犯属于受到伤害的一种。然而，在书中的某一部分，他提到，有些行为私下是被允许的，也是无害的（他想说的可能是性行为），但是不能够在公共场合发生。这一点似乎与书中其他部分所言并不一致，因为他坚持认为，只有当一种行为造成了伤害之后，人们才有理由对其进行干预。在所提及的例子当中，唯一可能造成伤害的就是公众成员觉得自己被冒犯了。另外，即使面对的是生理上的伤害，密尔也没有说清楚，在进行干预之前，伤害值要达到哪个程度才算拥有正当的干预理由。

在密尔的辩解中，我们会发现他所著的《论自由》并没有给出这个问题的最终答案。

个人的不道德行为对社会的危害

国家对某些行为进行干预的所谓正当理由仅仅是一个社会只能存在于一种普遍实施的道德标准之下，尽管那些行为是私人的，也不会伤害到任何人。如果这些原则被破坏了，无论于公于私，社会的持续性存在都将受到威胁。所以，为了维护社会的存在，干预可能是有必要存在的，因为社会是个体可能获得幸福的基础。

最后这种批判基于的前提条件是存在争议的。有大量的证据表明，社会可以兼容道德多元化，并且在此条件下并不会瓦解。

非功利性

密尔在《论自由》一书中明确地阐明了其理论依据，即功利主义为伤害提供了最终的理论支撑。然而，有些批评家指出，密尔有时候似乎认为，无论自由是否有助于提升整体幸福感，它都是具有内在价值的。而内在价值通常是与实用价值相对的。内在价值是指事物本身所具备的价值，而实用价值是指事物因其能够换取其他事物而获得的价值（比如，货币就具备实用价值，因为对于我们来说，它所具备的实用价值远远高于硬币或钞票本身的价值）。功利主义者坚持认为，唯一具备内在价值的就是人类的幸福感，也就是说，其他所有具备实用价值的事物都能够为人类带来幸福感。因此，我们可以期待功利主义者说，自由的唯一价值就是有利于幸福的产生。但是这个观点明显与密尔得出的结论不同，密尔认为，除非是会伤害到其他人，我们应该始终保有个人自由。举个例子就是，事实上，一个严谨的功利主义者可能会声称，在言论自由方面，在一些特定的情况下最好还是让某些正确的观点销声匿迹，因为这样会有助于幸福感的增加。如果我得到的可靠消息表明，在未来几周，一颗彗星将撞击地球，全人类都将面临毁灭，那么出于功利主义的考虑，你就会限制我的言论自由。如果所有人都知道我们这个物种即将灭绝，那么很明显的是，比起不知道这一消息，此时全人类的幸福水平会大幅降低。

密尔的意见是，除了"言论自由可能会直接产生严重伤害的后果"这一情况之外，这种自由还是于人非常有利的。但是功利主义并没有为这个观点提供明显且强有力的理论依据。虽然这种批判并不足以动摇密尔得出的结论，但是也表明了一个事实，即密尔并没有为其结论找到一个让人信服的功利主义理论依据。

过于乐观

密尔提出的许多与自由及其带来的后果有关的言论都十分乐观，或者说有些过于乐观了。比如，他认为，通常来说，成年人都很清楚什么能够促进自身的幸福感。但是事实真的如此吗？我们中的大部分人都擅长自我欺骗，并且很容易就陷入瞬时满足的陷阱里，进而错过获得长期幸福的机会。我们时常给自己编造一些故事，试图告诉自己怎么做才能生活得更好，但是仔细想想，这些通常都不过是我们为了自己心里舒坦而杜撰出来的罢了。如果事实真的如此，那么很有可能出现的情况是，任何一个不了解我的人都可以很好地评判出我应该如何生活。但是，显而易见的是，让其他人主导我的生活所带来的任何益处都应该可以与自我方向感的丧失相抵消才行。

密尔过于乐观的另外一个方面是言论自由。他认定，在真理和错误的斗争中，真理必将胜出。但是事实情况可能并非如此。他低估了非理性对于人类生活的影响。我们当中的许多人都被推动着相信某些不真实的事情。允许错误的观点自由扩散实际上可能就是允许这些观念在心智不坚定的人内心生根发芽，而如果这些观点得以及时压制，就不会出现这种情况了。同样，科学技术的日新月异也使得各种观点传播得更为广泛。没有任何证据可以证明，在各种广泛传播的观点中，真理总是能够战胜错误。在这种情况下，一些人可能会认为，审查是很有必要的。但是，任何可能进行的审查都会与密尔的观点相矛盾，即如果你要压制别人的观点，这就意味着必须满足两个前提条件，要么你是绝对正确的，要么扼杀这种观点带来的益处多于其带来的损害。

积极自由

对密尔所提及的自由更进一步的批判是，由于他把注意力集中在"自由不应该被干涉"以及"为宽容辩护"这两点上，他忽略了"自由"这个词最为重要的含义。密尔提供的观点通常被认为是一种消极的自由，或者说"外来自由"。一些批判他的人认为我们需要的是一种积极的自由，抑或"内在自由"。那些捍卫积极自由的人声称，因为社会尚不完美，仅仅给予人们足够的生活空间并不足以称得上完全自由。实现自由之前还有成千上万道坎要过，从缺乏物质和教育资源到通往成功之路上的心理障碍，方方面面都是要过的坎。那些主张积极自由的人坚信，为了发挥出个人潜能并成功获得自由，各种各样的国家干预必不可少，有时候，即使这些干预并不会伤害到任何人，它也在一定程度上导致了人的活动范围的削减。一些更为极端的积极自由捍卫者甚至相信，"强迫人们获得自由"这一做法也是可取的，并且与这一概念也不矛盾。而与之相反的是，在密尔的观念中，如果你被迫做某件事，那么根据定义来看，你就不是自愿的。

❋ 生平纪要

公元 1806 年，生于伦敦。

公元 1859 年，出版《论自由》。

公元 1863 年，出版《功利主义》（*Utilitarianism*）。

公元 1873 年，逝世于法国阿维尼翁（Avignon）。

❋ 关键词表

强迫（coercion）：使用外力迫使某人做某事。

易错性（fallibility）：我们每个人都容易犯错的事实。

伤害原则（the Harm Principle）：强迫他人的唯一理由是，如果不加干涉，他们可能会对其他人造成伤害。有时候也被称为"自由原则"。

消极自由（negative freedom）：约束中的自由。密尔主要倡导这一类型的自由。

家长式作风（paternalism）：为了自己的利益强迫别人做某件事，或者限制别人做某件事。

积极自由（positive freedom）：这种自由通常是指能够做你真正想做之事的自由。阻碍积极自由的可以是内在原因，也可能是外在原因。比如，从这个方面来说，意志上的薄弱会让你远离自由。

宽容（toleration）：即使你不赞成人们自己选择的生活方式，你也允许他们按照自己的意愿生活。

功利主义（utilitarianism）：一种道德理论，该理论声称，在任何情况下，道德上的正确行为都最有可能使幸福最大化。

实用（utility）：对于密尔而言，这个术语意味着幸福感，而非"用处"。如果一个行为的实用性提高了，那么这就意味着它所带来的幸福感增加了。

❋ 延伸阅读

Isaiah Berlin *Four Essays on Freedom* （Oxford: Oxford University Press，1969）.

这本书中有两篇论述《论自由》中提出的核心问题的重要文章，分别是"密尔和生命尽头"（John Stuart Mill and the Ends of Life）以及"自由的两个概念"（Two Concepts of Freedom）。

Alan Ryan （ed.）*Mill* （New York: Norton，1997）.

这本书中包含了《论自由》和《妇女的屈从地位》（*The Subjection of Women*）的相关选段及其精选评论，同时还内含一份带有注释的参考书目。

John Skorupski *John Stuart Mill* （London: Routledge，Arguments of the Philosophers series，1989）.

这本书对密尔的整个哲学体系进行了详细介绍，其中还包含对《论自由》的探讨。

Nigel Warburton *Freedom: An Introduction with Readings* （London: Routledge and the Open University，2001）.

这本书最初是作为大学的哲学公开课程的一部分进行编写的，其中包括对密尔在《论自由》中的论点的审视。

Richard Reeves *John Stuart Mill: Victorian Firebrand* （London: Atlantic Books，2007）.

Mill *An Autobiography* （London: Penguin，1989）.

第一本堪称最佳的密尔传记。这本书值得一读，因为它

不仅将密尔置于其历史背景下进行研究，更是结合了最新的
学术研究进行分析。同时，你也可以阅读一下第二本书，这
是密尔自己写的自传，最初出版于 1873 年。

第十九章
密尔的《功利主义》

将幸福最大化。虽然这句话是对功利主义的嘲讽，但它确实抓住了这个理论的核心，也表达出了该理论想达到的真实目的。密尔是一位著名的功利主义哲学家。在其著作《功利主义》中，他对其导师边沁（Jeremy Bentham）的粗略构想进行了延展和完善。为了更好地理解密尔的研究方法，我们应该首先了解他的理论与边沁有何不同，这一点是非常重要的。

边沁的功利主义

在边沁看来，在任何情况下，道德上正确的行为都能够将整体幸福感最大化。他认为幸福是一种无忧无虑的精神状态，即充满愉悦，没有痛苦。世界上拥有这样精神状态的人越多，这个世界就会越美好。他并不在意这种愉悦感是如何产生的。边沁曾高调地声称，图钉游戏与诗歌同等重要，因为这两者都能让人产生愉悦感。每个人都能算出一个行为所能带来的愉悦感，那么国家层面上的整体愉悦指数决定了我们应该如何行动。这就是功利主义最直观的表现形式。

因此，我们来举个例子说明一下，如果一个功利主义者想知道如何在"把她的遗产留给一个穷亲戚"还是"把这些钱分给20个相当富有的朋友"中做出抉择，她就应该计算一下每种行为总共会让她产生多少幸福感。虽然穷亲戚继承遗产后会非常高兴，但是这种行为总共产生的幸福感也没有"让20个相对富裕的朋友开心"这一行为产生的多。如果事实真是如此，那么老妇人就应该把遗产留给朋友，而不是留给穷亲戚。

密尔的许多观点与边沁是共通的。比如，密尔所说的"最大幸福原则"指"如果一个行为是正确的，那么它将有助于幸福感的提升，而如果这个行为是错误的，那么它将导致不幸的发生"。边沁和密尔的伦理学研究方法都是建立在追求愉悦的基础之上的（但是，也不仅仅只追求个人自身的愉悦感，而是最大限度追求整体愉悦感），因此，从这个意义上来说，他们两个人都是享乐主义者。对于这两位哲学家而言，应该根据行为所产生的后果来判断该行为的好坏，而不是依照任何宗教教义或是一系列罔顾结果的约束性原则行事。

人们常用短语"最大多数人的最大幸福"来形容功利主义的伦理学研究方法，但是这具有一定的误导性。边沁和密尔最感兴趣的是如何获得整体幸福的最大值（即幸福总和最大化），他们并不在意这些幸福是如何分配的。如果"让少数人极度幸福"这一行为总共产生的幸福感比"让大部分人略感幸福"要多，那么他们就会认为前一行为比后一行为更好，这种说法是符合前文所说的研究方式的。

密尔所说的功利主义与边沁的不同点在于，密尔对幸福进行了更为详细的定义。在密尔看来，存在一些性质并不相同的幸福，即高级幸福感和低级幸福感。比起低级幸福感，我们更倾向于选择高级幸福感。相比之下，边沁则认为所有幸福感别无二致。

密尔所说的高级幸福感和低级幸福感

对诸如边沁所说的简略版功利主义最常见的批判之一是，他们将人类生活的精妙之处简化为对动物式愉悦的粗略计算，而不在乎这些愉悦感源自何处。这种愉悦感是荒谬的，而这种教条也只有卑贱的人才会遵循。

密尔利用他所说的高级幸福感和低级幸福感来应对这样的批判。正如他所说，宁愿成为一个不知足的人，也不愿变成一只吃饱喝足的猪；宁愿成为不知足的苏格拉底，也不要成为一个心满意足的傻瓜。人类既能够享受肉体带来的快感，也能享受精神上的愉悦。而猪并不能体会到精神上的愉悦感。密尔认为，精神上的愉悦感，即他所说的高级幸福感，本质上来说比物质上的低级幸福感更有意义。他支持这一观点的论证是，那些享受过这两种幸福感的人都更倾向于精神上的愉悦感。这也给密尔留下了一个尴尬的事实，即有些人明明可以体验到至高的精神愉悦，但是却沉浸于声色犬马无法自拔。他对这一情况的回应是，这些人只不过是被片刻的感官诱惑拐入歧途而已，而他们本身很清楚更高级的幸福感是更有意义的。

功利主义的"证据"

人们对功利主义最容易产生的疑问是"为什么要把幸福感最大化？"密尔对此的解答引起了诸多纷争，但是很值得注意的一点是，密尔自己从来没有声称这个问题为其理论提供了任何结论性依据，也就是说，他自己并不觉得像功利主义这样的理论能够被证明出来真伪。

在他看来，幸福本身就是人们要努力追求的一个目标。人类活动的终极目的就是幸福和远离痛苦。其他值得追求的事物也一定有其可取之处，因为它有利于幸福生活。如果你一辈子都在收集精美的艺术作品，那么这个行为就是获得幸福的途径。有人反对密尔的观点并声称他们将把追求美德当作其目标。尽管美德会带来幸福，但是美德是独立于幸福的一种存在。密尔对此的回应是，如此说来，美德就是他们幸福生活的一部分，即美德变成了个人幸福的组成部分。

最大幸福原则表明，全人类生活的目的和目标就是幸福且远离痛苦。这是唯一值得期待的结果，其他有价值的种种事物都不过是实现这一目的的方式罢了。那么"为什么要把幸福感最大化"这一问题就仅仅是在询问获得幸福的因素。密尔运用类比的方式回答了这个问题。我们证明"一个物体是可见的"的唯一途径就是向人们展示出他们确实看得见这一物体。同样，密尔声称，证明"我们需要幸福感"这一观点的唯一依据就是人们确实需要它。每个人都觉得自己应该追求幸福，那么因为整体的幸福感是由个体幸福感组成的，因而整体幸福感也是值得追求的。

对《功利主义》的批判

基于拙劣论证的"证据"

密尔试图证明的"我们应该将幸福最大化"这一观念里包含着一些较为拙劣的论证。西季威克（Henry Sidgwick）指出了其中的大部分不妥之处。首先，从"可见"到"可追求"这一过程具有误导性。密尔认为，因为我们可以通过识别看到的东西来判断什么是可见的，也就是说，我们可以通过识别人们真正想追求的事物来判断什么是可追求的。但是，仔细想想，"可见的"和"可追求的"这两者之间并不能进行类比。"可见的"意味着"可以被看见"，但是"可追求的"往往并不意味着"可以被追求"。一般来说，它意味着"应该被追求"，抑或"值得被追求"，这也是密尔在其理论中赋予这个词的含义。一旦指出了两个词之间类比的薄弱之处，那么就很难描述"人们实际追求的事物"与"人们应该追求的事物"之间是否存在任何联系。

但是，即使密尔已经建立了"在合适的情况下，幸福是值得追求的"这一观念，从逻辑上来看，这一点也会导致利己主义的产生，即每个人都在追求自己的幸福，而功利主义提倡的慈善行为是每个人都要尽可能地实现整体幸福最大化，并以此作为自己奋斗的目标。密尔认为，因为每个人都想获得属于自己的幸福，那么社会整体幸福感是可以通过简单的叠加计算出来的，而这个整体幸福感本身也因此是值得追求的。但这完全是强词夺理。他需要一个更为有力的论证来证明，相比于我们个体自身的幸福，整体幸福感才是我们所有人应该追求的东西。

难以测算

即使密尔已经为伦理学的功利主义研究方式搭建好了基础，仍然存在许多反对意见，即反驳其理论及其预期达到的实用性。一个很现实的难题在于，如何从众多可能发生的行为中计算出能产生最多幸福感的那一种。当你必须迅速做出一个道德层面上的决定时，这会变成一个非常棘手的难题。比如，在着火的大楼里，有三个人被困，但是你只能救出其中一个，这时你面临的就会是一个进退两难的困境。在这种情况下，你根本没时间坐下来好好考虑并预算出每种可能性会带来的后果。

密尔对这种反对意见的回应是，在人类历史的长河中，人们已经从他们积累下来的经验中了解到了各种行为可能带来的后果。当你面对一个道德层面的抉择时，最好的解决办法是列举出一些会最大化幸福感的行为，并使之成为普遍原则，而不是回溯最大幸福原则。因此，密尔的建议是，理性的生活方式中包含了这些普遍原则，而不应该一味地计算可能产生的后果。至此，密尔的功利主义可以分为两个阶段，即在功利主义的基础上推导出普遍原则，之后再将这些普遍原则应用到具体的情景中。

高级 / 低级幸福感

密尔将幸福感分为两类的这种做法会带来一些问题。因为这些幸福感不仅仅是程度不同，主要区别在于其种类不同，进而导致在对行为所产生的后果进行计算和比较时，所需步骤都比较复杂。高级幸福感和低级幸福感是无法进行比较的，也就是说，并没有一套通用的标准来衡量抑或比较这两者。因此，在需要对高级幸福感和低级幸福感进行测算的情况下，我们完全不知道该如何将密尔的功利主义理论应用到其中。

此外，高级幸福感和低级幸福感的区分似乎只是密尔自己的想法而已。我们不难发现会有知识分子捍卫"精神活动产生的愉悦感比肉体上获得的快感更让人感到满意"这一观点。这个观点本身并没有证明密尔的理论出现了纰漏，它只是揭示出了一个事实，即密尔可能更热衷于获得精神上的愉悦感，因为他觉得从本质上来看，精神愉悦感比其他方面带来的愉悦感更有价值。

其结果令人厌恶

在某些情况下，严格地按照功利主义的观点行事会产生一些大部分人无法接受的后果。比如，如果发生了一起可怕的谋杀案，且警察找到了一个嫌疑人，那么即使他们知道这

个嫌疑人确实不是凶手，但是出于功利主义考虑，他们也有
理由陷害这个嫌疑人并对其进行制裁。有可能大部分人都会
为此感到高兴，因为罪犯已经被抓获且受到了惩罚。只要没
人发现这个嫌疑人是无辜的，他们就会一直处于高兴的状态
之中。对于这个无辜的人而言，他受到的痛苦是巨大的，但
是在计算这种后果所产生的幸福感时，这种痛苦感在数百万
人看见所谓的"正义"得以伸张而产生的幸福感面前根本不
值一提。然而，在许多人看来，这种功利主义道德产生的结
果是让人无法接受的。我们的直觉告诉我们，处罚一个无辜
的人是一件不公正的事情，无论这种做法会对社会带来多大
的益处，都不能允许这样的事情发生。

　　对于这种批判的一种回应是，把功利主义修改成所谓的
"规则功利主义"。因此，行为的普遍准则是建立在功利主
义背景的基础之上的，比如，在一般情况下，惩罚无辜的人
会产生更多的不幸，而不是幸福。即使是在少数特殊情况下
也要遵守这些普遍原则，就像上面提及的这个例子，在所有
备选项中，惩罚一个无辜的人确实是产生大量幸福感的最佳
选择，但也是错误的行为。有些人声称，密尔自己就是一个
规则功利主义者。然而，密尔所说的"在你处于一个需要快
速做出抉择的情景之前（而不是在火烧眉毛之际再来进行测
算），就制定好行为的普遍准则"这一观点仅仅只是为了引
出经验原则，即在特定情况下单独行使的原则，以便人们在
此情况下不受原则的束缚。

❋ 生平纪要

参见第十八章。

❋ 关键词表

利他主义（altruism）：设身处地帮助他人，而不是出于某些自私的动机。

利己主义（egoism）：只是出于自身利益考虑做事。

最大幸福原则（Greatest Happiness Principle）：功利主义的基本原则，即在任何情况下，道德层面上正确的行为是最有可能让幸福最大化的。

享乐主义（hedonism）：对幸福的追求。

高级幸福感（higher pleasures）：思想以及艺术鉴赏之类较为高级的精神愉悦。密尔认为这种幸福感比低级幸福感更有意义。

低级幸福感（lower pleasures）：人与其他动物都能体验到的一种生理愉悦感，诸如食欲或性欲等。

规则功利主义（rule utilitarianism）：功利主义的一种类型，主要关注的是能够将幸福最大化的各种行为，而非特定行为。

功利主义（utilitarianism）：一种道德理论，其声称在任何情况下，道德层面上正确的行为是最有可能让幸福最大化的。

实用（utility）：对于密尔而言，这个术语意味着幸福感，而非"用处"。如果一个行为的实用性提高了，那么这就意味着它所带来的幸福感增加了。

❋ 延伸阅读

Roger Crisp *Mill on Utilitarianism* （London: Routledge，1997）.

这本书对密尔的道德哲学进行了简略的批判式研究。

Jonathan Glover（ed.）*Utilitarianism and its Critics*（New York: Macmillan，1990）.

这本书可以说是介绍功利主义的优良之作。其中包含了一些功利主义作家诸如密尔等的相关选段，并为每一节选段附上了简短清晰的介绍。

有关密尔的更多参考书目，可以参见第十八章末尾的推荐篇目。

第二十章
克尔凯郭尔的《非此即彼》

　　与其说《非此即彼》（*Either/Or*）是一篇哲学论文，不如说它更像一部小说。并且和大部分小说一样，很难说清楚它到底想表达什么。但是，它的核心关注点却是非常明确的，即亚里士多德提出的"我们应该如何生活"这一问题。克尔凯郭尔（Soren Kierkegaard）对此问题的回答十分隐晦，以至于留下了一系列的自相矛盾之处，甚至有时候他的阐述让人摸不着头脑。从表面上来看，他至少探究了两种完全不同的生活方式，即美学的和伦理学的。但是这本书是从文本内容里表现出来这两点的，也就是说，这些观点不是总结出来的，而是通过两位虚构作者表达出来的。

作者佚名

　　克尔凯郭尔的写作颇具戏谑的意味。一方面体现在他用匿名的方式进行写作，也就是说，克尔凯郭尔不仅仅使用匿名撰写一系列作品，更是创造出两个与他自己完全不同的角色来替他在作品中发声。

《非此即彼》的前言已经定下这本书的语言基调。一位名为维克多·埃莱米塔（Victor Eremita）的人告诉了我们，他是如何在偶然间发现这本书的手稿的，即后来以《非此即彼》为名出版的这本书。他在商店里看中了一张带抽屉的二手书桌许久，终于把它买了下来。有一天，正当他准备起身去度假时，书桌的一个抽屉卡住了。气恼之余，他踹了桌子一脚，然后一块隐秘的木板突然掉落下来，一沓纸随之掉落。纸上内容似乎是由两个人所写，他把这两个人称为 A 和 B，他把这些纸按页码整理好之后就拿去出版了。从书中内容可以看出，B 是一个被称为威尔海姆（Wilhelm）的法官，而 A 的身份则无法分辨。当然，这是一本小说，A 和 B 都是虚构出来的人物。而这个书桌的故事是全书中心思想的一个暗喻，即表象与现实之间存在差距，抑或如克尔凯郭尔所说，"内在与外在并不相同"。

使用匿名作者的这个小技巧使得克尔凯郭尔与书中所探究的观点表达保持一定的距离感，同时也使得他自己的立场能够隐匿于其虚构的人物形象之后。但是这样也可以让他从不同的角度对这些观点进行分析，以便于他站在想象对象的角度探究其内在生活方式，而不是运用哲学家通常使用的抽象方式冷峻地处理这一问题。这是克尔凯郭尔进行间接沟通的一种方式，即通过自我意识层面上的尝试来传达出人类生活中的方方面面，而不是仅仅通过描述抽象而客观的概念来理解人类的生活。

此

这本书的第一部分称为"此"，这也是人们通常阅读的一部分。许多读者觉得，相较于 B 所写的那些晦涩难懂的内容，A 的写作风格更为有意思一些，其内容更为多元一些。很少会有喜欢阅读"此"的读者愿意一页页地细读"彼"，即使是"彼"的删减版也很少有人会读完，这种情况是很常见的。然而，"彼"的部分内容对 A 的生活方式提出了一些略有偏颇的详细评价，认为其属于美学层面的生活方式，而这种评价恰恰捍卫了 B 拥有的伦理层面的生活方式。A 的文章中并没有直接提及对其生活方式的描述，而是通过其关注点和写作风格来体现这方面的内容。

美学层面的生活方式

从术语上简单地说，美学层面的生活方式的核心在于追求感官上的愉悦感，具有享乐主义倾向。但是这并没有充分阐明克尔凯郭尔对术语运用的精妙之处，因为这一观点暗示着一种兽性，即生理上的满足。而对于克尔凯郭尔来说，美学层面的生活方式包括了精神唯美主义者对更为纯粹的愉悦感的追求。

美学层面的愉悦感可能来源于对美的沉思以及对艺术作品的细细品味。抑或可能包含滥用职权所带来的快感，这种态度在"此"中被称为"诱惑者日记"。上述所有愉悦感都是 A 所追求的。

在克尔凯郭尔看来，美学层面的生活方式意味着不停地寻求新鲜的愉悦感，因为对于采取这种方式生活的人来说，最糟糕的事情莫过于生活变得无聊起来。美学层面的厌倦之感是万恶之源。因此，A 提出了一种不太严谨的方法来避免无聊状态的出现，他调侃这种方法为"作物轮种"。

作物轮种

作物轮种意味着随机变化你的生活态度，或者说对任何你碰巧卷入的事情的态度。就像农民给土壤补给养分一样，观念态度的随机改变可以让个体得以补充养分，有助于其脱离无聊的状态。A 举的例子是倾听一个无聊者的观点，即一旦 A 开始聚精会神地观察无聊者鼻子上滴落的汗滴，那么他就不会感到无聊了。在这一点上，克尔凯郭尔似乎是在推崇随意而一反常态的生活方式时种下了一颗超现实主义的种子，也就是说，他建议看表演看到一半就停下来，或是只读某本书的第三部分，这样就可以激励人们从一个潜在的全新视角来看待原本已经枯燥乏味的事情。

在"此"这部分的所有文章中，其主题以及风格都在不断变化着，这也就反映出作者在不断探寻美学层面的生活方式中出现的新转机。这一点在开篇名为"克制"（Diapsalmata，希腊语）那部分体现得淋漓尽致，这部分主要写的是一些零碎的评论和格言。"此"的其他部分则以半学术论文的形式呈现，其中最引人注意的一点是，它是以日记形式呈现出来的。

诱惑者日记

《诱惑者日记》是"此"中的一篇中短篇小说。这本书写得非常精彩，讲述的是一个愤世嫉俗的年轻女人科迪利娅被别人诱惑的故事。正如其小说名所示，这是一篇日记，但也有这个女人和诱惑她的人之间的来往书信。它本身就是一部文学作品，它在《非此即彼》一书中是作为美学层面的生活方式的一个研究案例。这种生活方式试图追求的是诗化的生活，而非伦理层面的生活。

在《非此即彼》一书的前言中，这本书的虚拟作者埃莱米塔介绍了日记的相关来源。他声称自己是从书桌抽屉里那一沓纸里找到的这篇日记。但是这里作者的真实身份可能隐藏得更深，因为日记本身自带一篇序言，据说是由一个认识主要人物的人撰写的。埃莱米塔想让人们注意到他所说的"中国盒子"，并声称日记的作者很有可能是一个虚拟人物，诱惑者借此将自己与其所写内容分隔开来。当然，作为《非此即彼》的读者，我们能够比埃莱米塔更迅速地远离事件本身，因为我们知道埃莱米塔只不过是克尔凯郭尔戴着的另一个面具罢了。我们几乎可以肯定日记中所描绘的事情都是哲学家自己想象出来的，并不是对已经发生过的事情的描述。我们也可以认为，这种刻意疏远的写作技巧同样也被克尔凯郭尔运用于以匿名方式出版《非此即彼》，给读者一种猜哑谜的感觉。埃莱米塔描述 A 对《诱惑者日记》的态度就像他讲述一个可怕的梦境时把自己吓坏了一样。也许这就是他躲在虚拟作者的面纱之后的原因了。

诱惑者的目的在于让一个特定的女人爱上他。他成功地做到了这一点，之后就收回了倾注在这个女人身上的所有感情。他所获得的不仅仅是一种肉体上的满足感，还有一种虐待倾向带来的心理上的快感。

对于那些推崇美学层面的生活方式的人来说，诱惑别人是最典型的消遣方式，并且"此"前一部分里有一篇文章名为《好色之徒的直接阶段》（*The Immediate Stages of the Erotic*），这篇文章致力于研究莫扎特创作的歌剧《唐璜》，该歌剧讲述的是一个连环诱惑者的命运。在 A 看来，《唐璜》是一位作曲家的登峰造极之作。其隐含的意思就是这部戏剧引起了 A 的注意，因为从很多重要的方面来看，主角的生活方式镜像反映出了他自己的生活方式。

伦理上的生活方式

在读"此"这部分时，读者不得不努力地从阐述和例证中将观点一点点具象化，而"彼"中的观点表述得都非常清晰，其中绝大多数观点都与 A 的生活方式相悖。"彼"的匿名作者 B，或者说威尔海姆法官，不仅仅只是提出了他自己的生活方式，同时也对 A 的生活方式进行了评判，因此，当你阅读"彼"的时候，"此"中所表达的意思会变得清晰起来。

相比于 A 沉浸于追逐愉悦感的生活方式，B 提倡的是一种个人选择自我行为的生活方式。就像 B 所描述的那样，美学层面上的生活将个体置于对事件和环境背景的幻想之中，因为我们不能仅仅只选择我们自己的快乐源泉，还必须依赖于世界上存在的方方面面来给予我们鼓励。与之相反的是，伦理层面上的生活方式则通常让人的内心感到鼓舞。这并不意味着让你去学习一套规则并且时刻遵守它们，而是将你自己转化为一个为所做选择负责的人。从这一点上来看，唯美主义者 A 只是为了保住自由而推卸责任，因而躲藏在面具之下。B 坚信，这样的生活方式需要在自我欺骗的条件下才能完成。而伦理层面上的生活方式需要的则是自我认知。运用这种方式的关键在于将自己转化为 B 所说的"普遍个体"，也就是以某种方式成为人性的代表。B 声称，这足以揭示人性之美，而唯美主义者在追求愉悦感的过程中绝对做不到这一点。

对《非此即彼》的阐释

存在主义者的解读

根据存在主义者对《非此即彼》的解读，读者所面对的是要在两种完全不同的生活方式中进行选择。没有任何提示告诉他们应该如何选择，也就是说，我们必须选择这种或者另外一种，然后再在这个抉择的基础上创造自己的人生。然而，与启蒙时期主导的观点不同的是，对于"我应该如何生活"这一问题并没有一个所谓的"正确"答案。如果你已经开始了伦理层面上的生活方式，那么选择这种生活方式而摒弃美学层面上的行为才有意义。这也就意味着你已经接受世上有善恶之分了，并且在你看来，美学层面的生活方式是一种"恶"。

同样，只有唯美主义者才会相信美学层面的生活方式的合理性，而对于已经接受伦理层面的生活方式的人来说，这个依据毫无道理。比如，引诱他人所产生的快感在威尔海姆法官眼里一文不值。从这个角度来看，《非此即彼》将人性中的悲惨处境展露无遗。我们发现自己总是被迫做出决定，而这些决定又左右着我们成为什么样的人。这就是人类的处境。因此，存在主义者将《非此即彼》一书视为存在主义思潮的历史上不可忽略的关键性文本支撑。在这一点上，克尔凯郭尔是最早意识到人类面对着这种重要抉择的哲学家之一，而这个世界并没有预先设定好其价值，因此他得以预见一个世纪后仍然让萨特深感困扰的那些主题。20 世纪的许多存在主义哲学家都深受克尔凯郭尔的著作的影响，这一点是毋庸置疑的。

伦理层面的案例

虽然在克尔凯郭尔的著作中存在大量支持存在主义的内容，但一些解读者认为这本书在"伦理高于美学"这一观点上有失偏颇。B 看穿了 A 的审美主义倾向，并且为他提供了一个可靠的备选项。只有控制住你的生活并且将它置于突发事件之后，你才能完全施展出你的天性。唯美主义者或多或少沉浸于对已发生事件的幻想之中，而伦理层面的生活方式可以确保自我的完整性，即使偶然事件摧毁了你的目标和念想。

一种反驳这样解读《非此即彼》的说法是，这与他所声称的"这本书中没有说教主义"相矛盾。对此更进一步的反驳意见是，像克尔凯郭尔这样写作技艺高超的作家不可能通过这么干巴巴的拙劣方式来呈现出他自己最喜欢的生活方式。而我们也无从知晓为何他用最华丽的词句来描述唯美主义者 A，却塑造出一个古板自傲的威尔海姆法官来捍卫自己所喜欢的观念。

几乎不加掩饰的自传

克尔凯郭尔 21 岁时遇见了雷吉娜·奥尔森（Regine Olsen），那时她只有 14 岁。与《诱惑者日记》里的引诱者不同的是，克尔凯郭尔是奥尔森一家的朋友，他甚至还是雷吉娜的求婚者的好友。当奥尔森年满 17 岁时，克尔凯郭尔向雷吉娜求婚了，而她也欣然接受了。然而，克尔凯郭尔没有将这段婚姻维持很久，于 1841 年解除了婚约，也就是《非此即彼》出版的两年前，而他的这一行为让雷吉娜羞愤不已，之后便深陷抑郁。一些评论家注意到《非此即彼》中有些章节就反映出了他的这种处境，即他对心理学的分析远多于哲学部分的解析。

在这部分内容里，"此"展现的是追求感官愉悦的生活方式，这也是克尔凯郭尔年轻时所推崇的生活，但是如果结婚了，他就不得不放弃这种生活方式了。另一方面，"彼"展现的是婚姻及其必须承担的社会责任的有关案例。《非此即彼》一书可以被看作痛苦的文学式表达，而这种痛苦恰恰会导致婚姻的破裂。其哲学外表只不过是一个屏障罢了，但是在面临人生中的重大选择时，这个屏障并不能很好地掩饰住在动荡不安中备受煎熬的灵魂。

对《非此即彼》的这种解读可以说是非常精准的，但它与上述提及的两种阐释能够完全兼容。了解到有关克尔凯郭尔的这些传记式事实也算一件有趣又有用的事情。但是，他的作品最终成败与否完全不取决于他个人生活与这本书的关联，也不取决于为他的创作提供灵感的心理动机。

对《非此即彼》的批判

伪二分法？

我们并不能很确定 A 和 B 代表的两种生活方式是否涵盖了所有的可能性，也有可能出现 C、D、E、F、G 等人思考出来的结果。换句话说，克尔凯郭尔的看法似乎是，如果你拒绝接受美学层面的生活方式，那么你就只能选择伦理层面的了，反之亦然。然而，这是对克尔凯郭尔立场简化后的解读。克尔凯郭尔，或者说至少是埃莱米塔考虑到了一种可能性，即"此"和"彼"这两部分是由同一个人编写的。从这个事实来看，也许这两者并不像它们看起来那样完全互不兼容。我们也没有必要把克尔凯郭尔的理论解读为只存在两种可选项，也就是说，事实上，在他之后所撰写的作品中，他明确地指出了第三种生活方式，即以信仰宗教的态度虔诚地生活。

不确定性

我们现在应该可以明显看出，《非此即彼》一书有着许多种不同的解读，而作者的本意也让人难以捉摸。这本书似乎蕴含着深刻的道理，但是各界评判人士对此意见不一。有些人认为这是因为克尔凯郭尔没有办法接受他表达内容中存在的不确定性。这是他所运用的写作风格带来的后果，即运用虚拟人物去探讨极具生命力的哲学立场问题。因为这些虚拟人物是在例证他们的立场，而不是进行陈述，所以给人留下了可解读的余地。如果有些人只是想用简单的语言清晰地陈述出没有争议的观点，那么克尔凯郭尔要让这些人失望了，因为其展现出来的是更为诗学的哲学研究方式。

❈ **生平纪要**

公元 1813 年，生于丹麦的哥本哈根。

公元 1843 年，出版《非此即彼》。

公元 1855 年，逝世于哥本哈根。

❀ 关键词表

美学层面的生活方式（aesthetic approach）：一种基于追求感官愉悦感的生活方式，其中包括更为理性的感官愉悦。

作物轮种（Crop Rotation）：A 所说的摆脱无聊状态的小技巧，包括随机转变你的生活态度。

伦理层面的生活方式（ethical approach）：威尔海姆法官所提倡的一种生活方式。这是一种为自己的选择负责的生活方式。

享乐主义（hedonism）：追求快感。

作者佚名（pseudonymous authorship）：克尔凯郭尔的一个写作技巧，即通过虚拟人物的口吻阐述文章各部分。

❀ 延伸阅读

Patrick Gardiner *Kierkegaard* （Oxford: Oxford University Press，Past Masters series，1988）.

这本书简明介绍了克尔凯郭尔的包括《非此即彼》在内的各个作品，并将其置于哲学背景下进行探讨。

Donald Palmer *Kierkegaard for Beginners* （London: Writers and Readers，1996）.

这本书文风轻快，通俗易懂，并且也详尽地介绍了克尔凯郭尔的中心思想。

Joakim Garff *Søren Kierkegaard: A Biography* （Princeton and Oxford: Princeton University Press，2005）.

这本书的译者是金姆塞（Bruce H. Kirmmse）。该书详尽描述了克尔凯郭尔艰难的生活和古怪的性格。

Bruce H. Kirmmse （ed.） *Encounters with Kierkegaard: A Life as Seen by His Contemporaries* （New Jersey: Princeton University Press，1998）.

这本书中收录了克尔凯郭尔的朋友、家人和熟人对他的印象，内容十分精彩。

第二十一章
马克思和恩格斯的《德意志意识形态》第一部分

　　我们之所以成为如今的模样，是由我们现在这个时代的经济作用导致的，特别是我们与物质生产方式之间的关系塑造了我们的生活和思想。不存在亘古不变的人性。我们是时代的产物，同时也在这个时代中寻找自我。这就是马克思（Karl Marx）和恩格斯（Friedrich Engels）所著的《德意志意识形态》（*The German Ideology*）第一部分展现出来的核心观点。这本书对历史唯物主义进行了阐释。书中大部分内容几乎是一字一句抨击了那些试图重新解读黑格尔哲学的德国学者的著作，这些德国学者就是所谓的青年黑格尔派。这本书中的大部分内容都在探讨费尔巴哈（Ludwig Feuerbach）的思想，而这个作家与黑格尔（Georg Hegel）一样，都对马克思的思想发展产生过重大的影响。

　　今天的大部分读者在阅读《德意志意识形态》一书时都

会侧重于研读第一部分提出来的一些积极的理论，之后就会领略到作者对那些德国学者的作品的挑剔和批判。尽管伯林承认了这本经典之作的地位，其对此书的整体评价也只能用"乏味无趣"来概括了，他是这么说的："这本冗长乏味的作品结构混乱，其提及的观点及作者应该被人们遗忘在历史的长河中。这本作品在其引言中就对马克思的历史理论进行了冗长的阐述，其中大部分理论都是持久不变的、富于想象且令人印象深刻的。"

阅读《德意志意识研究》时，很重要的一点是注意到马克思和恩格斯所推崇的那种极端的研究方式。《关于费尔巴哈的提纲》（ *Theses on Feuerbach* ）是马克思在撰写《德意志意识研究》一书时写下来的，他在此书的最后一章概述了这种研究方法："哲学家们只是用各种方法解读这个世界，但是最关键的一点是要去改变它。"仅仅认识到"许多人被资本主义困在了毫无意义的工作和困顿的家庭生活中"这一点是远远不够的。我们需要的是一场改革，一场能够彻底颠覆社会的革新。没有人能够否认马克思和恩格斯确实成功地完成了改变世界这一目标。与之前提及的许多作家并不相同，这两个人不仅对学术界产生了深远的影响，还在世界范围内得到了响应。他们的著作造就了许多革命的成功，其产生的后续影响一直延续至今日，堪称奇迹。

历史唯物主义

马克思和恩格斯更喜欢称历史唯物主义理论为"历史上的唯物主义观点"，这种理论认为你所处的物质环境会决定你成为什么样的人。"唯物主义"在哲学上有好几种用法。比如，在精神哲学中，唯物主义认为仅仅通过纯物理学的术语就能够解释清楚精神世界。但是马克思和恩格斯并不是这样运用这个词的。在他们看来，与其说是"唯物主义"，不如说是我们与物质之间生产的联系，也就是说，从最基本的意义上来看，这是我们为了让自己和家人吃饱穿暖而不得不付出的劳动行为。在结构更为复杂的社会中，这还包括我们是否会拥有私人财产，以及我们与生财之道之间的关联等问题。

从这个意义上来说，唯物主义与那种忘记人类生活本质的哲学不同，后者只是在抽象的概念世界中四处徘徊。而唯物主义则聚焦于大多人类生活的残酷现状，也可以说，这就是它能够吸引大部分人注意的原因所在。从这个意义上来说，唯物主义是具有历史性的，因为它本身也承认物质环境会在时间的流逝中改变。比如，一个新兴技术足以完全改变社会以及构建这个社会的每一个人。再比如，蒸汽机的出现使得奴隶制的废除成为可能，这种机器能够比一百个奴隶更高效，且工作时间更长。

劳动分工

人们一旦开始生产其生活所需，就将自己同动物区分开来了。"他们生产什么"以及"如何生产"这两个特定的问题决定了人们的生活形式。随着社会的发展，顺利地进行生产所需的过程中所出现的社会关系就会变得越来越复杂。一个社会发展得越好，其中出现的劳动分工就越细致。

简单来说，劳动分工就是把不同的工作分配给不同的人。比如，在一个关系简单的社会中，每个人都要耕种、狩猎并且为自己搭建房屋。而在一个较为发达的社会中，上述的每一种角色的功能都会由不同的人来执行。

马克思和恩格斯认为，资本主义经济特有的极端劳动分工给人类生活带来了非常负面的影响。这种行为会导致人的异化，使个人劳动远离其生活。劳动分工使得个体变成一个体系中的无辜牺牲品，这个体系奴役人类，采取非人性化的手段对待人类。尤其是当体力劳动和脑力劳动之间出现分工的时候，这种情况对人类的伤害特别大，因为它减少了那些只会做枯燥艰苦的体力劳动的人充实生活的机会。在马克思和恩格斯看来，更为重要的一点是，它与普遍利益相悖。马克思和恩格斯设想的愿景是私有制被废除，每个人都可以在工作日中自由地承担一些社会角色对应的任务。按照他们的设想，在这样的社会中，我完全有可能"今天做一件事，明天再做一件事，抑或上午打猎、下午捕鱼、晚上放牛、饭后评书，就像我想象中的生活一样，不必非得成为猎人、渔夫、牧民或者评论家"。这种工作的前提是自由选择以及自愿完成该任务，而不是让工作变成一种单一的强制性行为，不工作就无法养家糊口。马克思和恩格斯总是将同情给予那些困于工作中的劳动者，因为他们不得不做自己不喜欢的工作，而且他们也是这种无差别对待的经济体系的受害者。

意识形态

与我们生活的其他方面面一样，所有宗教、道德以及形而上学的信仰都是我们与物质关系的产物。从传统思想的角度来看，一个时代的主流思想通常被认为是独立于利益阶级的，但是实际上这些观念不过是将统治阶级的利益合理地最大化了而已。马克思和恩格斯用"意识形态"这个词来代指那些作为特定经济社会体系的产物产生的观念。受到意识形态控制的那些人通常只是把他们的这些结论单纯地看作思想的产物。在这一点上，他们简直大错特错，因为他们的这些观点其实是在历史背景和社会大环境下得出来的。

革 命

当无产阶级，即付出了劳动却没有私有财产的工人阶级，对自己的处境以及压迫他们的意识形态感到极其不满的时候，就有可能爆发革命。马克思和恩格斯是革命的狂热推崇者。他们认为革命是不可避免的，也是值得称颂的。当无产阶级的处境每况愈下，社会变得动荡不安时，他们就会奋起反抗那些奴役他们的体制。在革命之后，财产私有制会被废除，为社会公有制让出发展空间。根据马克思和恩格斯的说法，这是一种对未来的展望，是基于历史形式和异化的确凿证据做出的预测。这种展望完全符合历史唯物主义，即要改变人们的观念，就要先改变带给人们这些观念的物质生产体制。

对《德意志意识研究》的批判

宿命论

对马克思和恩格斯提及的历史唯物主义最常见的一种批判是，这是一种宿命论。这种想法没有给自由意志留下任何可讨论的余地，因为我们的所作所为完全由我们在复杂的因果关系中扮演的角色决定。前因就是个体的社会经济地位。你是谁，你可以做什么事情，都不在自己的掌控之内。你是你所处环境的产物。

只有你坚持认为人类确实拥有某种自由意志且这种自由意志并非幻想的时候，这种批判才有意义。马克思和恩格斯可能很乐于听见别人把他们的理论称为"宿命论"，即使我们意识到宿命论只是一个程度大小的问题，而不是一个"有或无"的概念。很显然，马克思和恩格斯坚信，你会选择奋起反抗一个压迫性的体制，而人们的选择会加速历史车轮的滚动速度。因此，从这个程度上来说，他们并不是人类行为方面的宿命论者。

不切实际的工作理念

对《德意志意识研究》更进一步的批判是，它对于未来工作的描绘过于乐观，没有清楚地意识到劳动分工对国家发展的重要性。"在一个真正的共产主义社会中，你可以随心所欲地选择你想要的工作"这一观点是极其荒谬的。劳动分工基于对技能的分工，也就是说，有一些人只是比其他人更适合雕刻木制品，那么就让这些人成为木匠，让手脚笨拙的其他人去做其他工作，这才是劳动分工的意义所在。

如果我要制作一张餐桌，那么做同样一件事，我所花费的时间可能是木匠的5—6倍。而且那个雇用我或是麻烦我制造这么一张餐桌的人还要冒着得到一张质量堪忧的桌子的风险。木匠每天都在跟木头打交道，进而掌握了制造桌子的必备技能。我只是偶尔做做木制品，从来没有做出什么会产生价值的东西。因此，把工作分配给最合适的人选当然是件有意义的事情。如果让你上午当外科医生、下午当货车司机、晚上当职业足球运动员，只能说这种想法太荒谬了。

它本身就是一种意识形态

马克思和恩格斯的理论逃不出意识形态的范畴。如果这个理论是正确的，那么这个理论本身一定是物质生产体制的产物，而意识形态造就了这种体制。这似乎是说理论只是对历史和工作的本质进行理性思考后的产物，但是这只是人的错觉。这个理论其实是工业经济的产物。在工业经济中，大量的人被雇去做薪酬极低的工作，而这些工作几乎让他们失去了对自己生活的掌控。

毫无疑问的是，马克思和恩格斯会很乐于承认他们的理论是一种意识形态，因为将人们的注意力吸引到他们理论的意识形态本质上并不会扰乱他们的研究方式。从总体上来看，他们的著作与他们极力展现出来的资产阶级意识形态之间的区别在于，他们所展现出来的是无产阶级的意识形态。他们的观点符合工人阶级的利益需求，并以此寻求公平的处理。

然而，如果我们接受"《德意志意识研究》中的理论就是一种意识形态"这一观点，这就会产生一种后果，即如果希望这种理论适用于所有人，那么这种希望是会落空的。因为社会变迁，特别是物质生产方式会产生变化，所以有关人类本质和社会的哲学理论也要随之发生改变。

煽动革命

与马克思和恩格斯撰写的许多著作一样，《德意志意识研究》丝毫没有停止其对革命的极力推崇。它试图改变这个世界，而不仅仅满足于描述这个世界。有的评论家认为这一步跨度太大。你可以意识到当前体制的不足之处，但是也不应该建议人们动用武力来解决这种问题。革命会造成流血伤亡。对于人类而言，革命带来的代价远远超过其带来的任何好处，再加上革命有极大可能会失败，因此马克思和恩格斯有关革命方面的思想可以说是极不负责的。

这种言论并没有削弱马克思和恩格斯的论证方式的效力，只是对其推崇革命的道德性提出质疑。只有共产主义理想得以真正实现，人类为革命付出的代价才是有意义的。近几十年的历史表明，这种理想状态并不像它的推崇者相信的那样容易实现，更不用说一直维持这种状态了。

✳ 生平纪要

马克思

公元 1818 年，生于普鲁士的特里尔（Trier, Prussia）。

公元 1845—1846 年，和恩格斯一同出版《德意志意识研究》。

公元 1883 年，于伦敦逝世。

恩格斯

公元 1820 年，生于普鲁士的巴曼（Barmen）。

公元 1895 年，于伦敦逝世。

✳ 关键词表

异化（alienation）：通过衰弱效应使劳动与个体生活的其他方面之间产生距离感。

劳动分工（division of labour）：将不同工作分配给不同的人。

历史唯物主义（historical materialism）：这种理论认为，你与生产方式之间的关系决定了你的思想和生活。

意识形态（ideology）：特定经济体制的产物，也是一种观念。受意识形态控制的那些人通常只是把他们的想法单纯地看作思想的产物，但是实际上它是利益阶级的产物。

无产阶级（proletariat）：即工人阶级，除了出卖自己的劳动以谋生之外，其他一无所有。

❀ 延伸阅读

Jonathan Wolff *Why Read Marx Today？* （Oxford: Oxford University Press，2002）。

这本书对马克思的思想与现代相关性进行了清晰且中肯的评价。

David McLellan *Karl Marx* （London: Fontana，Modern Masters series，1975）。

这本书简单地介绍了马克思的思想，通俗易懂。

Ernst Fischer *Marx in his Own Words* （Harmondsworth: Penguin，1970）。

这本书主要通过马克思的精选语录介绍了其思想中的重要概念。

Francis Wheen *Karl Marx* （London: Fourth Estate，1999）。

这是一本很有趣的传记。

第二十二章
尼采的《善恶的彼岸》

按照弗洛伊德（Sigmund Freud）的说法，尼采（Friedrich Nietzsche）对自己的认知程度比任何人都要深刻得多。这种深刻的自我认知是通过一系列经过时间洗礼的著作展现出来的，这些著作中既有文学作品，也包含哲学思考。这些著作独具魅力，断断续续，又令人情绪激昂，但有时候读起来也让人心情舒畅。这些著作中所展现的并不是浅层次的分析，我们也无法就其内容的丰富性和多元性进行简要概述。不得不提的是，大部分内容都更像一个癫狂之人发出的咆哮，而这也预示着尼采最终的精神崩溃。反犹太主义者和法西斯分子在书中摘录出一些支持他们各自观点的理论依据，使得尼采的所有著作都平白无故地被蒙上了一层阴影。然而，那些纳粹分子认为很有意思的观点其实是他们对尼采哲学思想的一种误解。

《善恶的彼岸》（*Beyond Good and Evil*）一书中充满了各种各样的观点，但不是所有观点都已经成形，其中一些观点听起来甚至让人很不愉快。虽然这部作品略有瑕疵，但却不失为一个古怪天才的杰出之作。这本书中有许多深刻的哲学见解，但同时也包含着厌女言论以及对女性的一系列嘲讽，还包括对民族性格特征以及宗教的古怪概述。毫无疑问的是，尼采是 19 世纪最具影响力的哲学家之一。他的思想影响了一大批 20 世纪的思想家，包括弗洛伊德、萨特和福柯（Michel Foucault），同时还有其他领域的领军人物，比如小说家托马斯·曼（Thomas Mann）和昆德拉（Milan Kundera）。尽管尼采晚年声名鹊起，但在其还在世时，很少有同时代的人意识到其作品的重要意义和伟大之处。

从这本书的概述来看，你可能会把它想象成一本行文连贯、论证条理清晰的系列丛书，尼采在书中阐述了其对于真理、道德和心理学的看法。但是事实远非如此。整本书的言论都是断断续续的，大部分内容都很难解释清楚。与其说这本书里所说的是一个成形的论点，不如说这是各种思想的汇集。有一个章节里全部都是格言警句，即简短精辟的陈述；另外有一个章节由诗歌组成。而这本书中最富有哲学意味的部分是由一篇篇小短文组成的，这些短文之间似乎并没有什么关联。但是这些文章并不是那么容易读懂的，其中有的是一些长篇大论，有的像是从笔记本上撕下来的一页，未经审校就出版了。但是，任何情感细腻的读者在通读全书之后都会为尼采的才华所折服。

尽管尼采思考的范围极广，但还是有中心主题的，大部分主题都被标注成了单独的文章小标题。其中的一些观点是对其接下来的《道德谱系学》一书中的部分观点进行补充说明。从广义上来说，尼采在《善恶的彼岸》中先是对现代性缺陷进行了分析，之后笔锋一转，开始描述那种让人类有所进步的思想。他的目的在于扫清他所说的"自由精神"之路上的一切障碍，即为未来的哲学家们解决一切困难。在这些传统哲学观念中，尼采最关注的莫过于真理和表象。但是他坚信，迄今为止，哲学家们都没有看清他们自己的本来面貌。这些哲学家被柏拉图所说的"在表象之外还存在着一个客观世界，这才是有绝对价值的世界"这一观点迷惑了。与此相反的是，他断言，从某种角度来说，真理必定是真实正确的。在"绝对的善"和"绝对的恶"所在之处，他揭露了每个事物背后暗藏的心理源头，其周围的所有人都认为这种源头具有内在意义和价值。尼采的研究目的就在于判断出其所在社会的弊病症结。大部分时候他都摆出一副人类学家的姿态，审视其所处文化环境的价值。与其说他是一个科学层面上的人类学家，倒不如说他是诗化的预言家。

书名含义

这本书的书名将尼采的意图展露无遗，即任何对真理感兴趣的人都会超越简单的善与恶这种非黑即白的道德范畴，并且会意识到道德到底是什么。道德是基本生命力量的一种体现，尼采称之为"权力意志"。与尼采同时代的人推崇的价值观的起源极为隐秘，也就是说，这种价值观不是源自同情心和大爱，而是源自残忍冷酷以及超越他人的欲望。之后的哲学家要意识到这一点。而这会导致他们重新审视所有价值观。

权力意志

权力意志是驱使我们前行的基本生活力量。尼采坚持认为，大部分人都不承认存在的真相，也就是说，对于大部分人而言，这是他们与生活打交道的唯一方式。他们并没有意识到剥削和压迫是无法消除的，因为这是自然的基本组成部分之一。对于尼采而言，恃强凌弱是生活的一种本质特质。这种权力意志是我们所有一切的源泉。所有被认定为善或者仁慈的事物也能够在这种生活力量中找到源头。我们刻意隐瞒这个令人难以接受的真相，但是未来的精神自由者们会坦然接受它。

论哲学家们的偏见

尼采在《善恶的彼岸》开篇就将矛头对准了哲学家本身，他抨击这些哲学家们盲目自信于所谓的理性力量，而这种错误的自信引导他们得出了现有的结论。在一连串的刻薄评判中，尼采认为，在没有意识到这一点之前，哲学家们所做的不过是在将自己的偏见合理化，也就是说，他们只是在为其偶然间相信的事物找理由。所谓中立的思想产物不过是无意识的自我忏悔，即不经意间的自我剖析。比如，康德的道德哲学只不过是将他内心的欲念抽象化了而已，而斯宾诺莎为其道德哲学提供的准几何证明掩盖了他高度私人化的道德倾向，就好像这些结论都是中立的逻辑所得出来的一样。而这种公开抨击他的前辈们的做法，使人们发现尼采本人的哲学写作方式更加开放。尼采展现的观点极少有中立或者透明的。我们很难将他的著作当作公正且高度理智的精神产物。同时这也验证了他这本书前言中展现出来的雄心壮志，即他把哲学本身视为历史上亟待超越的一个阶段，就像科技发展逐步超越占星术一样。

真　理

传统意义上的哲学家们的观念中存在一个偏见，即真理远比表象重要。为了取代这种有关真理和表象的绝对对立关系的言论，尼采提出了一个新的假设，即在光谱中存在较浅或者较深的区域，并不是非黑即白的二分法式存在，就像一幅画中会有不一样的色调"明暗"一样。在真理这个问题上，尼采似乎采取的是一种玩弄激进主观主义的态度，这里他所指的"真理"表示的是"于我而言真实的事物"，但是大部分评论家都将他的立场解读为透视主义。从这一点来看，我们能够从各种不同的角度来观察任何事物，因此并不存在一个所谓中立的立场来进行观察。但是，有一些观察角度优于其他角度，也就是说，每个角度的价值并不相同（这一般是相对主义者所持立场）。

哲学家们更深层次的偏见在于，他们假定"真理带来的知识"会比"基于失误的生活"产生更好的结果。尼采再一次对这种观点表示质疑，他意识到，存在一种"危险的知识"，这种知识是人无法接受的，因为它不会告诉人们改善生活的方法。我们羞于提及有关真理的许多方面。在这一范围内，尼采加入了一点自己的见解，即无意识的过程能够成为最受我们推崇的价值源头。表象上的失误可能只是生存的一种先决条件。尼采认为宗教就是建立在扭曲事实的基础之上，在"使得许多人保持乐观心态面对世界"这一方面发挥着重要作用。尼采本人则坚信这个世界最终应该是由权力意志定义的。在这一点上，尼采呼应了马克思的"对于人们来说，宗教如鸦片"这一经典评论。

潜意识驱动

尼采对潜意识驱动的诠释对弗洛伊德产生了重大影响。尼采认为，人类已经越过了"前道德阶段"（此时最看重的是结果），进入了"道德阶段"（此时最看重的是动机，很显然康德的伦理学中有相关例证）。为了进入"超道德阶段"，也就是人类的下一重要阶段，我们需要越过简单的善恶之分，意识到我们的行为本身是来源于潜意识的，而不具备有动机的意识。

宗 教

就像在他之后出现的弗洛伊德一样，尼采坚信，宗教是一种精神衰弱症。在《善恶的彼岸》一书中，他抨击了所谓的宗教倾向，并将其判定为一连串的心理问题和伪善。他所推崇的是诸如高贵、优越感和自然等级制度等价值观，以及"少数超乎常人的天才通过超越群体道德而获得胜利"这一观点，而他所推崇的这些观念恰恰与基督教的价值观背道而驰。因此，对于尼采而言，宗教与其他已经存在的价值体系别无二致，也需要进行剖析，最终得以阐明。未来的哲学家们将会像超越传统道德范畴一样超越宗教，因为这些道德范畴通常都是从宗教中衍生而来的。

对《善恶的彼岸》的批判

反平等主义

对于尼采而言，理想似乎是一个强壮的英雄式个体，他蔑视群众道德，其行为与前者完全不同。他提倡力量与自由精神。在尼采看来，自由是强者的特权，而弱者则不具备自由的资格。他并不在乎大部分人的普遍福利。甚至于，尼采似乎鄙视普通人，因为在《善恶的彼岸》一书中，他认为给普通人看的书都散发着一股难闻的气味，也就是依附于那些书的小人物的气味。在尼采看来，普通人存在的唯一价值可能就是无意间给予天才以困境，以便他们借势茁壮成长。尼采思想中的这一点对法西斯分子特别有吸引力，任何人都倾向于相信自己远比旁人优秀，因此不受大多数人的道德规则的约束。批评尼采的人认为他的理论助长了反平等主义的偏见倾向。而另一方面，他的仰慕者则认为他的勇气可嘉，敢于打破被他们视为神论一般的"人人平等"这一概念。

反女权主义

尼采的反平等主义思想可能在他的厌女观点以及对"男女性别平等"这一观点的抨击中表现得最为明显。在尼采看来，"试图给予女性以平等于男性的地位"这一做法无疑是目光短浅的象征。比如，尼采的前辈密尔在其著作《妇女的屈从地位》中极力为"男女待遇平等"这一观点辩护。与之相反的是，尼采只是断言会出现一些令人不快的偏见，并且认为，如果女性不再争取平权，那么社会会好很多。像这样的评论揭露出了一些容易被我们忽视的现象，即尼采的著作质量参差不齐，而且其作品中的观点在伟大的哲学建议评判和概括性的谩骂之间摇摆不定，而后者足以引起对人类平等和自由最彻底的否认。

含糊不清

尼采的这本著作以及其他一些著作因其写作风格而导致读者需要参考大量的注解。比如，我们很难弄清楚尼采争论的观点是什么，他对此的态度到底是讽刺的还是认真的。研究尼采的学者在诠释其著作时总是纷争不断，而这一过程通常伴随着新的哲学立场产生。甚至于尼采本人对真理的基本立场都含糊不清，那么他一直是一个透视主义者，还是他的立场已经倾向于主观主义了呢？

彻底理清尼采的思想是一件激动人心的事情。然而，他展现出来的这些断断续续的想法太过宽泛，以至于存在完全不同的诠释和侧重点，因此，任何想要为理解尼采著作中的观点找到一条捷径的人似乎都会败兴而归。

尼采的写作确实很少像休谟或者密尔那样清晰明确。但是，这一点应该成为其优点，而不是为人诟病。尼采的著作具备创造性文学作品的优点，即人们可以对此进行不同的解读。而这种多样化的解读正得益于这种模糊性。他是一个充满诗意的哲学家，在很多方面都与克尔凯郭尔相近。尼采的著作好似一幅艺术品，开放包容而不是封闭的，也就是说，他的著作拥有一种激励读者产生自我见解的神奇力量，不管是支持书中观点，还是反驳其观点。

✳ 生平纪要

公元 1844 年，尼采生于德国萨克森州（Saxony）的洛肯镇（Röcken）。

公元 1886 年，出版《善恶的彼岸》。

公元 1887 年，出版《道德谱系学》。

公元 1900 年，在精神崩溃后的第 11 年逝世。

✳ 关键词表

透视主义（Perspectivism）：这一观点认为，从某一特定角度来说，真理总是为真。

主观主义（Subjectivism）：这个观点认为，对于一个特定的个体而言，真理总是为真，并且不存在任何客体。

权力意志（Will to Power）：是一种生活的力量，这种力量驱使我们成为现在的模样，最终也将引发我们所有的行为，无论我们是否意识到这件事情。

❋ 延伸阅读

Michael Tanner *A Very Short Introduction to Nietzsche* （Oxford: Oxford University Press，2000）.

这本书对尼采的主要作品进行了概述。

Alexander Nehamas *Nietzsche: Life as Literature* （Cambridge，Mass.: Harvard University Press，1985）.

这本书尝试将尼采的著作分解为一个个单一的部分，很有意思。尽管它探讨的内容繁杂，但是脉络清晰，行文流畅。

Ronald Hayman *Nietzsche: A Critical Life* （London: Weidenfeld & Nicolson，1980）.

这本书分析了哲学家的成长轨迹以及之后的精神衰退。

Lesley Chamberlain *Nietzsche in Turin* （London: Quartet，1996）.

这本书主要探讨的是尼采精神崩溃前的最后一年里发生的事。

第二十三章
尼采的《道德谱系学》

　　《道德谱系学》（*On the Genealogy of Morality*）是尼采最重要的著作之一。至少第一眼看上去，这本书的风格最接近于传统意义上的哲学论文。在诸如《查拉图斯特拉如是说》（*Thus Spake Zarathustra*）等其他著作中，尼采通常运用格言警句，即短小精辟语，迫使读者停下来思考其深意，这也就要求读者适应这种特别的阅读方式。相比之下，《道德谱系学》内含三篇文章，每一篇的主题都相互关联。这本书的核心主题是道德的起源。这本书的书名一般翻译为《道德谱系学》，但是有时候也会译为《道德性的谱系学》。其潜在的论证点在于，基督教传承给我们的道德观念已经过时了，甚至可以说已经远远落后于异教徒的思想了。尼采在他早期的一本名为《快乐的科学》（*The Gay Science*）的著作中声称上帝已死，即"上帝已经死了，但是考虑到人类的生活方式，之后的上千年依旧还会存在洞穴，在这些洞穴中还会闪现上帝的身影"（《快乐的科学》，第 108 节）。从某种程度上来说，

《道德谱系学》揭示了"上帝的缺失及其带来的道德后果"这一观念。我们从基督教的错误观念中继承了一些过时的道德概念。尼采带着愤怒的情绪揭露出了这些概念，他似乎认为这么做能够让我们看清这些概念对灵魂的束缚，有助于我们用更能提高生活质量的方式来取代这些观念。必须强调的一点是，这层含义在文中是委婉表达出来的，而非平铺直叙，也就是说，这本书中的大部分内容都聚焦于分析几个关键的道德概念的起源，包括心理学起源和历史渊源。

但是尼采的目的并不在于只是简单地将两种道德进行置换，他是想质疑道德本身的价值。如果道德上的善行只是嫉妒和怨恨等情绪的产物，是特定群体对周遭环境的反应，而不是自然世界亘古不变的一部分，那么它的最终意义是什么呢？我们并不清楚尼采是否给出了这个问题的答案，但是他确实意在于此。他使用的基本研究方法是谱系学。但这是什么意思呢？

谱系学

从字面上来看，进行谱系学研究就是追溯你的祖先印记，建立你自己的家谱。尼采用这个词来表示追溯特定概念的起源，主要是研究词意义变化的历史。他在语言学（即语言以及词源方面的研究）方面获得的训练使得他可以追踪他探讨的词意义的变迁。他在《道德谱系学》一书中运用了谱系学的方法，旨在表明人们被接收到的有关道德起源的观点误导。从历史上来看，诸如道德上的善行、愧疚、遗憾和自我牺牲这些概念都源于反对他人或者反对自己的痛苦情绪。

然而，谱系学并不仅仅是找到这些概念的历史，同时也对这些概念进行评判。通过揭露这些概念的真正来源，尼采试图揭示这些概念可疑的谱系，进而质疑这些概念在他那个时代道德体系中的崇高地位。每个道德概念都有自己的一段历史，而正是这个事实削弱了"它们是绝对正确的，可以运用于人类的任何阶段"这一观点的可信度。就如尼采的大部分思想一样，这种道德哲学研究方法极具争议，不管是其方法论还是其所谓的新发现。

第一篇："善恶"与"好坏"

在组成这本书的三篇文章中的首篇里，尼采提出了自己有关道德起源的理论，分为赞成和反对两部分，即用于道德背景下的"善""恶"二词。尼采在对英国心理学家的观点进行抨击之后才开始发展壮大自己的观念。这些英国心理学家声称，"善"之所以最初适用于形容无私的行为，不是因为这些行为本身是好的，而是因为这些行为对于获利方来说是有利可图的，只有这些人认为"善"是好的。渐渐地，人们忘记了这个词的起源，开始认为无私的行为本身就是善举，而不是因为这些行为带来的影响而被当作善举。

就像他自己说的那样，尼采抨击了这个观点，并且给出了一份道德概念的谱系图。他坚持认为，"善"最初用于贵族之间，贵族为了将自己与普通百姓区分开来才使用这个词。他们自成一种自我价值感，任何不能达到他们崇高理想人都低他们一等，都是"恶"的。在这篇文章中，尼采采取的"好坏区分法"（就像善恶区分法一样）通常是基于贵族的观点的，也就是说，贵族的行为是好的，而与之相反的是，平民百姓的行为都是坏的。

尼采用"无名怨恨"一词解释为什么他认为"善"这个词代表着无私行为。尼采用"无名怨恨"这个法语词指代我们现在所说的"善""恶"两词的心理学起源。值得注意的是，当尼采提及善与恶（与好坏一样）的对比时，他是从普通大众的角度出发来看问题的，而不是从贵族的角度，也就是说，他所说的无私的行为即为我们现在所说的"好"，而"坏"则对应自私的行为。

无名怨恨

无名怨恨是受压迫者的感受和情绪。尼采使用这个词的时候并没有把它当作"憎恨"的近义词，而是当作憎恨中的一种特殊类型。这是那些无力直面并回击压迫的人用以泄愤的方式，他们只在大脑中想象如何进行报复。据尼采所言，同情和利他主义等崇高的价值观就来源于仇恨以及复仇的欲望，而被贵族压迫的那部分人都能感受到这种情感。这既是对实际发生的事情进行历史描述，也是对造成这一切的肇事者的心理活动的洞察。平民百姓无法追求贵族的生活方式，于是他们在不断受挫中推翻了好坏价值体系。与其站在贵族的角度看待道德问题，平民百姓选择用自己的看法取代贵族的看法，进而彻底地扭转局势。平民认为贵族的生活方式是基于权势和武力的，因此是恶的，而那些贫穷可怜人的生活方式都是善的。

尼采将这种"彻底重估敌人的价值观"的做法归因于犹太教以及之后出现的基督教传统，并将其统称为道德层面的第一次奴隶起义。尽管我们并没有意识到这一点，但是我们还是对这次起义带来的结果有所传承，即这场起义维护了被压迫者的利益。在尼采看来，道德在这个世界上并不是一成不变的。道德更像是人类创造出来的，因此道德术语都拥有一段自己的历史，一段受人类心理状态以及特定群体利益影响的历史。从尼采的隐喻来看，羊羔认为猛禽是恶的，因此它们就把自己放在了猛禽的对立面，也就是说，羊羔一定是好的。尼采对于这一点的评论是，否认"有权势之人可以自然而然地展现出其权势"这一观点是极为荒谬的做法。从全书来看，他的话语很明显地告诉我们，他更倾向于同情猛禽，而非羊羔。

第二篇：良知

第二篇文章主要讲的是良知的演变，特别是让人感觉不好的良知。后者可以说是现代人都背负着的一种罪恶感，是社会生活中必定会存在的。

尼采进行论证的核心在于罪恶感的心理学起源是受挫本能。出于本能，人类能够从其强有力的行为中获得优越感，在折磨他人的时候更是如此。但是，随着人类渐渐社会化，我们向他人施虐的欲望渐渐被阻断，因此这种欲望的表达方式就慢慢弱化，之后便自我内化了。我们用这种罪恶感折磨自己，因为如果我们试图伤害别人，社会将惩戒我们。这是尼采曾总结出的一个普遍原则，即不能向外释放的本能都会内化，很显然罪恶感就是一个特例。弗洛伊德之后也会提及尼采所说的这个普遍原则。

在探讨良知起源的过程中，尼采指出，惩戒行为最初是独立于责任感而存在的，这种责任感包括对任何人的行为负责，也就是说，不管是不是你的过错，你都会因违约而受到惩罚。德语中"罪恶"一词的初始含义是"债务"。有罪之人指的是那些无力偿还债务的人。但是，"罪恶"变成了一个道德概念。尼采揭露这些概念背后鲜为人知的历史是为了展现出这些词现代用法的偶然性，即这些词可能会有其他用法，这些用法都不是其本身赋予的。这句话潜在的意思以及对"善"的来源的探讨似乎都在表明，重要的道德概念所代表的含义并不是一直保持不变的，它是可以通过人类巨大的创造性意识行为加以改变的。

第三篇：禁欲主义

第三篇文章并不像前两篇文章那样话题集中，它是从一个话题跳转至另一个话题的。然而，这篇文章的核心主题还是相当清楚的。尼采在此着重探讨了禁欲主义，即其推崇的节欲和克己的哲学生活是如何产生的。禁欲者通常比较提倡简朴、贫穷和自我鞭笞（既有字面意思，也有深层含义）等行为。他们可以避开生活中出现的愉悦感与充实感。尼采认为艺术家、哲学家以及牧师都有禁欲倾向。实际上，尼采认为，在一个遥远的星球上回望地球，会觉得其间满是自我厌恶的生物和令人生厌的地方，这些生物唯一的乐趣就在于尽可能多地伤害自己，即不伤害他人，只是伤害自己。这种普遍的趋势是如何演变出来的呢？生活怎么会变成这样处处针锋相对的情境呢？

尼采再一次用谱系图方面的术语予以回答。克己是手无缚鸡之力者的最后法宝。他们无力对这个世界产生任何影响，因而不再对外物产生任何欲念，就只能把这种力量对准自己。尼采在心理学方面著名的见解之一便是人类通过施暴获得快感。这种暴力不只是施加于他人身上，也就是说，我们甚至在自虐时也会获得快感。禁欲主义的欲念是一种自我折磨，这种折磨是那些对这个世界产生不了任何影响的人的最后武器，但是这种做法却成了一种为人称颂的理想状态。在尼采看来，这种趋向于自我毁灭的做法是极其荒谬的。

对《道德谱系学》的批判

根本性谬误

对于尼采在《道德谱系学》一书中所运用的方法最普遍的批判是，他存在一个根本性的错误。从某件事的一个阶段推导至现阶段的这种研究方式并不可靠，因此人们批判其存在根本性谬误。比如，从"nice"一词最初意味着"美好的"这个事实的基础来看，我们发现这个词现在的用法与"美好的"这一含义略有出入，并不能让我们看出这与这个词现在的用法有什么重要联系。或者我们来看看另外一个例子，从橡果慢慢长成橡树这一事实来看，我们并不能得出"橡树就是棕绿色的小坚果"这一结论，尽管这两者有诸多相似之处。一些批评尼采的人认为谱系学研究方法总是会出现这样的问题，因此，这种方法对道德术语的现代用法基本上是没有什么参考价值的。

然而，在《道德谱系学》一书中，尽管在某些地方尼采似乎是想说，由于一些道德概念源于人类痛苦的情绪，这些概念的最终价值遭到了破坏（也因此被人们视为犯下了根本性错误），但是，从书中大部分内容来看，他的目的在于揭示道德概念并不是一成不变的，价值观的重新评估已经在过去一段时间里重新开始了，也许现在我们还需要再评估一次。谱系学研究方法特别适合用于揭示"我们所认为亘古不变的事物终究会有所变化"这一观念。这种方法的使用并不会造成根本性失误。比如，为了质疑道德术语"善"一词的绝对用法，只需要说明其在过去的用法大不相同即可，没有必要说因为过去这个词的用法完全不同，所以这个词过去的用法一定会影响现在的用法。

缺乏证据

对于尼采在《道德谱系学》中的研究方式进行的更为深刻的批判在于，在这三篇文章中，他没有提供足够的证据来证明他的假想。即使我们也认同"词语'善'的古今用法可能完全不同"这一观点，抑或"良知和禁欲主义都是从弱化了的欲念演变而来"这样的观点，尼采对于这些特定谱系的论证都极其薄弱。尽管从心理学角度来看，他对研究的事物的感知非常敏锐，但是从历史的角度来看，是完全不着调的。如果没有历史方面的证据来支持他关于道德概念起源的断言，我们就没有理由相信他所说的这些观念反映了实际发生的事情。如果尼采想为自己的观点辩护，他最好是能够为曾经发生过的事情提供一个合乎情理的解释，那么他就能够成功地质疑我们沿袭下来的所谓一成不变的道德概念。也许最重要的一点是试着理解"道德概念的意义是会发生改变的"这一观点，因为这些是人类创造出来的，而不是大自然中等待人类发掘的那一部分。

恶意使用尼采的观点

从整体来看，也许对尼采的哲学最常见的批判是，其观点受到了反犹太主义者和法西斯分子的青睐，并且经常被他们引用。比如，有些纳粹分子认为尼采的观点与他们是一致的。如果不结合上下文而单独只看《道德谱系学》中的一些评论，它确实很有可能会被误认为是反犹太主义的，也就是说，尽管尼采对"犹太人对价值进行重估"这一行为表现出勉强的赞赏，但他也强调这是弱者最后的手段。他无法掩饰自己对于手握权力之人具备的高尚道德品质的同情之感。纵观尼采的整个哲学体系，他反复称颂权势，甚至不惜以牺牲弱者为代价。

然而，考虑到人们对于"他的思想被用到了歧途"的批判，仍有两点值得我们注意。首先，许多将尼采的哲学运用到这方面的人不得不对他的思想进行曲解以达到自己的目的。比如，虽然我们单独看尼采所写的一些句子时确实会认为他是反犹太主义的，但还是应该将这些段落与其他那些明确表明反犹太主义的段落对比起来看。其次，虽然尼采的很多观点似乎都是在推崇权势，但这并不意味着这些观点就一定是错的。阅读尼采的作品之所以如此具有挑战性，就是因为他在不断地否认我们一直以来认可的大部分信念。即使他没有成功地摧毁这些理念，他的文字也促使我们反思构成我们生活的基础和设定。

❀ 生平纪要

参见第二十二章。

❋ 关键词表

利他主义（altruism）：站在别人的立场上帮助他人。

禁欲主义（asceticism）：克己的生活方式。

不好的良知（bad conscience）：一种罪恶感，来自受挫的本能，向内的自我折磨。

谱系学（genealogy）：通过研究一个概念的起源来解释这个概念。

无名怨恨（ressentiment）：被压迫者感受到的一种特殊的怨恨。那些无力直面并回击压迫的人在大脑中想象如何为反抗压迫而进行报复。

❋ 延伸阅读

Richard Schacht（ed.）*Nietzsche, Genealogy, Morality*（Berkeley: University of California Press，1994）.

这本书收录了大部分有关《道德谱系论》的文章。有一些文章读起来相当困难。

Brian Leiter *Nietzsche on Morality*（London: Routledge GuideBook series，Routledge，2001）.

这本书对《道德谱系学》的核心主题进行了批判性分析，并将这些分析与当时的知识背景相结合，读起来大有裨益。

Aaron Ridley *Nietzsche's Conscience: Six Character Sketches from the "Genealogy"*（Ithaca: Cornell University

Press，1998）.

这本书包含作者对《道德谱系学》的独特解读。

若想了解更多延伸阅读推荐书目，可回看第二十二章末尾推荐。

第二十四章
罗素的《哲学问题》

　　罗素（Bertrand Russell）将这本小书形容为他所写的"耸人听闻的廉价小说"，也就是说这是一本为了大众读者而快速写就的书，其价格低廉、内容简短，但是却几乎印刷发行了一个世纪之久。尽管《哲学问题》（*The Problems of Philosophy*）一书并不是罗素最主要的哲学著作，但是与其所著的《西方哲学史》（*A History of Western Philosophy*）一样，都是最广为人们所阅读的罗素著作。尽管《哲学问题》一书写于1911年，首次出版于1912年1月，但是毫无疑问的是，直到20世纪80年代早期，它仍然被视为各大高校中这类专业学生的推荐书目。

　　这本书虽然简短，但是它持续受到推崇的最大原因在于罗素在这本书中呈现出来的哲学观念。书中的大部分内容是对诸如笛卡尔、贝克莱、休谟、康德以及其他伟大哲学家的著作进行简要概述，同时还包括罗素本人提出的原创见解。但是只有当罗素阐述他自己对于哲学价值以及界限的观点时，他对于这门学科的真诚和热忱才有所体现，这也就使得这本书得以升华，得以鼓舞人心。相比之下，这本书的其他部分就像已经给学生们讲过无数次的演说一般，枯燥乏味又抽象空洞。这本书在某些方面却又没有表现出其作为哲学导论的初衷，也就是说，只有那些哲学基础知识扎实的人才能了解罗素说的每一句话，因为他的论证有时候过于凝练简洁。

书名的含义

尽管书名为《哲学问题》，但是书中涉及的哲学问题并不宽泛。它主要聚焦于研究我们能够获得的知识的限度，即哲学领域所说的认识论。至于伦理学、美学、政治哲学、宗教哲学以及其他重要的哲学领域，本书只是一带而过，略有提及。

书名中选择用"问题"这个词意味着罗素把它与数学难题相提并论了，也就是说，他认为这些是类似于等式以及其他需要解答的事物。但是罗素指出，哲学与其他学科的不同之处在于，其他学科可以直接得出正确答案。这就是罗素在整本书中一贯秉承的哲学观点，这个特点在最后两个章节里尤为突出。

什么是哲学？

很多人，包括过去一些伟大的哲学家，抱着解决诸如现

实的终极本质、对错、美学等大部分形而上学的问题的期待
开始研究这个学科，但是在罗素看来，这只是研究者的空想。
哲学并不会给予我们简洁的答案。哲学家质疑，但他们通常
找不到问题的答案。事实上，罗素也承认，对于哲学家们提
出的大部分问题，哲学确实没有办法很好地回答一二。但是
这并不意味着研究哲学就是浪费时间。我们通过提出深奥的
问题使得生活变得更加有意思，并且我们也能借此揭露出那
个隐匿于平和外表下的更为危险的世界。

因此，任何想要通过研究哲学进而获得现实本质的知识
的人恐怕都会败兴而归。然而，哲学可以为我们提供一些把
不太确定的信念组合起来的可能性，以得到"如何获得知识"
这一问题的不同见解。即使哲学不能给我们肯定的答案，它
也可以帮助我们在基本信仰问题上少出差错，这远比我们未
经验证就轻信于这些观念好。

尽管从历史的角度上看，许多哲学问题最后都变成了科
学问题，但是哲学和科学之间还是存在着诸多不同。对于我
们而言，即使我们不研究科学，它也是非常有用的。也就是说，
不管我们是否理解支撑新发明的科学理论，都不妨碍我们享
受医学、基于技术的科学以及其他方面的科学带来的便利。
哲学与此大不相同。那些学习哲学的学生会因对文章的深度
研究而大受影响，但是那些没有研究过哲学的人看起来只能
受到哲学学生的影响；那些没有真正研究过哲学的人是不可
能从哲学中获得任何益处的。

然而，罗素声称，哲学真正的价值在于其不确定性。如

果你从来没有质疑过你的信仰，那么你就会听信各种偏激的想法，也不会带着批判性的思维对这些观点进行评估。但是，如果你开始怀疑之前似乎不存在矛盾的信仰，那么在哲学的帮助下，你就能把自己从"惯性暴政"中解放出来，在好奇这个世界的奇异之处以及我们自身的处境时不会带着过多的主观感情。各种可能性的出现大大丰富了我们的想象力。哲学沉思让我们逐渐远离了对于我们生活的纯粹个人关注，引领我们逐渐变成了"宇宙公民"。在这种不偏不倚的精神影响下，我们的思想通过沉思得以变得伟大。而上述所有因素都体现出了哲学对人类的价值所在。

　　一种传统的哲学研究方法（现在被称为"理性主义"）试图通过先验来证明现实的本质，也就是说先验是独立于任何经验之外的，仅凭借纯理性进行推断。与这一点不同的是，罗素提供的依据更贴近洛克对哲学家的描述，也就是后来被称为科学上的"低等劳动者"的人（尽管罗素并没有指明这个想法的来源）。对于罗素而言，学习哲学就是一个探索原则的行为，我们在科学研究和日常生活中都时有接触到这些原则，然后再对这些原则进行批判，以揭露其中的不合理之处。罗素坚信，这并不会产生足以毁灭一切的怀疑主义，置所有事物于质疑之中。实际上，《哲学问题》的一个主题就是，有些信仰是毋庸置疑的，比如"我们的感官经验是真实存在的"这一观点。相较之下，"客观存在的物体把它们的真实模样呈现在了我们面前"这一说法就会引起相当程度的哲学质疑。书中的大部分内容都着重于研究我们所知道的世界，而与此有关的知识，我们都是通过感知和理性获得的。

表象和现实

是否存在一个非常肯定且任何理性之人都不会怀疑的知识？这是罗素在开篇就提出的一个问题。如果我们观察一张桌子，它在我们看来似乎是有特定形状、颜色和质地的。但是，我们可以确定它本身就是它外表所展现出来的那样吗？比如，如果我们对自身的经验进行更加仔细的分析研究，很快就会发现，桌子"真正的"形状有时候是我们根据所见到的其他事物类推出来的。一个长方形桌子的四个角并不是从任何角度上看都是直角。当我说我看到那里有张桌子的时候，从某种意义上来说，我是在质疑我所看到的事物。罗素使用了更为中立的"感官材料"一词来代指我们所看到的事物，即颜色与形状的色块。感知是精神层面上的行为，而罗素认为，感官材料是我们看到的事物，但并不完全是精神上的产物。我所看见的事物以及出现在我眼前的事物都是感官材料。我拥有的是一份感官材料，但是我却误认为那是一张真正的桌子。我看见某种事物拥有特定的颜色和形状，也就是说，感官材料是我们得以接触到真正的桌子的方式。但是，感官材料似乎与我们认为的真实桌子并不完全一样。那个真实的桌子似乎并不是感官材料，也就是说，也许我们的桌子是红棕色的椭圆形，但是我现在所感知到的，也就是感官材料显示出来的，是一张黄棕色的平行四边形的桌子。

贝克莱（Bishop Berkeley）对此问题的回应是，应该宣称不存在独立于感官材料而存在的真实的桌子，即并不存在这个问题。我们感知到的就是事物的本来面貌。罗素并不赞同这种唯心主义。他意识到，假设只存在我自己的思想以及思想产生的经验，似乎在逻辑上也不存在荒谬之处。同时，认为人生就是一场梦在逻辑上也没有什么问题。罗素将我们常识中假定的"事物可以独立存在于我们的世界之外，而且与其表象所呈现出来的并不相同"这一例子称为本能信仰，这种解释更有见解，是为首选（之前，罗素认为道德价值的信仰也是出于本能，但是后来他改变了这个想法）。罗素坚信，我们所有知识最终都依赖于这样的本能信仰，也是从这样的本能信仰中建立起来的。

认知型知识和描述型知识

罗素的重要观点之一就是要区别开认知型知识和通过描述得来的知识。对于他而言，显然我们拥有关于真理的知识和关于事物的知识。我们拥有的关于事物的知识既来源于认知，也来自描述。认知型知识是我们所有知识的基石，其中包括我们对于已经熟知的事物的直接感知。因此，我们来举个例子，我拥有关于我的感官材料的直观知识，即认知型知识。我通过观察得以获得这种知识。但是同时，我们也在通过自己记忆中的认知获得知识，并且当我们在进行自我反省的时候，还会获得感官的认知知识。

　　与认知知识相比，通过描述得来的知识能够带给我们超乎直观认知的知识。描述型知识包括"一个人从未去过澳大利亚，但是他知道堪培拉是澳大利亚的首都"这一事件的发生。因此，在罗素看来，就像我们所看到的那样，我们并不具备有关客观事物的知识，只拥有感官材料，所以我们对真正的客观事物的认知也是通过描述获得的，这种知识与感官材料不同。通过描述获得的知识是我们用以超越自我的直观经验，让我们得以慢慢了解还未接触到的世界。在《哲学问题》一书中，罗素声称，我们理解的任何观念最终都一定是建立在我们熟知的知识之上的。

先　验

　　康德最出名的一个论断就是，我们可以通过纯粹思考那些一定适用于我们所有经验的原则来进行知识学习，因为这些原则正是思考的必要条件。那些被称为"先验"的知识，即我们所知的独立于经验而存在的知识，从传统意义上来说，都在分析型真理的范畴之内，即从定义上看为真的知识，比如"所有光棍都是未婚的"。与此相反的是，康德声称，应该存在复合型先验知识，因为事物的先验知识在定义上不一定为真。他把我们对于时空以及因果关系的知识都归在了这一范畴之内，也就是说，他坚信，我们所有的经验以及所有可能会获得的经验中都包含着这些因素，因此这只是我们理解力的一个特征，而不是世界的本来面貌。但是，罗素驳回了康德的这些结论，罗素认为，先验知识只关乎事物之间的关系和性质，跟世界本质并没有直接联系。

归　纳

罗素在书的第六章中重点强调的所谓"归纳的问题"与休谟的观点惊人地相似。为什么我们所有人都认为太阳明天一定会升起？这只是因为它之前一直都是东升西落罢了。那么我们有充足的理由认为未来一定会和过去有相似之处吗？在这方面，我们假定大自然会保持一致性。但是，想想那只农民喂养的鸡。就像罗素所说的那样，在农民拧断它的脖子之前，"在鸡眼里，有关大自然一致性的详细观点似乎是很有效的"。

我们不得不承认，对于未来而言，过去基于自然的一致性得出的经验并不是完全可靠的，也不能完全按照过去的指引前行。这是因为我们还没有遇到过违背大自然一致性的反例而已，但是这并不意味着反例不存在。只不过出现这种反例的可能性极低罢了。就像罗素所指出的那样，这就导致了两种后果。我们不能证明通过经验归纳出的原则是可靠的，因为那样做是在回避这个问题，即用归纳法来验证归纳原则。但是同样地，我们也没办法证明未来未必与过去不一样。

对《哲学问题》的批判

哲学重点偏移？

罗素将哲学描述为一种将我们从个人关注的事物中脱离出来的方式，它能够揭示我们自己感到怀疑的地方，进而化解教条主义带来的弊端。这个观点容易引起质疑。罗素曾经的学生维特根斯坦并不喜欢《哲学问题》这本书，在一定程度上可能是因为维特根斯坦在"哲学是什么"这一问题上独具见解。对于维特根斯坦而言，至少是在他晚年时候，哲学是一种需要脑力进行疗愈的事物，也就是说，哲学问题往往都源于语言产生的推力迫使人们去做他们做不到的事情。研究哲学应该是一个揭露神秘的过程，而不应该营造神秘感。

从一个不同的角度来说，尼采在《善恶的彼岸》一书中声称，哲学是一种无意识情况下产生的自传，它被其他事物裹挟着，以至于看起来似乎比较普遍。如果这个说法是正确的，那么这将会损害到罗素的另一个观点，即哲学只是将我们从个人层面中脱离出来，达到更普遍的层面。如果尼采所说是真，那么所有哲学观点都充斥着哲学家们自己的个人偏见和真实欲望。

参考文献标注过于乐观

在这本书的结尾之处，罗素声称那些想要多了解一些哲学知识的学生会发现，阅读伟大哲学家们撰写的原著会比看哲学概要指南"容易得多，而且受益匪浅"。他列举了柏拉图、笛卡尔、莱布尼兹、贝克莱、休谟和康德的著作。罗素的这些建议反映出了 1911 年值得大众阅读的参考书目。他推荐的一些书目，特别是斯宾诺莎的《伦理学》，对于初学者来说实在不是很友好，其他读者读起来也会很费劲。

大部分学生在刚开始学习哲学时确实会从原著阅读中获益匪浅，这种方式或许之前很奏效，但是并非一直有效。现在来看，最开始阅读一些优良的启蒙类著作或许会更容易上手，也更有效，在每个章节末尾处的"延伸阅读"中提及的书目都是我极力推荐的这种入门级读物。我们都很清楚，资深哲学家搞不清楚对于一个哲学初学者而言，学习哲学是一件多么困难的事情，这样的例子比比皆是，已经成为一种普遍现象。对于很多学生来说，如果不提前看看评论或者主旨概要就贸然开始阅读斯宾诺莎的《伦理学》，这无异于自己去撞南墙一般。

✳ 生平纪要

公元 1872 年，出生。

公元 1911 年，撰写《哲学问题》。

公元 1912 年，出版《哲学问题》。

公元 1970 年，逝世。

✽ 关键词表

先验（a priori）：独立于经验之外的知识。

认识论（epistemology）：知识体系。

认知型知识（knowledge by aquaintance）：我们通过经验直接得来的知识。

描述型知识（knowledge by description）：我们间接学会的知识。

形而上学（metaphysics）：哲学的一个分支，主要研究现实的本质。

理性主义（rationalism）：试图凭借思想的力量探寻现实的真理。

怀疑主义（scepticism）：对基本信念进行质疑。

感知（sensations）：我们体验到的事物在我们脑海中的呈现。

感官材料（sense data）：我们可以看见的事物以及其他感知。

✽ 延伸阅读

Ray Monk *Bertrand Russell* （2 vols，London: Vintage，1997 and 2001）.

Russell *Autobiography* （London: Routledge，2000）.
第一本传记引起了不少纷争。有些批评家并不喜欢雷·蒙克（Ray Monk）对罗素性格和私生活的描述，认为其缺乏同理心，但与此同时，另外一些人则很欣赏蒙克的通透和写作风格，认为其将罗素的哲学理解得非常透彻，并且清晰地表达了出来。至于罗素本人是如何看待自己的生活的，可以参见他自己撰写的第二本书。

第二十五章
艾耶尔《语言、真理与逻辑》

　　大部分人有时候会废话连篇、满纸胡言，而有些人则每时每刻都是如此。但我们还是很难判断出是哪些人在制造这些无意义的事物。在《语言、真理与逻辑》（*Language, Truth and Logic*）一书中，艾耶尔（A. J. Ayer）向我们展示了一个"废话探测仪"。他认为这个探测仪是值得信赖的，并将这个意义重大的双向检测称为"验证原则"。艾耶尔通过这个测试告诉我们，大量哲学作品根本就不配被归类为哲学，因为这些作品内容空洞，毫无意义。他的建议是，我们应该把这些著作都搁置一旁，转而专注于真正与哲学有关的事情，即理清哲学概念的真正含义。在他运用了验证原则之后，哲学这门学科中剩下的需要研究的东西就比人们认为的传统意义上的哲学少得多。比如，在艾耶尔看来，完全没有必要研究形而上学。

　　艾耶尔在其26岁生日之前出版了《语言、真理与逻辑》，在当时，这是一本打破传统观念的著作，这本书试图改变哲学以及哲学化的本质。但它本身并非原创，因为其中的大部分观点都来源于休谟，抑或来源于所谓的维也纳学派，即 20世纪 20 年代末期定期对哲学进行研讨的一群知识分子，这群知识分子还创建了"逻辑实证主义"这一思想学派。然而，艾耶尔是第一个也是最著名的集大成者，他将这些观点进行了归纳总结，并用英语出版发表。

验证原则

人们很容易就会认为，所有言论要么都是对的，要么就都是错的。但是，还有第三种陈述存在，即那些既不为真亦不为假的无意义陈述。艾耶尔所说的验证原则就是用以找出这第三种陈述的。因此，我们来举个例子，我现在正在这台机器上打字，这是真实的，而如果说我是在这台机器上手写文章，就是假的。但是"没有颜色的绿色思想在沉睡"这句话就明显是毫无意义的。最后这句话相当于一句废话，也就是说，虽然这句话是由词语组合起来的，但它既不为真也不为假，因为我们不可能找到任何可以判定它真假的标准。

验证原则对任何观点都提出了两个问题。首先，"从定义上来看，它是真的吗"；其次，如果它不是真实的，那么"原则上来说，它是可以被验证的吗"。任何能够通过这两个问题的考验的观点，即要么定义上为真，要么可以验证为真的观点，都是有意义的。任何无法通过考验的观点都是空谈，因此我们不必认真对待。

实际上，艾耶尔通常并不探讨观点，而是探究命题。命题是组成观点的基本逻辑结构，也就是说，其关键点在于"猫坐在垫子上"这一观点所表达出来的命题同样可以用另一种语言表达出来。不管是用法语还是用斯瓦希里语来进行表达，都不影响这个观点的真伪。因此，用不同语言表达出来的同一观点对应着同一命题。同样地，艾耶尔也经常提及"假定的"命题。这里使用的"假定的"一词是为"它们可能根本就不是命题"这一可能性留有余地（也就是说，它们可能根本就没有意义）。因此，这里的"假定的"一词仅仅意味着"假设的"。

我们现在来认真思考一下验证原则的第一个问题，即"从定义上来看，它是否为真"。从定义上来看为真的命题的一个例子就是"所有光棍都是未婚人士"。没有必要对这个观点的真实性进行调查研究，也就是说，那些已婚却声称自己是单身汉的人都对"单身汉"这个词的意思进行了错误解读。这个陈述是同义反复论述，也就是说，从逻辑上看，它确实为真。另一个定义为真的例子是"所有猫都是动物"。同样地，也没有必要为了弄清楚这个观点是否为真而进行探究，即仅从词语的定义上来看，它确实为真。这类陈述有时候也会被称为分析式真理（这里所使用的是"分析式"一词在专业层面上的含义）。

相比之下，诸如"大部分单身汉都很邋遢"以及"猫一般都活不过 30 年"这样的言论都属于经验主义。为了判断这些言论是否正确，我们还需要对其进行一定的观察。除非你对这些言论都进行过研究，不然就没有办法确定它们是否为真。这些言论声称其能够反映现实。它们不仅诠释着每个词的意思，同时也反映出词代指的某些世界特征。这种言论是通过验证原则的第二个问题进行验证的。

艾耶尔也提及上述经验主义的言论，并质疑："从原则上来看，这些观点是可以被检验的吗？"这里的"可以被检验的"一词只是意味着这些观点能够表现出其真伪。"可以被检验的"一词会让人产生少许困惑，因为在日常用语中，检验某件事物就等同于表明它为真，但是艾耶尔认为，表明某物为假也同样是检验的一种。他的这个问题中包含"从原则上来看"这一短语，这是因为大量有意义的言论是无法被证实的。比如，在人们开始太空旅行之前，科学家可能声称月球是由石灰石构成的。实际上，这一说法是很难被反驳的，但是，从原则上来看，反驳这个观点其实非常容易，即取一块月球岩石标本，检测一下它是不是石灰石。因此这是一个有意义的言论，尽管我们在陈述这一观点时还不能断定其真伪。同样地，即使出现"月亮是芝士冰激凌做成的"这种荒谬的言论，它也是有意义的，因为我们很明显可以看出这是个伪命题。我们再次认识到，艾耶尔使用的"有意义的"一词包含着特殊含义，这一点非常重要，因为在日常用语中，我们很少会说一个伪命题是有意义的。验证有关过去发生过的事件的言论的真伪是一件特别困难的事情。"只要在原则上可检验"这一要求会引出诸多问题，而这些问题会在评估这些言论价值的过程中有所体现。

由此，我们可以得出的结论是，当艾耶尔在思考一个假定的命题时，他只考虑三种可能性，即该命题为真且有意义、为假但有意义、毫无意义。而最后一类命题，即毫无意义的言论，则是他在《语言、真理与逻辑》一书中的重点研究对象。

根据艾耶尔所说，很多哲学家都被蒙在鼓里，他们一直坚信自己正在研究的观念是有意义的，但是实际上，就像艾耶尔的验证原则所揭示的那样，他们所写的东西毫无意义。在哲学领域中，艾耶尔很喜欢用"形而上学"一词来代指这些毫无意义的研究。一个形而上学的言论会说明一些为真的事情（也就是有意义的事情），但是因其既在定义上不为真，也无法通过经验得以验证，所以这些言论实际上是毫无意义的。

可验证性的强弱

对于艾耶尔而言，如果他坚持要求定义上不为真的有意义的言论必须可以被验证，那么就会出现一个问题：一般来说，经验主义的主张并不会为结论性证明所约束。比如，以"所有女人终有一死"这一普遍观点为例。虽然你能够观察到很多女性都会有生命结束的那一天，但是你永远都无法证实这个观点是绝对正确的，只能说这很有可能是对的。这对于实践性目标已经足够了。但是如果艾耶尔坚持使用他所说的强验证性，即任何有意义的经验主义言论都必须有结论性经验依据，那么只能说他把标准定得太高不可及了。

相反，艾耶尔采取的是弱验证性。对于一个有意义的经验主义言论而言，只需要一些观察即可，这些与言论相关的观察将会决定该言论的真伪。这些观察方式不一定非得说明这个言论到底是真是假。

一些批评艾耶尔的著作的人指出，强验证性和弱验证性之间的差别本身就是毫无意义的，因为不管从实践角度还是原则上来看，没有任何一个经验主义言论可以满足强验证性的要求。然而，艾耶尔在该书第二版的序言中建议道，他所谓的"基本命题"是可以得到最终验证的。诸如"我现在很痛苦"以及"我觉得这个柠檬有点苦"之类的命题都属于上述基本命题。这些命题都是难以改变的，这也就意味着你是不会在这方面犯错误的。

形而上学与诗歌

有些人为形而上学辩护，其给出的一个理由是，尽管从字面意义上来看它确实是毫无意义的，但是它所带来的影响与诗歌一样，因而这种思想活动还是值得推崇的。艾耶尔严厉抨击了对于形而上学的这一辩护。首先，艾耶尔指出，这种试图将形而上学与诗歌进行类比的行为是基于对诗歌的误读。尽管诗歌有时候表达出来的是伪命题，但是诗歌中极少存在无意义的词句。即使某些诗歌确实毫无意义，其中所选用的那些词也是为了押韵。形而上学本身试图变得有意义，变得真实。形而上学家并不打算撰写一些空洞语。但是很不幸的是，他们却一直在做这种无意义的事情，这是不可否认的事实。即使是用诗歌特性等其他方面的术语对其进行解释，也掩盖不了这个事实。

通览《语言、真理与逻辑》全书，我们可以看出艾耶尔的主要目的在于消除形而上学。他专注于语言研究，因为他坚信语言常常对我们产生误导，让我们误以为自己在做有意义的事情，但是实际与之恰恰相反。这种对语言的高度关注，是 21 世纪上半叶英国和美国出版的大量哲学读物的显著特点，有时候这种特点会被称为哲学上的"语言学转向"。

在此，我们将对艾耶尔在有关词意义的研究上采用的激进研究方法带来的后果进行解析。但是首先我们得知道艾耶尔是怎么理解"哲学"的。

哲　学

对于艾耶尔而言，哲学的作用是非常狭隘的。哲学并不是一个属于经验主义的学科，也就是说，这是它和科学有所不同的地方。科学所包含的是有关世界本质的言论，并且提供了有关事实的知识，而哲学的作用在于解释清楚概念的定义代指的含义，尤其是科学家们使用的概念。哲学更多聚焦于语言，而不是通过语言描绘出来的世界。本质上来说，它是逻辑的一个分支。实际上，艾耶尔在《语言、真理与逻辑》一书中所写内容，看似是在向我们阐明"有意义的"这一概念并且追溯其含义，实质上是哲学活动的一个范例。

归纳问题

艾耶尔对归纳问题的处理方式为我们提供了一个很好的例子，使得我们有机会了解他处理传统哲学纷争的方法。一般情况下我们认为，归纳问题在于我们相信基于过去的观察总结出来的事情也将适用于未来，但是我们很难为这一观念给出令人满意的解释。我们怎么能够确定未来一定与过去相近呢？太阳昨日升起，过去的每一天人们都观察到太阳东升西落，但是最终这并不能证明它明天也会照样升起。但是我们每个人都对这种归纳出来的结论非常有把握，坚信这是所有科学的基础。

自从休谟在 18 世纪第一次提出了这个问题之后，哲学家们一直在试图证明归纳法的使用是有理可依的。艾耶尔的研究方式与众不同。他只想弄清楚这个问题。他认为这是一个伪问题，也就是说这并不是一个真正的问题。他之所以这么认为，是因为这个问题不可能有一个有意义的答案。因为从原则上来看，每一个真正的问题都能得到有意义的回答，而这个并不能，因此我们应该把它搁置一旁。

他的推理过程如下。归纳法只有两种可能存在的有意义的类型，且这两种都不属于上述问题的范畴之内。第一种是基于为真的定义来进行证明，也可能是基于"归纳"或"真理"。但是这种是行不通的，因为这样贸然尝试证明会犯下一个根本性的错误，即假设任何结论都可以从有关定义的言论中得出。然而，定义方面的词句知识仅能告诉我们词或者其他符号的用法。

第二种证明类型是经验主义上说的可检验性。比如，有些人可能会认为归纳是一种可靠的推理方式，因为我们过去都运用得很好。但是，正如休谟所见，这只是在用归纳法证明归纳法罢了。我们很明显无法接受这样的说辞，因为这是在回避问题，即它假设归纳法是可靠的，而这恰恰就是问题症结所在。因此，艾耶尔得出的结论是，不存在任何有意义的解决方法。因此，所谓的归纳问题就算不上一个真正的问题了。

数 学

总体上来看，数学上的命题很明显都一定是有意义的。如果艾耶尔的分析表明这些数学命题都没有意义，那么我们就有很充分的理由拒绝接受他的理论。因此，艾耶尔是如何向我们证明数学命题都是有意义的呢？他只有两种选择：这些数学命题要么在定义上为真，要么就是能够通过经验得以验证（抑或两者兼备）。

几乎没有哲学家会说"7 + 5 = 12"这一等式是通过"每次在7个事物上加上5个事物后，最终都得到12个事物"这样的方式归纳出来的。这种观点毫无可信度。因此，艾耶尔得出的结论是"7 + 5 = 12"这一等式从定义上来说就为真，这只是一个我们如何使用"7""+""5""="以及"12"这些符号的问题。但是如果"7 + 5 = 12"这一等式在定义上被判定为真，那么同样地，"所有光棍都是未婚人士"这一观点也可以被认为是定义上为真，而艾耶尔需要解释的是我们会对数学上的发现感到如此惊讶的原因之所在，因为根据他的理论体系，问题的解决办法一定隐藏在其表述之中。最终，所有数学等式都相当于"A = A"这样的同义反复，这一点非常明显。因此，我们在数学方面的发现有什么意义呢？

艾耶尔对此的回应是，尽管数学上的言论都是定义为真的，但是有一些数学上的真理并不是第一眼看上去就是真实的。我们拿"91 × 79 = 7189"这一等式来举例子。与"7 + 5 = 12"这一等式相比，这个等式成立得并不那么明显，但是它在定义上依旧为真。我们需要通过计算来验证这个等式的真伪，而最后来看，这种计算其实是一种变相的同义转换。但是由于我们并不能够第一眼就确定这个等式为真，所以，虽然它并没有给我们提供任何实用的新知识，但我们还是会觉得这个过程分外有趣。

伦理学

艾耶尔在《语言、真理与逻辑》一书中表现出来的对伦理学的态度也是最容易引起纷争的一个部分。他的基本信仰是，大部分情况下，对于事物对错的判断都只不过是一种情感的表达，就像"嘘"和"万岁"这样的口语表达一样是没有任何意义的。他通过自己提出的验证原则得出了这个结论。

在仔细研究了伦理哲学之后，艾耶尔找到了四种这方面的言论。首先，有一些伦理学术语方面的概念。比如，我们会在一本伦理学书籍中找到"责任感"的详细定义。其次，存在对道德现象及其形成原因的具体描述。比如，描述了一种良心上的不安以及早期道德或者宗教熏陶对这种不安的影响。再次，还有艾耶尔所谓的"道德美德方面的劝诫"。举一个最简单的例子就是，希望读者都信守诺言。最后，就是"现实中的伦理评判"。类似于"对别人施以酷刑是一种道德上的罪恶"的言论都属于这一类。

艾耶尔认真地考虑了这四种类型的言论。第一种，即定义为真的言论，是他认为唯一一种可以被纳入伦理哲学的言论。这一类型（伦理学术语的定义）包括了所有定义上为真的言论，因此这类可以通过艾耶尔的"是否有意义"的检测。第二种，即道德现象的描述，虽然也通过第二个问题完成了检测，并且也被认为是有意义的，但是这类并不属于哲学范畴。它们是通过经验主义得以验证的，因此这类言论属于科学分支，在这种情况下，可能属于心理学，也可能属于社会学。第三种，即道德美德方面的劝诫，既不为真也不为假，因此从字面意义来看是根本没有意义的。这种类型既不属于科学，也不属于哲学。

艾耶尔在最后一类，即伦理评判上花费了不少心思。这些言论通常情况下都会被认为是构成伦理哲学的因素，并且从传统意义上来说，我们都认为这类言论是有意义的。艾耶尔认为，这些言论既不能从定义上判定为真，也不能通过经验主义来进行检验，因此，这些言论确实都是毫无意义的。

如果我说"你闯进了我家，这样做是错误的"，那么我一定是以一个肯定的语气在告诉你"你闯进了我家"。这个声明中"这样做是错误的"这句话添加得毫无意义。如果我概括出了"闯进别人家是错误的"这一观点，即使"错误的"一词指的是伦理方面的意义，而不是法律层面的含义，那么我还是发表了一个毫无意义的言论，这个言论既不为真也不为假。这一言论只是表达出了对于破门而入这一行为的情感态度，试图让倾听者产生相似的情感态度而已。如果你反过来驳回了我的观点，认为"闯进别人家没什么过错"，其实没有什么事实可以用以评判我们之间谁对谁错。对于破门而入这件事，你只是在发表另外一种可能出现的情感态度而已。

这种对伦理评判的描述被称为"情绪主义"，这会造成的一个后果就是，在"这一行为是对是错"这一问题上没有办法进行一场真正的争论。看似争论的事情最终往往会变成一连串的情感表达，没有什么关键性的言论让我们能够判断出该伦理立场的真伪，因为这些立场都既不为真也不为假。从本质上来说，这些并不是真正的命题。

宗　教

艾耶尔对待"上帝是存在的"这一观点的态度与其摒弃大部分伦理哲学观点的做法一样饱受争议。他声称，这一言论在定义上不为真，在原则上也没有办法根据经验进行验证。它在定义上不可能为真，因为定义仅仅只是揭示了词的各种用法，但是并不能证明任何事物的存在与否。艾耶尔斩钉截铁地拒绝了"用经验依据来证明上帝的存在"这一说法。因此，艾耶尔声称，"上帝是存在的"这一言论本身就毫无意义，它既不为真也不为假。

这种观点甚至都没有一个专门的术语可以形容，但是它确实与传统意义上探究上帝存在的方法大为不同。从传统意义上来说，个人要么相信上帝的存在，要么就是一个无神论者（坚决认为上帝是不存在的），抑或是一个不可知论者（认为没有足够的证据来判断前两者的真伪）。然而，艾耶尔所持立场与这三种都不相同，因为他们都认为"上帝是存在的"这一言论是有意义的，只不过他们分别认为这个言论为真、为假或未知。因此，"上帝是存在的"这一言论属于形而上学的范畴，而形而上学则被艾耶尔认为是毫无意义的，且不应该在哲学范围内进行探讨。因此，"上帝是否存在"这一困扰了伟大哲学家们数千年的问题，在艾耶尔看来根本不值得研究，因为这个问题根本没有办法回答，而且不值得哲学家们花费大量精力去研究。

对《语言、真理与逻辑》的批判

难于实践

即使我们能够接受艾耶尔的验证原则，将其作为区分有意义言论和无意义言论的方法，但是实践上可能仍会遇到一些困难。

比如，我们应该如何判断某个命题在原则上是否为真呢？换句话说，在这一背景下，"从原则上来说"这一短语到底是什么意思呢？艾耶尔举出的一个形而上学的例子是，稍微有点想象力的人都会声称"事实只有一个"，这一说法在原则上就是可以被验证的。设想一下，表象的面纱突然间掉落，我们得以瞥见现实本质的本来面貌，那么我们就可以对"事实只有一个"这一言论进行观察，并且判断出其真伪。这是否就意味着"事实只有一个"这一说法在原则上是可以验证的呢？艾耶尔并没有给我们留下足够的信息来解释到底什么才是实践中的"原则上可检验"，也没有告诉我们在特殊情况下如何判断一个言论是否为形而上学观点。

在运用验证原则的过程中，一个实践上更大的难题在于怎样确定那些不太明显的同义反复现象。在艾耶尔对数学的探讨中，他认为，即使我们不能马上确认某些言论为真，但是从定义上来看，它们确实如此。这种观点产生的一个结果就是，我们可能会忽略掉很多看似是形而上学的言论包含的同义反复现象。

把每个命题都作为一个独立体看待

有一种反对意见直指艾耶尔运用的常规研究方式，即艾耶尔将这些命题看作独立于复杂的意义关系网之外的存在，但实际上这些言论依然受制于这个意义之网。这个观点是由哲学家奎因（W. V. O. Quine，1908—2000）提出来的。

比如，艾耶尔似乎认为，我可以只判断"重力作用导致太空飞船落回地球表面"这一言论的真伪而不考虑其他任何相关联的观点。但是，为了判断这一言论是否属于形而上学的范畴，我需要运用科学依据以及其他一系列前提设定，而其中的大部分都参与了我们使用的语言的构建。

自相矛盾

对艾耶尔的这本书最严苛的批判在于，验证原则本身似乎都没能通过意义测试的考核。

这个原则在定义上是真的吗？不一定是。那么它能够通过经验得以验证吗？似乎也很难做到这一点。因此，根据它的定义，这个原则本身就是无意义的。如果这个批判成立，那么艾耶尔的整个理论体系大厦将瞬间倾覆，因为他的理论全部都依托于"任何有意义的命题都将通过这一原则的检验"这一观念之上。

艾耶尔对此的回应是，验证原则在定义上为真。就像数学等式"$91 \times 79 = 7189$"一样，从定义上看，它的真实性并不是特别明显，这也就是我们觉得有趣的原因所在，并且我们也因此称之为一个全新的发现。然而，艾耶尔并没有说清楚他的验证原则从何而来，也没有通过任何计算来验证。这个原则的正确与否我们无从得知。

或许，验证原则本身就只是一个设想，它建议我们按照这个原则要求的那样运用"有意义的"词。但是如果事实真的如此，那么按照它自己的标准来看，这个原则相当于一个表述情感的形而上学的言论了，而这恰恰是艾耶尔极力从哲学领域中剔除掉的那类言论。

因此，不管从哪方面来说，艾耶尔的验证原则都是自相矛盾的，且这种批判对其理论体系的杀伤力极大。

❋ 生平纪要

公元 1910 年，生于伦敦。

公元 1936 年，出版《语言、真理与逻辑》。

公元 1989 年，在伦敦逝世。

❋ 关键词表

情绪主义（emotivism）：该理论认为道德判定是一种无意义的情感表达，它既不为真也不为假。

经验主义的（empirical）：来源于经验。

逻辑实证主义（logical positivism）：哲学的分支，极力推崇验证原则的使用。

有意义的（meaningful）：定义为真或者原则上可以验证的。

形而上学（metaphysics）：对于艾耶尔而言，这是一个被滥用的词。他觉得这个词就是"空谈"的近义词。

归纳问题（problem of induction）：这个问题就是要

把我们依赖的大量归纳结论合理化。从逻辑上来说，我们没有办法保证未来与过去是相似的，但是我们所表现出来的就像我们认定会这样一般。

命题（proposition）：一句话表达出来的思想。同一命题可以用不同语言进行表述。

伪命题（pseudo-problem）：并不是真正的问题。从传统意义上来看，它有时候是一个问题，但是实际上并不是。

同义反复（tautology）：一个必然为真的言论，诸如"该是什么就是什么"，抑或"所有光棍都是未婚人士"。

验证原则（Verification Principle）：对言论是否有意义进行的双重检验，即在定义上不为真，在原则上也无法通过经验进行验证的言论就是没有意义的废话。

❈ 延伸阅读

Stephen Priest *The British Empiricists*（Harmondsworth: Penguin，1990）.

这本书里包含了艾耶尔的著作的一个章节。

Bryan Magee *Men of Ideas*（Oxford: Oxford University Press，1988）.

内含对艾耶尔的访谈内容。.

Oswald Hanfling *Ayer*（London: Phoenix，1997）.

这本书简要概述了一下艾耶尔的哲学理论及其重要性。

Ben Rogers *A. J. Ayer: A Life*（London: Vintage，2000）.

这本传记在介绍艾耶尔的哲学的同时，还细致地刻画出了他的形象。

第二十六章
柯林伍德的《艺术原理》

　　艺术是什么？这个问题可不好回答。能够被我们称为艺术的事物千千万万，但是并不是所有的都担得起艺术之名。大部分人都会承认，伦勃朗（Rembrandt）的自画像和巴赫（J. S. Bach）的赋格曲都可以称得上是艺术，但是很多其他事物都还有待讨论。人们甚至在"杜尚（Marcel Duchamp）的著名作品'清泉'（Fountain）是否为艺术品"这一问题上都没有达成一致，"清泉"是杜尚设计的一款陶瓷小便池，并在其上署名"R. Mutt"，该作品于1917年在伦敦的一个艺术公开展览上展出。在有些人看来，这是20世纪艺术的一个重要代表作，但对于另一些人来说，这只不过是一件哗众取宠的小玩意儿，与其说这是一件艺术品，不如说这是抱着开玩笑的态度对艺术展进行的讽刺抨击。

　　当人们提出"艺术是什么"这个问题的时候，他们很少会问到这个词的用法。这也就是为什么词典中的定义没有解释清楚这一问题。当人们问这个问题的时候，他们通常只是在探索"到底是什么让一个事物能够被称为艺术"这一问题能给他们带来的启迪，并且坚信，对于我们来说，能够称得上为艺术的事物一定具有某种价值，至少有某种潜在价值。作为活跃于两次世界大战期间的牛津大学哲学家，柯林伍德（R. G. Collingwood）在其《艺术原理》（*The Principles of Art*，1938）一书中详细描述了如何区分被我们称为艺术的事物和真正称得上为艺术的事物。许多我们称之为艺术的事物担不起艺术之名，也就是说，它们并不是艺术本身，只不过是"所谓的艺术"罢了。艺术本身涉及一种特定情感的表达，在这一表达过程中，艺术准确阐明了其中表达的情感的本质。尽管当柯林伍德在20世纪30年代撰写这本书之时，诸如柏拉图、亚里士多德、奥古斯丁（Augustine of Hippo）、黑格尔、休谟、尼采等众多伟大的哲学家已经写过有关艺术的内容了，但是这对于一个英国哲学家而言，是一个不同以往的主题，而柯林伍德的部分灵感来源于意大利哲学家克罗齐（Benedetto Croce）。

柯林伍德是谁？

与其他哲学家不同的是，柯林伍德是一个兴趣广泛之人。在编写《艺术原则》的同时，他还写了一本有关哲学历史的书，这本书也具有一定的影响力。他待在英国的时候，还在古罗马考古学上投入了大量的心血。柯林伍德的父亲是一位著名的水彩画家，而柯林伍德自己也会画画，因而他既了解绘画原理，也明白艺术创造的实用意义。他对视觉艺术家们画画的理解给予了他研究的灵感，这也在《艺术原理》一书中有所体现。比如，书中大部分内容都在探讨艺术家的创作过程，而不是观者感受，尽管后者也有所提及。柯林伍德不同寻常的一点还体现在，他坚持认为有些所谓的艺术会败坏道德，而"道德上的救赎"还需通过真正的艺术才能得以实现。

技术层面的艺术理论

柯林伍德对被其称为技术层面上的艺术理论进行了严厉抨击。这是他对一类观点的总称，即艺术只不过是将原材料通过特定的方式转换为某种反应的一系列技术手段。技术理论将艺术视为一种工艺，也就是说，在这个观念中，艺术家将原材料变成某种符合其预设蓝图的事物。木匠首先会画出一张桌子的设计图，然后使用木材、钉子、清漆和胶水这些材料做出一张和设计图里相差无几的桌子。同样地，有些人认为，艺术家就是那些通过艺术技巧将诸如画布、颜料、词或者声响等原材料转化成艺术品的人。

但是艺术不是一种工艺吗？

柯林伍德常常深受"艺术本身并不包含工艺或者设计"这一观点困扰，但是他自己并不赞同这一观点。很显然，这个观点是十分荒谬的，其引起的纷争不计其数。比如，米开朗基罗肯定在爬到西斯廷小堂的穹顶上作画之前就预先想好了整个雕刻过程，然后再运用各种技巧使得他手中的各种颜料和石膏等原材料变成预想的模样。如果他之前没有想好，那么我们今天看到的可能就是一团乱麻，而不是一件伟大的艺术作品。但是，在柯林伍德看来，这种工艺并不是艺术的本质，因为艺术中的大部分内容并不包含工艺。从原则上来说，很多艺术作品完完全全是在艺术家的脑海中创造出来的。因此，这种手艺并不能使得一件事物或任何创造出来的东西成为一件艺术品。在柯林伍德看来，艺术家里最典型的例子莫过于将黏土玩弄于手指间的雕刻家，他们慢慢地把黏土捏成一个跳舞的小人。但是他是边设计边捏小人，并没有按照任何预先设想的计划将手中的原材料变成某个具有特定特征的形象。

所谓的艺术

巫术

柯林伍德热衷于区分所谓的艺术和真正的艺术。所谓的艺术中包含两大类，即巫术和娱乐艺术。巫术是一种由仪式产生的艺术，它能够让人从情感上产生共鸣，进而在仪式进行中产生宗教效果。这种艺术不仅包括其他文化中具有宗教意义的艺术，同时还涵盖了我们国度特有的艺术，即爱国乐曲。诸如《统治吧，不列颠尼亚！》(*Rule, Britannia!*)和《星条旗之歌》(*The Star-Spangled Banner*)等歌曲都被视为巫术的一种表现形式。但是巫术本身并不是真正的艺术，因为从原则上来看，巫术只是为了达到某种目的而采取的一种手段，它激励人们有所行动，鼓励人们以适当的方式发泄自己的情绪，并通过这种方式将其目的刻在人们的脑海中。这种艺术的价值极大程度上取决于它的实际价值，这也是巫术和真正的艺术的不同之处。

娱乐艺术

同样地，在很多人看来，娱乐艺术似乎就是真正的艺术的一种表现形式，但是柯林伍德并不认同这个观点。娱乐艺术是一种纯粹为了娱乐大众而创造出来的艺术，并不是真正的艺术。柯林伍德警示我们这种艺术带来的负面影响，即这样的艺术会激发特定的情绪反应，如大笑、愉悦和消遣时间等。但是它是通过触发人的即时反应得以实现的。与之相比，正如我们所见，真正的艺术要求观众能够沿着艺术家创作的历程重新感受一遍。因此，柯林伍德坚持认为娱乐艺术是会毁人心智的。这种艺术是会败坏道德的，因为它让人们远离了本来的生活，并且让人们相信自我娱乐是世界上最重要的事情，但是真正的艺术却需要观众投入其中，以提升他们的自我认知和自我意识水平。

在柯林伍德看来，巫术和娱乐艺术都是工艺的表现形式，尽管这两者与艺术相近，但都不是真正的艺术。

真正的艺术

通过表达来明确情绪内涵

柯林伍德的目的并不只是具有破坏性。就像他指出所谓的艺术并不能被称为艺术的原因一样，他对真正的艺术的含义给出了一个积极的解释，即真正称得上为艺术的艺术。艺术家们通常并不会从一个预设好的目标或者蓝图着手，而是会从其想清晰表达的情感开始，也就是柯林伍德所说的情感萌芽。"萌芽"一词只是意味着"还没有完全成型"。在柯林伍德看来，创作一件艺术品的过程就像和一种尚不清晰的情绪作斗争一样，通过使用诸如颜料或者黏土等媒介材料，艺术家得以逐渐明确他们想表达的具体情感。我们把这个过程称为情感的表达。情感表达与情绪外泄不同。如果我现在很生气，那么我面红耳赤的模样以及高声说话的样子都会让其他人知道我现在十分愤怒，也许我自己都还没有意识到这一点。这些都是我生气时表现出来的状态。但这并不是柯林伍德所说的情感的表达。换句话说，艺术创作是一个自我理解的过程，也就是说，"一边设计一边创作"的这一过程是艺术作品的一大特征，这个过程能够不断明确我们想要表达的情感，也能够让我们清楚地了解这一情感到底是什么。直到这种情感通过艺术的方式完全得以表达出来的时候，艺术家们才会知道到底是哪种情感，也就是说，在此之前表达的情感都是模糊不清的。因此，艺术创作是一个让艺术家感知到某些情绪存在的过程，但是直到艺术作品完成之前，这种感知都只是艺术家的预先认知罢了。

感受艺术

当人们在观赏一幅画作时，他们之中一定有人能体会到画家创作时的心境。观者对作品的体验本身就是一种情感的表达，这是一种对艺术家借艺术品表达的情感的接受。

对《艺术理论》的批判

狭隘的本质主义

对柯林伍德定义艺术的方式的一种批判是，这种方式带有本质主义色彩。他认为，所有艺术都有一个本质特点，他将这个普遍存在的特点认定为情感表达的特定形式。在他之后的一些研究艺术的哲学家认为，最好把艺术理解为一种被维特根斯坦称为"家族相似性"的这一术语。也就是说，在我们所熟知的各种艺术之间存在着高度重合的相似性，但是却没有一个普遍的特征来定义这种本质，也没有哪一种特征使得它们都值得被称为艺术。从这个观点上来看，柯林伍德的错误在于过度关注情感的表达。这使得他把许多本应属于艺术的事物排除在艺术范畴之外。艺术并不总是需要表达出来，即使大多数情况下确实如此。柯林伍德错在认为所有艺术都有共通之处。

道德说教过于乐观

在柯林伍德看来，艺术并不是一两句话就解释得清楚的。艺术使得文化得以向前发展，它能够揭露出观者内心深处的秘密，并让观者通过感知艺术作品来重现其情感表达的过程。在《艺术原理》一书中，柯林伍德使用非常严肃的口吻来阐述各个观点，比如，他抨击所谓的艺术对道德的败坏。他还对电影和广播进行了抨击。从某一方面来看，这本书表达的观点已经有点过时了，但是实际上，直至今天，"不存在电影艺术"这一说法仍然会引发不少争论。在这本书的最后一行，柯林伍德写道，艺术是治疗"最糟糕的精神疾病"的良药，即治愈意识上的堕落。在他看来，艺术不仅仅是生活的一种写照，还是治愈人们的灵丹妙药。很多读者会发现，柯林伍德对于艺术本质的描述似乎是可信的，但是这种描述更倾向于把艺术异化为一种对观者的改革式道德治疗，这种治疗将我们的文化从道德和心灵的折磨中拯救出来。他这本书写于 20 世纪 30 年代，当时纳粹大屠杀还没有出现。而那些犯下暴行的纳粹中，有一些人是歌德的忠实读者，还有一些经常出席莫扎特和贝多芬的音乐会。鉴于这一事实，"艺术能够保障道德的存在"这一观点并不能服众。

❈ 生平纪要

公元 1889 年，生于英格兰的兰开夏郡（Lancashire）。

公元 1938 年，出版《艺术原理》。

公元 1943 年，在英格兰的坎布里亚郡（Cumbria）逝世。

❊ 关键词表

所谓的艺术（art so-called）：柯林伍德的专用术语，用于形容那些可能被称为艺术但担不起这个名称的事物。

真正的艺术（art proper）：柯林伍德用这个术语来区别所谓的艺术。

情绪外泄（betraying an emotion）：比如，通过行为和声音来表现情感。这与情感的表达完全不同，因为在柯林伍德看来，情感的表达需要一种更为复杂的自我意识。

工艺（craft）：将原材料按照某种计划或者蓝图转变为一种预设好的成品的过程。这样的工艺通常需要旁人教授以及自身不断优化。

表达（expression）：弄清楚情感萌芽的过程。

情感萌芽（inchoate emotion）：一种尚不能准确表达出来的情绪。柯林伍德坚信，艺术家们通常会拥有一种情感的萌芽，然后再借用某种能够让他们表达这种情感的媒介使之逐渐清晰化，进而促使观众产生共鸣。

艺术的技术理论（Technical Theory of Art）：将工艺视为艺术的理论。

❋ 延伸阅读

R.G. Collingwood *An Autobiography* （Oxford: Clarendon，1982）.

柯林伍德的这本自传首次出版于 1939 年，该自传精简短小，可读性极强。

Patrick Derham and John Taylor （eds.） *Cultural Olympians: Rugby School's Intellectual and Spiritual Leader*s （Buckingham: University of Buckingham Press）.

这本书中收录了大量的柯林伍德的文章。

Aaron Ridley *R.G. Collingwood* （London: Phoenix，1998）.

这本书中对柯林伍德的艺术理论的评论既简短精彩，又合情合理。

Nigel Warburton *The Art Question* （London: Routledge，2003）.

这本书更为简洁地概述了"什么是艺术"这一问题，并且引用了柯林伍德理论中的一个章节。

第二十七章
萨特的《存在与虚无》

对于存在主义而言,《存在与虚无》(*Being and Nothingness*)一书是如《圣经》一般的存在。尽管这本书中写的存在主义是第二次世界大战后席卷欧洲和北美洲存在主义运动的核心,但是它本身却极其晦涩难懂。即使是专门研究存在主义的人都很少能将这本书理解透彻。如果没有欧洲哲学的相关背景知识,那么你可能会觉得连引言读起来都非常困难。然而,尽管大部分读者初次尝试阅读这本书时都会感觉十分艰难,但是通篇读完之后还是会觉得值得一读。《存在与虚无》一书对人类困境进行了深入的探讨,这在20世纪出版的哲学著作中是少有的。其简练的表达既能给人以启迪,又能鼓舞人心。萨特是小说家兼剧作家,他的这些经历在一些特定情景的描写中展露无遗,而这些部分是这本书重要的组成部分。

《存在与虚无》的核心主题都被高度概括进了一句高深莫测的话中:"意识的本质既是'成为它不是的东西',也是'不成为它是的东西'。"这句话乍一读似乎十分拗口,感觉是作者在故弄玄虚，但实际上这是萨特对人类本质的总结。我会在本章内容中解释清楚这句话的全部含义。

现象学研究

萨特在《存在与虚无》一书中表现出来的一个显著特征是侧重于详细描述实际情况或者想象的情形。这并不仅仅是萨特特殊的写作风格，也是他运用现象学研究方法的一种特征。萨特深受哲学家胡塞尔（Edmund Husserl，1859—1938）的影响。胡塞尔坚信，通过描述意识所含内容，我们就能够把"是否真的存在看似是意识的事物"这一问题搁置一边，进而得以探究事物的本质。对于胡塞尔而言，哲学中最重要的一个部分就是其可描述性：我们应该描述我们的经历，并不应该仅仅只是在抽象的层面有所体现。

萨特接受胡塞尔思想的最后一个方面，但却并不认同其"仔细审视我们的意识所含内容，就能够揭露出所思考的事物的本质"这一说法。对于萨特而言，实践中所运用的现象学研究方法的意义在于，他能够着重于观察活生生的例子，而不是从科学层面或者心理学层面通过经验描述出来的人类。而这种研究方式带来的结果是其文章变成了一个奇怪的混合体，既有高难度的探究，又有生动难忘的小说情节描述。

存 在

《存在与虚无》整本书的基础是存在的不同形式之间的根本性差异。萨特注意到有意识的存在和无意识的存在之间有着巨大的差异。他将前者称为"自为的存在",将后者称为"自在的存在"。自为的存在的一大特点就是能够被人类感知到,《存在与虚无》一书中大部分内容都在阐释这种存在的主要特征。但很遗憾的是,萨特并没有给出"非人类的动物是否可以归入自为的存在这一范畴"这一问题的回答。相较于自为的存在,自在的存在指的是无意识事物的存在,比如海滩上的一块岩石。

虚 无

正如书名所示,虚无在萨特的这本书中同样发挥着重要的作用。他将人类意识特性描述为我们存在核心中的一条裂缝,也就是虚无。所谓意识通常都是关于某个事物的意识。它从来都不是单独出现的。它能够让我们将自我投射过去,也能帮助我们展望未来。

当我们意识到某物的缺失时,我们就能明显感受到这种虚无感。你和你的朋友皮埃尔约好下午 4 点在咖啡厅见面。你迟到了 15 分钟,而你的朋友已经不在那里了。你意识到他缺席了,他并没有来,因为你一直期待着与他的会面。这和拳王阿里(Muhammad Ali)不在咖啡厅的感觉完全不同,因为你之前并没有和阿里约好在咖啡厅见面。你也可以玩一个考验智力的小游戏，即把所有不在咖啡厅的人都列出来，但是这种情况下，只有皮埃尔的缺席真正让你产生遗憾，因为你只是期待与他的会面。这种现象，即人们具备意识到事物缺失的能力，被萨特称为超意识的一部分。这与他的自由观念是紧密相连的，因为正是我们有能力看到事物已经完成的一部分或者有待完成的一部分，世界上才会充满各种可能性。或许它是在某些情况下才向我们展示出这样的一个世界。在其他情况下，被萨特称为"坏的信仰"的某种特殊的自我欺骗能力占上风，这样我们就意识不到自身自由的真实状态。

自　由

萨特坚信，人类是拥有自由意志的。意识是空洞的，它并不会左右我们的选择。尽管我们感觉自己会被过去做的决定牵绊，但是实际上并不会这样。我们可以自由地选择我们想许下的愿望。世界并不总是能够按照我们的愿望发展，这是无可否认的事实。但是，就像"我们的出生时间"和"我们的父母是谁"这样的事实一样，这是萨特所说的"真实性"的一个方面，而生活中的方方面面都可以用这个术语来表述。尽管我们不能改变这些事情，但是我们可以试着改变我们面对这些事情的态度。

在个人自由的问题上，萨特的立场有些极端。他无视任何有关"人类完全由其遗传天赋以及成长经历塑造"的理论。

在萨特看来，人类的一大特点就是他们有能力选择自己成为什么样的人。然而，萨特也指出，事情并不是这么简单，也就是说，人类的意识不断地跟"坏的信仰"纠缠在一起，而正是这些"坏的信仰"阻止了我们实现自由。

坏的信仰

萨特对坏信仰的探讨被人们誉为 20 世纪最为经典的哲学文章之一。在这本书中，他将哲学家、心理学家和小说家这三重身份进行了完美结合，同时他所运用的现象学研究方法也为其带来了无数成就，这是许多空洞的有关自我欺骗的哲学探讨所无法企及的。

我们需要意识到的很重要的一点是，萨特并没有把自欺行为当作一个老生常谈的哲学话题，也就是说，坏信仰是自我欺骗的一种特殊的类型，而这一类型只有在认可自由意志的理论中才成立。坏信仰本身就是一种谎言，人们为了自由而选择相信这种谎言。同时，这也是人类意识中很容易出现的一种情形。

设想一下萨特对于第一次约会中女性一方的描写。在第一次约会中，男方就对这位女性产生了非分之想。她知道这个男人对她感兴趣的本质所在，但是她选择对自己撒谎，把诸如"我觉得你很迷人"这样的言论故意理解为一种无伤大雅且不含性暗示的赞美之词。在他们整个对话过程中，这位女性一直刻意维持着这种自我欺骗的状态。但是，他后来拉住了她的手。如果继续把手放在他手上，这样的行为无异于调情，但是如果就此把手拿走，就意味着"打破了那种会让人陷入麻烦之中的不稳定的和谐状态，而这种和谐状态恰恰证明了她的魅力所在"。那么她应该怎么办呢？她并没有把手收回来，但是很奇怪的是，她本身对这种做法既不赞成也不反对，与此同时，她还对自己的人生进行了一番高谈阔论，强调自己拥有独立人格，不只是拥有肉体而已。她此时就深陷于坏信仰之中，因为她知道男人的真正意图，却进行了自我欺骗。她自欺那个男人是被她的思想吸引，以此来回避"她在回应对方的性暗示"这一可能性。但是她仍然处于坏信仰之中，因为她拒不承认自己也不过是一介凡人，进而否定了自己的行动自由以及为自己行为所负的责任。她试图把自己的手看作一种自在的存在，而非接受"男人手里的那只手是自己的"这一说法。

在坏信仰的阐述中，萨特举的最出名的例子就是咖啡厅服务员。这个服务员似乎被这个角色限定了。他似乎本身就是在扮演一种角色。他的各种行为都非常夸张，比如，他向顾客鞠躬的方式，抑或他平稳地拿着托盘的方式。所有行为都像一种仪式，或者说一种精心设计过的舞蹈。萨特指出，不管这个人多么努力地扮演着服务员这一角色，他本质上并不是一个服务员，就像墨水瓶只能是个墨水瓶。自为体不可能借助意志力量的行为转变成自在体（可能也存在例外，即自杀）。萨特断定出，是这个服务员自己在试图否认自己的自由，就比如他凌晨5点必须起床，而不能够继续躺在床上，否则就会面临被解雇的可能性。他的机械行为表现出了他的一种欲望，即他想成为他现在无法成为的那种人，一个自由的人。因此，这个服务员也深受坏信仰的影响，因为他在自由的限度方面欺骗了自己。

在另外一个例子中，萨特描述了一个同性恋者。他在自己的朋友圈中并不承认自己是同性恋，他内心也不承认。实际上，他的行为模式已经表明他就是一个同性恋。但是当他声称自己不"是"同性恋的时候，他赋予了"是"这个动词两层含义。在他看来，他绝对不是同性恋，因为人并不是严格地由自己的过去决定的。作为一个自为体，他并不能够轻易地将自己的性格转变成自在体。但是基于他之前的种种行为，从另一种意义上来看，他就是一名同性恋者，也就是说，他在过去都是跟男人发生性关系的。对于"你是不是同性恋"这一问题最诚恳的回答是"从一方面来说，是，但是从另一方面来说，不是"。

他的朋友希望他能够坦率一点，大方地承认自己是同性恋。但是他的这个朋友同样也处于坏信仰之中，因为"要求别人坦诚"这一点就是在要求你自己变成一个自在体，以剥夺你在之后的日子里用不同于以往的方式生活的自由。因此，坦诚本身也是一种坏信仰。

"坏信仰"这个词表明，在这种情况下，也存在着一些不好的方面，也许是道德缺陷。这个词也同样表明，坏信仰的对立面，即真实性，也是一种道德表现。然而，在《存在与虚无》一书中，萨特的研究方法是去描述事物，而不是去评判它，也就是说，这并不是一本描述如何生活的指南，而只是在描述生活的各种可能性。萨特承诺过要给《存在与虚无》一书写一个续集，他将在续篇中讨论存在主义伦理学，但是，他从来没有出版过这样一本书。

尽管如此，我们在读过萨特对于坏信仰的描述之后，很难不得出这样的结论：在萨特看来，坏信仰从整体上来说是应该被谴责的，它否认了我们本来作为自由个体的模样。

坏信仰是很有可能存在的，因为人类既具有超越性，也具备真实性。超越性指的是我们具备超越当前发生的事情而进行思考并将我们的这种思考投入未来的各种可能的能力。真实性指的是过去已经发生的事情、当下正在发生的事情，以及我们无法随意改变的既定存在。我们之所以将自己置于坏信仰之中，是因为我们将超越性和真实性分隔开了，在思考我们自身本质的时候，要么跟自己的肉体完全不同（即否认事实的某一方面，就像那个约会中的女人一样），要么跟我们预设的各种可能性都不相同（假装自己是一个自在体，就像咖啡厅里的服务员一样）。

关于超越性和真实性的探讨在某种程度上解释了本章之前提及的有关意识的说法，即"意识的本质既是'成为它不是的东西'，也是'不成为它是的东西'"。从某种意义上来说，我们本身就拥有无限可能，即我们自身的超越性，也就是说，我们现在是什么不重要，重要的是我们将成为什么（也就是说，意识"成为它不是的东西"）。然而，我们的真实性包括我们的出生地、我们的成长经历以及我们的发

色、身高和智力发育情况等，但是我们并不仅仅是真实性的
产物。

对弗洛伊德的批判

弗洛伊德的无意识理论为萨特解释"一个人如何对自己
撒谎"这一问题提供了便利。根据弗洛伊德所说，人的精神
分为有意识和无意识两部分。无意识的动机和想法在进入意
识之前会经过审查和转化。这种审查会压制某些思想的产生，
允许其他思想在转化之后进入意识领域，尤为明显的是入梦，
抑或出现所谓的"弗洛伊德式错误"。心理分析师频频谈起
有些患者十分抵触那些接近于真理的特定解释，这种抵触情
绪凸显出审查的作用。如果萨特认可弗洛伊德的这种说法，
他就可以将坏信仰解释为源自无意识的信仰和有意识的抵
触。在这个模式下，人的思维基本上就是分裂的，相当于体
内同时存在两个人，因此，我们就能更好地理解为何有的人
对自己撒谎却仍然相信这个谎言，也就是说，这只是无意识
的部分在对有意识的部分撒谎而已。

萨特批判了弗洛伊德对人类精神世界的描绘。他认为，
如果在无意识和有意识这两个方面真的存在审查，那么这种
审查就必须清楚地认识到这两者的区分。为了进行高效的审
查，这类审查必须知道无意识思想的具体内容以便对其进行
压制或者转化。如果审查本身就是无意识的一部分，那么无
意识之中就有意识存在。弗洛伊德所说的"有意识的审查是

精神世界的一部分"这一观点无疑是荒谬的，因为这种审查明明知道无意识中有什么，却还要在不知道无意识的情况下发挥其作用（也就是说，要压制无意识中所有的想法）。换句话说，这种审查本身就是一种坏信仰。因此，"坏信仰是如何变成可能的"这一问题仍然是弗洛伊德需要解决的问题。无意识的概念解决不了任何问题，因为它只是把问题引向了审查而已。

羞耻心

萨特对于羞耻这种情感特别感兴趣，因为这种情感揭露了我们与其他人之间的关系。他通常用"他者"这个词来表示其他人。我看见一个男人在公园的长椅旁散步，我只是把他当作另一个自为体来看待，这个意识使我能够感知到我在公园里的体验。我突然间意识到一个事实，即对于我来说，我无法感知到他从他的视角所看到的草地和长椅。这就像别人偷走了我的世界一样。我自信于我处于自己世界的中心地位，但是现在，这种想法却被动摇了。

当我们意识到有人看着我们的时候，他人对我们意识的影响是最明显的。被他人注视，会迫使我意识到自己是一个被他人观察的客体，就像接下来《存在与虚无》中举出的例子一样。出于嫉妒，我透过钥匙孔暗暗观察门的另一边的动静。我完全沉浸于我所看到的东西。在这种被萨特称为"非武断"或者"前反思"的意识模式中，我并没有意识到自己的存在，只是专注于我所看到的抑或我所想到的。我的思想完全停留在门后的那个房间里。

突然，我听见背后的大厅里传来了脚步声。我意识到有人正在观察我。如果这个"他者"要对我进行批判，我会感觉非常羞耻。我突然意识到自己是被另一个意识观察的一个客体，也就是说，当我在另一个人的注视下被客体化之后，我的自由将离我而去。

爱

在提及"爱"这个话题时，同样存在着自身的自由离我们而去的危险。在萨特看来，爱是一种冲突，即在努力把别人变成奴隶的同时，不让自己成为他人的奴隶。爱人之人不仅仅想独占，也想被对方需要，因此，这种需求使得被爱者获得自由。这种意志上的复杂变化，即成为你所爱之人的强烈愿望，会导致受虐倾向的出现。但是很明显的是，即使是在受虐过程中，你也不可能转变成自在体。同样地，虐待狂产生的"把其他人变成一个纯粹肉体的存在"这一想法也是不可能实现的。看看他人的眼睛就能明白，他们是作为自由个体而存在的，而把这种自由完全奴隶化是没有可能的。

我的死亡

人们通常都会把死亡当成生命的一部分，抑或赋予之前的种种经历以意义的最后一段旋律。萨特并不认同这一观点。他认为死亡本身是荒谬的，它完全没有意义。几乎在任何情况下都无法明确你的死亡时间。我随时都有可能去世，但是这种可能性不是我能决定的。从某种意义上来说，它并没有夺走我所有的可能性，但是剥夺了我作为人的特质，即我对自身未来的规划能力。这让我失去了生命的所有意义，因为生命的唯一意义就是我可以自由选择如何生活。而死后，我们都变成了"生活的猎物"。也就是说，尽管我们活着的时候能够为我们的行为选择其意义，但是死后，我们的行为将交由他人进行解读和定义，即我们不再对这些行为负责，而其他人可以根据自己的意愿随意进行解读。

存在主义心理分析

正如我们所见，萨特毫不犹豫地拒绝接受"无意识和意识思想之间存在界限"这一观点。他想用自己基于自由的研究方法来取代弗洛伊德的精神分析法，并把这种研究方法称为"存在主义心理分析法"。这个研究方法的核心在于他对于存在或原始意愿的根本选择的定义。这是我们每个人构建自身特质的核心，这个选择从根本上影响着我们。存在主义心理分析的研究目的就在于揭露这个原始意愿，即这个"会影响个体以后每一个选择"的选择。存在主义心理分析与其他绝大多数人类心理学研究方法不同，因为这种研究方法使得每个人都要对其存在的选择负全责。在萨特看来，我们不仅仅是基因或者社会的产物，我们的选择也造就了我们如今的模样。而正是由于这些原因，我们才得以成为一个人。

对《存在与虚无》的批判

高估人类自由

对萨特的存在主义最主要的一个批判是，它预设的自由的程度是人类在现实生活中根本无法企及的。有时候，他写得好像我们可以选择任何事情，抑或我们能够超越社会环境和成长经历强加于我们的限制一样。我们做出自己的选择是因为我们本身就是如此，而我们之所以成为今天这样，是因为过去发生的事情造就了今天的我们。萨特的关注点几乎完全放在个体及其选择上，而不考虑人类生活的社会大背景。对于大多数人而言，来自社会、政治和经济的压力远比萨特意识到的要大得多。

这种否决性的批判并不会打击到萨特。他只会否认这是真实存在的，并且他还会建议你反思一下自己的经历，看看你的经验是否真的都来源于生活，抑或在你处于极度自由的状态时，你做出的选择是否也是坏信仰的一种。他对这一抨击的回答可能会是，感觉自由未必是真正的自由。我们拥有的可能只是自由意志的幻觉，而不是真正的自由。也许，我们的所有行为都完全取决于曾经发生过的种种，但是我们却误认为那些都是自由选择的结果。

过于悲观?

萨特对于人类自由的描述或许过于乐观,但是他对于人类关系的描述却又极为悲观。我们总是在两种做法之间反复徘徊,即要么把别人变成一种客观的自在体,要么把我们自己变成他人的客体。他甚至把人性描述为"一种毫无意义的激情"。或许,这是一种对人类本质过于阴暗的描述。萨特只是表达出了他的反驳意见。在他为自己辩解的过程中,他一定会说,在许多读者看来,他对于自由和坏信仰的描述具有某种解脱的意味,而这直接影响了他们的生活。他们要为自己的人生负责,而不是努力为自己在生活中没有实现的愿望找借口。

❇ 生平纪要

公元 1905 年,生于巴黎。

公元 1943 年,出版《存在与虚无》。

公元 1980 年,在巴黎逝世。

❇ 关键词表

坏信仰(bad faith):自我欺骗的一种特殊类型,其中包括否定自己的自由。

自为体(being for-itself):萨特的专有名词,代指任何能够拥有自我意识的存在。

自在体（being in-itself）：萨特的专有名词，代指无生命的客体，以及任何缺乏自我意识的存在。

存在主义（existentialism）：一种哲学运动，基于"对于有意识的存在来说，存在先于本质"这一理念。深度解读详见第二十八章。

真实性（facticity）：预先存在且无法改变的事物，比如你的出生地，抑或你的父母。

非武断意识（non-thetic consiousness）：意识到了某件事情，但是没有意识到你已经意识到了。

原始意愿（original project）：你对于生活方向做出的基本决定，这个决定也为你大多数其他决定添砖加瓦。

现象学研究方法（phenomenological approach）：一种哲学研究方法，它基于"如果你能够精准地描述出自己的经历，那么这会在某一方面揭示你所经历的事情的本质"这一观念。

超越性（transcendence）：自为体所具备的将自己的思想投入未来发展的能力。

✳ 延伸阅读

Donald Palmer *Sartre for Beginners* （London: Writers and Readers，1995）.

这本书以漫画的形式简要介绍了萨特的作品，可读性很强。

Arthur C. Danto *Sartre* （London: Fontana Modern Masters series，1975）.

这本书简要概括了萨特的主要思想。

Joseph P. Catalano *A Commentary on Jean-Paul Sartre's Being and Nothingness*（Chicago: University of Chicago Press，1980）.

这本书读起来大有裨益。它按照章节顺序来解读萨特的这本著作。尽管读起来也略微拗口，但是绝对比萨特的《存在与虚无》一书容易许多。

Gregory McCulloch *Using Sartre: An Analytical Introduction to Early Sartrean Themes*（London: Routledge，1994）.

这本书生动形象地介绍了萨特的《存在与虚无》一书的部分思想内容。

Eric Matthews *Twentieth Century French Philosophy*（Oxford: Oxford University Press，1996）.

这本书将萨特置于法国传统的背景之中。它文风轻快有趣，讲述了一系列令人难以捉摸的哲学家的故事。

Annie Cohen-Solal *Sartre: A Life*（London: Heinemann，1987）.

Ronald Hayman *Writing Against: A Biography of Sartre*（London: Weidenfeld & Nicolson，1986）.

Sartre *Words*（Harmondsworth: Penguin，1967）.

前两本书介绍了萨特丰富的人生经历，引人入胜。最后一本是萨特自己写的精简自传。

第二十八章
萨特的《存在主义与人道主义》

　　抛弃、苦难、绝望，这三个概念是萨特的公共演讲《存在主义是一种人道主义》（Existentialism is a Humanism）中的关键词。这篇演讲于 1945 年 10 月在巴黎首次发表，之后被译制为一本名为《存在主义与人道主义》（*Existentialism and Humanism*）的小短篇并得以出版。这本书可能是萨特最广为人知的哲学著作。萨特后来很后悔出版了这本书。但是，尽管这本书略有缺陷，它仍然能够激发人们的想象力，并且在人类选择和责任感的各个方面给出了其真知灼见。它同时也是一本用以过渡的书籍，以便人们能够读懂他另外一本更为复杂的著作《存在与虚无》。

　　萨特在纳粹占领巴黎之后发表了他的这篇关于存在主义的演说。这个时代的人们之前一直处于动荡不安的生活之中，现在刚刚脱离了这种生活状态，但是他们发现生活中还是会存在有关诚信、背叛和承诺的问题，而这些问题的出现与土地占领、抵抗运动以及维希政府都有着千丝万缕的联系。萨特在回到被占领的巴黎之前也曾沦为阶下囚，但是在战争期间，他基本都待在巴黎。尽管如此，萨特的许多思想仍然对如今那些希望决定自己"想做什么、想成为什么"的人产生了直观的影响。

存在主义是什么？

存在主义是一种哲学运动。这种哲学思潮不仅在哲学领域和心理学领域产生了重要影响，也同样影响着许多其他艺术领域。马赛尔（Gabriel Marcel）在提及萨特时，首先运用了"存在主义"一词。萨特过了好几年才接受这个术语。

存在主义者的观点各有不同。在《存在主义与人道主义》一书中，萨特声称所有的存在主义者都相信，对于人类而言，"存在先于本质"。他这句话的意思是，就人类而言，并不存在什么预先设定的蓝图规划，也不存在什么我们必须遵循的人性规则。我们自己选择想成为的模样。在萨特所说的存在主义中，没有上帝的存在，因此我们的存在本质也与上帝的想法无关。首先，我们是存在于这个世界上的，然后我们按照自己的意愿，通过自己的行为方式塑造自我。在我们的选择中，我们自己决定想成为哪一种人。在决定"我们想成为什么样的人"这件事上，我们拥有绝对自由的选择权，但与此同时，正如我们所见，在萨特看来，这种自由也带来了一种无法避免的负担。

相比之下，诸如铅笔刀等人为制造的事物往往由其功能来决定其用途，也就是说，如果铅笔刀不能够削铅笔，也没有可折叠的刀刃，那么它就不能被当作铅笔刀。在铅笔刀被造出之前，其本质，也就是使之成为铅笔刀而不是其他事物的特质，就已经出现在刀匠的脑海之中了。人类的不同之处在于，我们并不具备预先设定的功能，也没有一个神圣的工匠来塑造我们，因此也不会有一个工匠在脑海里为我们预设我们的存在本质。萨特与亚里士多德的观点并不相同，具体来说就是，萨特并不相信人类共通的基础是道德基础。

所有存在主义思想家具备的共同点是，不断强调人类可以自由选择"我们是谁"以及"我们将成为什么样的人"。尽管萨特是一个无神论者，但是诸如马赛尔等其他存在主义者却是基督教徒。

人道主义是什么？

萨特演说的主要动机在于向我们展示出他所说的存在主义是人道主义的一种。"人道主义"这一术语有许多相互关联的含义，因此我们很有必要弄清楚萨特是如何运用这一术语的。从某种意义上来说，它适用于任何以人为中心的理论。我们举个例子来说明一下，文艺复兴时期的人文主义有一个显著特征，即从思考上帝的本质转变为关注人类杰作，尤其是艺术和文学方面的杰出成就。人道主义积极肯定人文内涵，同时，它也是世俗活动的代名词，这些活动都摒弃了"上帝是存在的，且是道德源头"这一观点。

当萨特声称存在主义是一种人道主义的时候，他所做的一部分就是强调人类的尊严，以及在所有价值的创造中人类选择发挥的核心作用。这是通过另外一种方式表明了人类创造出了自身，也创造出了道德。从某种重要意义上来说，我们要对"我们是怎么出现的、我们是谁以及我们存在的意义是什么"这几个方面负责。但是他也同样想把存在主义定义为人道主义，并以此来回应对他的批判，即有些批评者将他的研究方法视为一种关于人类心灵和潜力最为阴暗危险的悲观主义。

萨特对批判的回应

有一些萨特的批判者认为存在主义是一种只会导致"绝望后的寂静"的哲学。换句话说，他们认为这种哲学让人不作为，这纯粹是一种沉思哲学，它会使人们对任何行动方针都望而却步。其他人则指责萨特的这种存在主义过于悲观，过于关注人类生活环境中的阴暗面。这是萨特引用的一位基督教的批判者玛斯娅的原话，这位女士谴责他甚至忘了婴儿是如何微笑的。

来自另外一些方面的批判认为，由于存在主义太过于关注个体选择，因此它忽略了人类的团结性。它把个体当作一个个孤岛，而不是范围更大的社会的一部分。马克思主义者和基督教徒也提出过类似的观点。而发出更深层次的批判之人认为存在主义是打着这种旗号来纵容最令人发指的罪恶。因为存在主义者摒弃了"天赐道德法则"这一说法，因此似乎这个主义允许每个人肆意妄为。

萨特对这种批判的回应主要侧重于他对抛弃、苦难和绝望等概念的解读。在萨特看来，这些词都有着特殊的含义。这些词都是专业术语，尽管它们的含义与日常使用的含义有所关联，但是却大有不同。这三个词在日常生活中（至少是在英语语境下）都有无助和遭受各种磨难的意思。但是在萨特看来，这三者也存在乐观的意味，只不过人们在粗浅的阅读中可能会漏掉这一点。

抛 弃

在萨特看来，"抛弃"一词的含义特殊在"被上帝抛弃"。这并不意味着上帝作为一个形而上的实体在某一时刻确实存在，之后就消失了。萨特是在回应尼采在其《查拉图斯特拉如是说》一书中发表的著名言论："上帝已死。"尼采的观点是，在 19 世纪后期，"人们依旧相信上帝"这一观点站不住脚。通过使用"抛弃"一词形而上学方面的含义，萨特想要强调的是因意识到"没有上帝来为我们的道德选择进行担保"而产生的落差感，以及"没有神灵给予我们一些原则以确保我们得到救赎"的失落感。选择这个词是为了提醒我们，当我们在宇宙中寻找行动指引时，我们是孤军奋战的。

抛弃带来的主要后果是缺乏道德观念的客观来源。正如我们所见，我们的道德选择一定是基于一个主观立场的，尽管这对于萨特来说并不意味着"能够接受任何随机的选择"。

　　萨特强烈抨击那种认为上帝不存在的无神论道德家，但是在不确定是否有上帝支持的情况下，他还是相信世俗的说法。这种人文主义者并没有遵循"抛弃"一词的逻辑含义，他只不过是想通过这种一厢情愿的态度来换得一个庇护之地。相比之下，萨特一派的存在主义承认"不存在造物者"这一事实带来的全部影响。一个人要为自己的生活做出抉择才是一件痛苦的事情。

苦　难

　　萨特完全相信意志的自由。他强烈反对有关人类的宿命论。"你被迫走上这条路或者另外一条路"这一想法本身基本上就是一种自我欺骗，萨特称之为"坏信仰"，即你对自己的自由进行了自我否定。尽管他并不认可"人类存在有任何的本质"，但他仍然声称，从根本上来看，人类是自由的，这也是我们的核心意义。但是在萨特近乎自相矛盾的言论中，我们不仅是自由的，还"注定是自由的"。"我们自己选择的行为"和"对世界的态度"这两种自由带来的知识和经验对于我们而言不是解放，而是沉重的责任。

　　那么，在一定程度上，痛苦就是让我们承认"我们是孤独的，不要为这件事找借口"。我们不能把自己的困境归咎于旁人。我们要对每一件与我们有关的事情尽到应尽的责任。很明显的是，我们没有办法选择我们的父母、我们的出生地以及我们的死亡时间等。但是萨特做了进一步的研究，他声称，我们应该对自身处境全方位的感受负全责。我们会选择自己的情绪，并且否认这是一种坏信仰。

萨特在这方面进一步做了研究。我不仅要为我做的所有事情负责，而且当我选择任何特定的行为时，我都不可避免地充当着"决定全人类命运的立法者"这一角色。在萨特举出的例子中，如果我选择结婚生子，那么我必须遵守一夫一妻制，因为这不仅仅是对自己负责，还是对全人类负责。这个观点与康德所说的道德评判普遍化观念不谋而合，即如果对于某个人来说，某件事在道德上是被允许的，那么在相似的情境下，其他人这么做也必须是符合道德的。在萨特看来，只有当我们意识到我们做的任何决定的内涵之后，"痛苦"一词的含义才会完完全全展现出来。不管我们的选择是什么，我们都是在描述"人是什么"这一问题。当我们意识到这一点的时候，我们会觉得自己肩上责任重大，因为我们的行为会对别人产生深远的影响。就像《圣经》里的亚伯拉罕一样，上帝要求他祭献他唯一的儿子，我们都会对此感觉痛苦不已，因为我们与他一样，在尚未弄清楚发生什么事情之前就"迫于"形势做出选择，以至于当我们理清头绪时已经为时过晚。然而，似乎全人类都在观察我们在人间会如何做出选择。

绝　望

与抛弃和痛苦不同，"绝望"是一个情绪术语。在萨特看来，绝望只不过是对世界顽固属性的一种反应。我可以对任何事物感到绝望，但是我不可能做到事事顺利。比如，我想成为一个乐队的小提琴手，但是我左手手指骨折过，尽管我并不是故意为之，但是，骨折带来的后果就是我永远也达不到一个专业级别音乐家的手指协调程度和速度。其他人、时间以及大环境都可能阻止我实现这一理想。但是，萨特并不认为，仅仅因为事情可能不朝着我们希望的方向发展，我们就可以自暴自弃、无所作为。相反，他敦促我们积极行动起来，因为是我们实际做成的事情的总和造就了现在的我们，而不是在外界环境突变时我们可能会做的事情成就了我们。并且，我们仍然可以选择如何应对那些我们实现追求路上的障碍物。

萨特的学生

萨特在《存在主义与人道主义》一书中运用的核心例子是一件发生过的真事。在法国被占领期间，萨特的学生面临一个道德层面上进退两难的问题。如该学生所描述，他有两个选择：要么留在法国照顾他亲爱的母亲，要么动身前往英国，加入自由法国组织并为解放法国做出不懈努力。他知道如果动身去英国，他的母亲会非常伤心，但如果不去，他就没有办法加入自由法国组织，他想用余生建功立业的愿望也会落空。他必须在"当一个孝顺父母的好儿子"和"为祖国解放奋起抗争"之间进行艰难抉择。

萨特一开始就表明，不管是基督教还是康德的道德教义，都不能很好地引导学生。基督教义告诉年轻人要怀着仁慈之心行事，与邻居友好相处，并且随时准备好为他人利益而牺牲。然而，这并不能解决问题，因为他仍然要面临着父母之爱和祖国大爱之间的艰难选择。康德的伦理哲学告诉学生，永远不要把他人当作达到目的的手段。但是对他来说，这也无济于事，因为留下来照顾母亲就是把这件事当作了目的，与此同时，也把战争当成了实现自我抱负的手段。但是，如果他参加了战斗，那么他就会把战争当作目的，而冒着把照顾母亲当作实现目的的手段的危险。

这个学生在这个问题上体会到了抛弃的真正含义，即他被迫在这个世界中做出抉择，而在这个世界中，对于这件事没有固定的预设价值可供参考。这件事情解决起来并不容易。他最终还是不得不自己做决定。即使他找人咨询了意见，他也可以否决这个意见。从某种程度上来说，他选择这个顾问可能只是想从他们那里得到自己想听到的某个答案罢了。萨特给他的学生的建议直截了当，但也可能没帮上任何忙。他让这个学生自己承担人类困境中的所有痛苦，并对他说道："你是自由的，自己做选择吧。"

对《存在主义与人道主义》的批判

高估了人类的自由

就像萨特的早期著作《存在与虚无》一书一样，在《存在主义与人道主义》一书中，萨特认为人类是自由的，我们可以自由选择我们想成为的模样。但是，许多哲学家都对其有关自由意志的假设提出质疑（详见第二十七章《存在与虚无》里的相似评论）。比如，你不一定非得完全成为一个宿命论者，你也会相信我们在情感上获得的自由比萨特所说的要少得多。

过于个人主义

萨特的存在主义侧重于个体的独立性，即个体要为其做的所有事情负责，不为任何决定"人们应该怎么做"的人性或者社会环境所束缚。但是这种观念把人过于原子化了。萨特写得就好像我们没有融入任何特定的社会一样，不需要对彼此尽义务、负责任。社会也塑造了我们，很多人坚信，社会条件也制约着我们的所思所为。毫不夸张地说，萨特的研究方法是极其主观的，也就是说，他是从个体着手进行研究的。在他之后出版的《辩证理性批判》一书中，萨特试图把个体存在主义观点与马克思主义进行中和，以承认其在早期作品中确实淡化处理了社会、政治以及历史方面的人类困境。但是不幸的是，这本书的大部分内容几乎都让人难以理解，也许这是因为萨特在写这本书时受到了安非他明（中枢神经刺激剂）的药物影响。

为什么我的选择与全人类有关？

为了反驳其他人对他的批判，萨特需要证明自己说的存在主义并不认同最低级的主观主义，即任何道德层面上的选择都是个人偏好问题，并且任何行为上的选择都与其他选择一样是符合道德的。如果他的存在主义在这方面站不住脚，那么对他的批判就是合情合理的，因为如果人们确实想实施酷刑、谋杀以及虐待等罪大恶极的事情，那么根据这个理论，这些事情从道德层面上来说也是应该为人所接受的。

虽然萨特的整个理论体系都是架构于这个基础之上的，但是不得不说的是，其有关普适性的观点论证分外薄弱。他在一开始声称的是，当我们选择某件事的时候，我们坚信自己所选的就是最佳行动方案。但是之后他又声称，只有对每个人都有利，这件事才对我们自己有利。很明显，这一观点与之前的观点自相矛盾。因此，在萨特看来，我选择了我目之所及最好的方案，意味着这对于处于相同情境下的其他人也一定是最佳方案。我做出选择时创造出来的人性形象一定适用于同一时代中的任何人。因此，我们肩负的责任远远超出个人责任的范畴。然而，在同一时代中，从个人选择转移到全人类的责任这一过程似乎是没有得到证实的，我们也确实无法进行证实。

一个案例：真诚却邪恶的人

即使萨特的立场为很多人所支持，也还是很有可能出现一些他意料之外的恶劣后果。比如，我们以希特勒这一真诚但邪恶的人为案例进行分析。从存在主义观点来看，希特勒的那些决定，即其可怕的反犹太主义、大屠杀以及优生学计划等，都是出于好的考虑。希特勒确实也把自己塑造成了那个时代无数人的缩影。如果希特勒也是一个存在主义者，那么他可能还会声称他的这些选择是在一个没有预设价值的世界中做出的，他所做的这些选择不仅仅是为了他自己，也是为了全人类。

《存在主义与人道主义》确实为这一批判提供了理论上的回应。在这本书中，萨特断言，一个真正获得选择自由的人不可能不希望其他人也获得同样的自由。但很明显的是，希特勒并不尊重那些与他产生意见分歧的人的自由权利。他杀害了数百万犹太人、同性恋者、政敌、吉卜赛人以及那些有严重精神问题的人。如果萨特的原则是为人所接受的，那么，这也就为"萨特的哲学理论没有提供判定希特勒不道德的观点"这一观点提供了反驳意见。

但是，萨特的这个原则想表明的是，选择自由的人必须保证其他人也能够获得自由。而这个原则只有在"己所欲，同施于人"这一条件下才有意义。然而，正如我们所见，萨特并没有提供足够的证据来证明这种从个体到全人类之间的转化。

❀ 生平纪要

参见第二十七章。

❀ 关键词表

抛弃（abandonment）：一种代指上帝不存在的隐喻。

苦难（anguish）：自由选择带来的经历，并负有全人类选择的重大责任。

绝望（despair）：意识到世界可能会以各种方式对我们的意志进行阻碍，因此我们的计划可能会因我们无法控制的事件而无法实现。

本质（essence）：使某物成为如今的模样，而不是其他事物的特质。

存在主义（existentialism）：一种哲学和文学思潮，以萨特的理论为代表，突出强调人类的存在先于本质。

人道主义（humanism）：符合世俗观念的思潮，认为人类才是世界价值的源头。

寂静主义（quietism）：一种归隐世外的无为哲学。

❈ 延伸阅读

Stephen Priest （ed.）*Jean-Paul Sartre: Basic Writings*（London: Routledge，2001）.

这本书中涵盖了《存在主义与人道主义》的全文以及萨特的其他重要选段。普利斯特用其清晰简洁的语言介绍了这位难以理解的作者，可读性很强。他对萨特哲学生涯的传记式概述也总结得十分到位。

若想了解更多有关萨特的延伸阅读推荐书目，可回看第二十七章末尾推荐。

第二十九章
波普尔的《开放社会及其敌人》

波普尔（Karl Popper）生活在发生第二次世界大战的动荡年代，那时正处于奥地利被德国吞并的政治变革前夕，即德奥合并。波普尔设法在希特勒到达奥地利之前离开了故土，但也正是这个原因促使他写下了这本《开放社会及其敌人》（*The Open Society and Its Enemies*）。尽管他本人并不信教，但是他是犹太人的后裔，因此他很清楚希特勒到来的原因。那时他搬迁到了新西兰。在那里，他把自己的精力都投入重新思考政治思想演变史之中，并撰写了一本争议极大的著作。在这本著作中，他分析了极权主义的思想根源，以及可能对抗这种政治体制崛起的社会形态。《开放社会及其敌人》一书表面上看是在探讨诸如柏拉图、黑格尔以及马克思等哲学家的思想，但实际上，其涉猎之广泛远非这本书表面所写可比。通过波普尔的写作，我们可以感受到他处于战争大背景下的紧迫感和辛酸，而那时欧洲的命运尚未明了，法西斯的猖狂行径也尚未得以遏制。这本书首次出版于 1945 年，在那时，欧洲人民慢慢意识到了独裁主义政治带来的巨大破坏力，他们需要重建社会以防止类似事件再次出现。这本书出版后不久，他就在伦敦政经学院谋得一职。

波普尔在科学哲学和政治哲学（详见第三十一章）这两方面都做出了杰出的贡献。"波普尔式的"这一形容词通常用以代指波普尔在科学方面的猜想和反驳意见，而并非对假设的证实，我们把这种立场称为"证伪主义"（与检验原则相对）。波普尔并不认同"科学是一个寻找证据的过程"这一观点，相反，他认为科学家们要做的就是大胆提出一些可证伪的假设，然后再对此进行反驳辩证。从逻辑上来说，我们即使拥有大量依据，也没有办法完全证实一个经验得出的假设，但是通过观察，我们就可以对一个普遍原理进行反驳。科学家们都是有想象力的思想家，他们提出假设，然后再对其进行检验，并在旧假设的批判上重新提出一种新假设。因此，通过这种方式，科学才在零星的进步中得以发展。

正如书名所示，在《开放社会及其敌人》一书中，波普尔坚决捍卫自己所说的开放社会这一愿景，抵制一系列会导致社会闭塞的潜在威胁。不管是在政治领域还是在科学领域，他都觉得有必要建立一个对现状具有批判作用的社会模型。具体来说，波普尔的政治哲学试图将科学上运用的批判方法和合理思想应用于社会的构建。波普尔坚信，民主是唯一一种允许这种理性批判和变革发生的政治手段。在波普尔看来，柏拉图、黑格尔和马克思这三大哲学家是罪恶的现代极权主义的奠基人。波普尔的这本书在很大程度上对这三位哲学家的思想及其产生的影响进行了严厉抨击。这三位哲学家都主张对社会进行大规模的乌托邦式重组，但是在波普尔看来，这种做法大错特错。他希望用他所说的"零碎的社会工程"来取代这种思维方式。

波普尔所说的开放社会是什么意思？

在波普尔看来，开放社会允许个体对预先存在的权威学说提出质疑并反驳，因为提出这些学说之人只是因为社会惯例才被授予发表这种言论的权利，抑或他们本身就是掌权团体中的一员。开放社会的成员应该建立起基于人性、自由、平等和理性评估的新惯例。成员们能够对政策提出反驳意见，并且一旦发现这些政策并不能带来理想的结果，就要在必要时候摒弃这些政策。相比之下，封闭的社会则对当权者毕恭毕敬，因为掌权之人控制着人们的所思、所言和所为。

柏拉图的极权主义倾向

《开放社会及其敌人》一书打破了传统思维，作者应该是故意为之的。波普尔坚信，我们不应该仅仅因为"伟人"（波普尔所用术语）的地位就对其过分尊崇。他认为，如果我们没有勇气去批判这些思想给我们留下来的这部分精神遗产，那么我们就会面临彻底结束那一惯例的风险。

波普尔第一次尝试颠覆的哲学领袖形象是柏拉图，毫无疑问的是，这是历史上最受人尊敬的哲学家之一。然而，波普尔认为，正是柏拉图在欧洲思想中种下了极权主义的种子。柏拉图在《理想国》（详见第一章）一书中阐释了他对于理想社会运作方式的见解，而在波普尔之前的评论家们在解读这本书时往往不发表任何评论。波普尔所强调的是，在柏拉图的理想国中，他煞费苦心地遏制自由思想的传播，并且认为对任何艺术和言论进行审查都是合法的，因为在柏拉图看来，艺术和言论的传播会曲解事实，也会滋长不恰当的情绪。尽管柏拉图声称他重视真理的意义，但他也认为，下层社会的人应该遵循所谓的"高贵的谎言"，就在自己的阶层里维持原样，也就是说，他们应该知道，那些天生的统治者，即哲学家，血液里流淌着黄金，辅助者的血液里流淌着白银，而工人阶级的血液中只有铜和铁。这不仅仅是柏拉图建议的国家运行模式，他还声称要找到这种理想模式的本质，那种亘古不变且能够轻易被人知晓的特质。

黑格尔的历史决定论

在抨击完柏拉图的社会设想之后，波普尔又把矛头指向了 18 世纪的德国哲学家黑格尔。他认为，黑格尔是当代历史决定论的主要奠基人。波普尔倾向于认为历史决定论并不科学，因为这一学说声称某些结果是必然出现的。这个错误的观点认为历史的发展基于其依赖的某些预设原则，因此具有某种可预见性和必然性。《开放社会及其敌人》一书中的大部分内容都在抨击这种观点。历史决定论的一部分问题出在它并没有给通过证据进行的批判和反驳留下任何可商量的余地，也就是说，它声称事情只会以一种方式出现，这一说法抹去了人类可以根据经验塑造自己的政治前途的可能性。历史决定论是黑格尔哲学的核心。这种思想立场似乎并不会产生什么危害，但是波普尔坚持认为，正是这种宿命论式的思想助长了 20 世纪中期欧洲的极权主义。波普尔的说法可以说是毫不委婉，他认为黑格尔的思想是一场知识骗局，尽管这场闹剧影响恶劣，但是他利用自己的影响力促成了这个闹剧的发生。波普尔还觉得他助长了民族主义，即对国家的高度颂扬和个体的宿命感。叔本华将黑格尔的哲学称为"巨大的骗局"，波普尔对此表示赞同，并且他也认为黑格尔就是一个江湖骗子。

马克思

波普尔对马克思的批判并不像他对黑格尔的批判那样咄咄逼人。马克思认可黑格尔所说的历史决定论，并且坚信资本主义终将走向灭亡，阶级斗争也终会结束。在马克思看来，政治活动的作用就在于确保上述活动顺利发生，减缓上述情况出现时带来的社会动荡。尽管波普尔并不看好马克思所说的历史决定论，也对马克思"赋予这种言论以知识上的可信度"这一做法进行抨击，但是他尊重马克思为社会问题寻求理性解决方案所做的努力。波普尔只是认为马克思给出了一个错误的答案，一个会伤害到人类的答案。因此，马克思同之前出现的柏拉图以及黑格尔一样，被波普尔视为开放社会的敌人。

对《开放社会及其敌人》的批判

对柏拉图、黑格尔和马克思进行讽刺

批判波普尔的著作的人认为，波普尔对柏拉图、黑格尔和马克思的思想进行了错误解读，他利用对这三位哲学家的讽刺来达到自己的目的，但是他并没有公正地解读他们真正的思想。尤其是，波普尔对黑格尔的思想进行了污蔑和谩骂。但是，在第二次世界大战期间，一位维也纳移民在写作过程中展现出对这位哲学家的愤怒也不足为奇，因为他认为这个人应该对极权主义的兴起和危险的民族主义的出现负部分责任。

❀ 生平纪要

公元 1902 年，生于维也纳。

公元 1937 年，在新西兰的基督城（Christchurch）任职。

公元 1945 年，首次出版《开放社会及其敌人》。

公元 1994 年，逝世于英格兰的克罗伊登（Croydon）。

❀ 关键词表

证伪主义（falsificationism）：这是波普尔对科学的解读，

他认为科学是通过科学家们先提出假设后进行反驳这样的步骤得以进步的。只有可证伪的论述才是真正的科学。

历史决定论（historicism）：任何有关"历史上出现的结果都是不可避免的"的理论，比如黑格尔的理论体系。该主义认为历史进程是可预见的。

开放社会（open society）：一个开放的社会意味着其公民拥有通过批判辩论对当权者进行质疑的自由，通过这些零碎的改进促进社会的变革。

极权主义（totalitarianism）：一种闭塞的社会形态，在这个主义下，当权者大范围地限制人们的日常活动和自由，公开辩论是不可能出现的。

❀ 延伸阅读

Karl Popper *Unended Quest* （London: Routledge, revised edition 1992）.

这本是波普尔的自传。

Bryan Magee *Popper* （London: Fontana, 1977）.

这本书对这位思想家的作品进行了简短而清晰的介绍。

David Edmonds and John Eidinow *Wittgenstein's Poker* （London: Faber and Faber, 2005）.

本书将波普尔和维特根斯坦之间的一场著名的争论置于其广阔的文化背景之中，内容精彩且可读性很强。

第三十章
维特根斯坦的《哲学研究》

维特根斯坦（Ludwig Wittgenstein）希望人们不要因畏惧麻烦而放弃自我思考。《哲学研究》（*Philosophical Investigations*）一书旨在激发读者自己的思考，而非把包装好的、便于接受的想法直接呈现给读者。这个特点同样体现在他的文风上，即他的文章都是片段式的、拐弯抹角的，从一个主题跳到另一个主题再拐回来。哲学问题的答案也不是直接给出的，而是通过特定的例子和故事展现出来的。他虽然提供了线索，但是这些线索的含义往往语焉不详；书中到处都是比喻，这就需要读者自己去理解了。

维特根斯坦没有为这本书单独分章，而是用编码的小段落来代替。这本书的架构如此也不全是维特根斯坦的原因。这本书出版于 1953 年，也就是维特根斯坦去世的两年后。这本书的编写也是基于其多年研究留下的手稿而完成的。

与《逻辑哲学论》的关联

维特根斯坦生前出版的唯一一本书是《逻辑哲学论》
（*Tractatus Logico-Philosophicus*），出版于 1921 年。
维特根斯坦在这本质朴的书中努力地将诗歌风格和人类思考
的逻辑以及极限问题结合起来。《逻辑哲学论》结尾处的结
论性声明最为出名，即"凡是不能言说的，就必须保持沉默"。
这并不是行动方面的格言，而是对思想局限性的观点进行总
结。人类生活中大部分有意义的事情都存在于可以言说的范
围之外。它是表达不出来的，但是这并不代表它不重要。从
很多方面来看，《哲学研究》是对《逻辑哲学论》里提出的
观点的批判，因此维特根斯坦甚至认为，《逻辑哲学论》应
该作为《哲学研究》的序言出版，这样就能够表现出其新观
点的特别之处。

哲学的本质

在《哲学研究》一书中，维特根斯坦认为他的作用就
是让苍蝇飞出瓶子。他这句话想表达的意思是，哲学家们
就像嗡嗡乱叫的无头苍蝇一般四处碰壁，试图让语言去做
它根本做不到的事情。他们被语言迷惑了。就像维特根斯
坦自己所说，"当语言度假时，哲学问题就产生了"。换
句话说，在不恰当的语境下使用词时，哲学问题就出现了。
维特根斯坦的研究方法旨在通过语言的实际用途来解决

这类问题，从而让苍蝇能够飞出瓶子。因此，他的哲学研究方法也常常被看作一种疗愈方式，也就是说，哲学是一种亟待治愈的疾病。哲学检查"已经出现肿块，而这些肿块是由于理解力远超语言表达极限而产生的"。治愈的方法就是去研究清楚语言的实际运作机制，而不是凭空想象"它是怎么运作的"。但是他对语言实际应用的分析并不属于社会人类学的范畴。维特根斯坦列举了一些语言的使用方式，并借此将人们的注意力转移到了思想和意义表达的局限性上。这本著作的很大一部分内容都涉及抹除语言本质带来的误导性理论。另一个侧重于语言特殊用法的原因是，维特根斯坦认为，大量的理论都是具有误导性的，因为这些理论都建立在一个错误的基础之上，即如果我们对某个事物进行研究，那么我们就一定能发掘这个事物的本质。

含义即用法

《哲学研究》中最重要的一个部分是关于维特根斯坦对于语言本质的简要说明。他采纳了圣·奥古斯汀（Saint Augustine，西方天主教的神学家、哲学家）的语言学习理论，即指出语言对应的事物，然后将其作为这类观点的代表。认可奥古斯汀的语言观的人坚信，词就是事物的代名词，而各种词的组合发挥的唯一作用就是描述现实。

比如，从这个观点来看，为了让小孩子知晓"苹果"这个词的含义，我们会在小孩子面前展现出一个苹果，并且告诉他们"这就是苹果"。这是一种实物例证教学法，即指向被命名的事物。维特根斯坦并不否认依旧存在这种实物例证教学法，但是他也注意到一些由"这是语言学习的基础"这一观点带来的难题。比如，这样的实物例证需要一定的知识背景。小孩子可能不明白你指向物体的做法有什么意义，抑或小孩子可能会觉得你是在阐述苹果的颜色和形状。实物例证的每一个案例都需要对所指事物进行大量的解释说明。此外，即使小孩子明白了实物例证中的特定案例，他们也没办法举一反三。

语言不仅仅是我们用以呈现出世界模样的媒介，更像一个工具箱，里面装着用途各异的各种工具。或者说，借用维特根斯坦的另一个比喻，语言就像火车头上的杠杆。每个词彼此相似，因此我们就会倾向于认为它们发挥着同样的功能。然而，就像火车头的杠杆一样，相似的只有表面，也就是说，一个杠杆控制的是阀门，而另一个控制着刹车；其中一个杠杆只有"开"和"关"两挡，而另一个可以连续移动。

如果仔细研究使用语言的本质，我们很快就会发现，奥古斯汀的观点并不正确。词的含义取决于其用法，而非其所指代的事物。语言并不存在什么内在的本质、共通的特质抑或独特的功能。相反，如果认真研究语言，我们就会发现语言在不同语境下发挥的作用其实稍有重叠。这就是维特根斯坦所说的"文字游戏"。他这个短语的意思并不是说语言的运用是一件充满乐趣的事情，而是说语言在各种受规则控制的活动中发挥其作用。语言植根于我们的生活方式之中，也植根于围绕这些不同用法而衍生出来的社会习俗之中。词的含义取决于我们无意间的使用。如果把它从使用的语境和生活方式中剥离出来，它们将变得毫无意义。

相似术语大家族

假如我们正确地运用了一个词来代指一系列的事情，而这一系列事情都有共通之处时，我们就很容易被语言迷惑，这是很常见的一种情况。比如，我们通常假定游戏是有内在本质的，那么不管我们什么时候运用"游戏"这个词，我们想说的其实都是这个游戏与其他游戏的共同特征。维特根斯坦坚信这是一个误区。假定所有游戏都具有同一个本质，和假定所有语言一定拥有相同之处，都是错误的。

维特根斯坦对这一观点的辩证是基于家族相似性的类比分析。有血缘关系的人往往具有某种相似性。但是这并不意味着家族中的每个成员都具有一个或更多的共同特征，也就是说，通常情况是存在互相重叠的相似性，而不是所有人共享单一特征。你的头发颜色可能和你姐姐相似，但是眼睛的颜色与你妈妈相似。你的姐姐和妈妈可能鼻子形状一样。在这个简单的例子中，没有哪个特征是为三个家庭成员所共同拥有的，但是这并不妨碍家庭相似性的存在。同样地，我们称之为"游戏"的所有事物本质上也并不相同，比如，桌游、足球、单人跳棋以及壁上投球，等等。但是，在我们使用"游戏"这个词的过程中，它还是有意义的。维特根斯坦用"家庭相似性"这一短语代指这种重叠交叉的相似性。

私人语言论证

到目前为止，《哲学研究》一书中最具影响力的一部分是一系列被统称为"私人用语论证"的评论和例证，尽管人们在"维特根斯坦到底想通过这个短语表达什么"这一问题上尚有争议。值得注意的是，维特根斯坦本人并没有使用过"私人用语论证"这一说法，而只有他的评论者建议把他的一系列论述理解为一种累积型论证。

然而，以这种方式将他的思想整合起来，并从中提炼出一个论证观点的做法似乎也没什么不妥之处。为了理解透彻这个论证法的内容，我们必须先弄清楚维特根斯坦到底在抨击什么。

自笛卡尔之后的许多哲学家都认为，要想正确解读思想的本质，我们必须从第一人称开始考虑，也就是说，从个人经验着手。比如，我能够比你更确定我正在遭受的苦难。我可以提前感知到自己思想的具体内容，但是这些想法并不会延伸到你的思想内容中。这就好像我拥有进入私人影院的特殊通道，在那里我的思想和情感都会得以呈现，而没有任何其他人能够知道我的私人电影院里发生了什么。我的经历都是我的私人物品，你的经历于你而言同样如此。没人能够对我所遭受的痛苦感同身受，也没人真正了解我的所思所想。我可以自我描述自己内心的感受，但没有人能够判断我的描述正确与否。

维特根斯坦的私人语言论证削弱了"从本质上来看，我的思想和情感是任何人都无法接触到的"这一观点，而这一观点建立在私人用语存在的可能性之上。维特根斯坦表示这样的语言是不可能存在的。他所说的"私人用语"并不是指私人代码，也不是指只有一个人说的语言，就好像鲁滨孙（英国作家笛福写的《鲁滨孙漂流记》中的主人公）在孤岛上跟自己谈人生一样。恰恰相反的是，在维特根斯坦看来，私人用语是原则上无法与他人分享的语言，因为这种语言往往用来代指个体所谓的私人经历。

那些相信这种私人用语可能存在的人可能会认为，我用日记来记录我的感受，这本日记对于我来说可能就是一种私人语言。我决定将一种特定的感受命名为"S"，我在日记里写下这个字母。下一次我产生同样感受的时候，我就再往日记本上写一个"S"，长此以往。维特根斯坦认为这种描述是不连贯的。在重新界定我的感受"S"时，没有一个标准来衡量它，我也没有办法证明当我再次断定我的感受为"S"时这种判断是否正确。这就像你凭借记忆回想火车的发车时刻表一样，但是这两者之间存在着一个重要差别，即实际上这个世界上并不存在什么时刻表来验证对错。可能没有办法检验我对这个术语的运用是否正确；如果这种情况真的发生了，那么这个术语一定没有什么含义。

因此，维特根斯坦的结论是，通过私人实物定义来为你的私人经历命名，这一做法显然是没有意义的。语言是公开的，语言的应用和再应用的标准也是公开的。上文设想的私人用语是不存在的。

当然，这并不是在否认人们所拥有的感觉和经历。但是，从语言意义的角度上来看，如果这些经历都是私人所有的，那么这些经历之间将毫无联系。设想一下，我们每个人都有一个盒子，在盒子中装着我们称之为"甲壳虫"的东西。没有人能够看到其他人盒子里的东西，每个人都声称看看他们自己盒子里的东西就会知道什么是甲壳虫。维特根斯坦认为，在这种情况下，每个人盒子里的东西是否一样，抑或他们盒子里有没有东西，都不重要了。盒子中装的东西并不影响"甲壳虫"这个词的含义。

维特根斯坦的论证法带来的后果是，笛卡尔提出的精神图景是站不住脚的。并不是我们每个人都住在自己的私人电影院里。恰恰相反的是，语言为我们的思想设限，而从本质上来看，语言就是一种公之于众的现象。这个论证也打破了经验主义传统中呈现出来的精神方面的观点，其中包括洛克和休谟的观点。与笛卡尔一样，这些哲学家委婉地假定每个人都用私人用语来描述自身感受的可能性，尤其是，洛克的语言观点是建立在重新辨别所谓的私人感受的可能性上的。

维特根斯坦的私人用语论证也不完全是负面的。我们的经验和我们用于描述经验的语言之间之前就存在着许多的关联，他只不过是提出了一种新的假设以取代传统观点。也许，像"疼痛"这种词并不是私人感受的代名词，它更像我们认知到的痛苦行为的一部分，对于这些词的正确应用方式是有公共标准的。一个小孩子弄伤了自己，然后号啕大哭，而成年人则教会他们表达这种疼痛。这意味着这个小孩学会了用表达疼痛的方式代替号啕大哭的行为。然而，提及疼痛并不是简简单单地在形容一个感受。根据维特根斯坦的说法，提及疼痛是表达疼痛的一种方式。

从不同方面进行观察

在《哲学研究》的第二部分中，维特根斯坦探讨了一个有关"家族相似性"这一话题的例子，即"鸭兔错觉"，即一个图形既可以看成鸭子，也可以理解成兔子，但是不能同时是两者。我看着这张图片，越看越觉得是一只鸭子，过了一会儿，我从新的角度观察它，发现它看起来是一只兔子。这种观察角度的改变并不是由映入视网膜上的图像的改变造成的。让我把它看成鸭子和把它看成兔子的图像并没有任何变化，但是却让我产生了不一样的视觉感受。这似乎有点自相矛盾，因为当图像的线条并没有发生任何改变的时候，我们对该图像产生的印象已经完全不同了。这也就意味着，"观察"本身就包含了一种对所见事物的判断，而我们对所见事物的期待将会大大影响这种判断。

对《哲学研究》的批判

并不是所有哲学问题都能得到解决

很多哲学家一直都不认可"当语言'休假'时，哲学问题就会产生"这一说法。比如，研究人类意识本质的当代精神哲学家中，很少会有人认为他们要做的事情就是指明我们使用语言的方式，以便我们能够从"物质是如何引发思想和自我意识"这一问题中解脱出来。维特根斯坦声称的"让苍蝇从瓶子里飞出来"这一说法是很有吸引力的；尽管他试图为那些被语言迷惑的人们开脱，但是传统哲学争论依旧是哲学家们的一大困扰和挑战。也许，维特根斯坦对此的回应是，提出质疑的哲学家们仍然被语言束缚，他们试图强迫语言去做其无法做到的事情。

难以理解的言论

对维特根斯坦在《哲学研究》一书的写作风格最为严厉的批判是，他的这种写作风格为很多互相矛盾的解读大开方便之门。在这本书中的很多地方，我们不清楚这个例子或者比喻的确切所指，而他所抨击的一些观点是否存在过，我们也无法得知。我们似乎通常只能看到冰山一角，然后就需要自己来挖掘出这些言论背后的深意。尽管近几年维特根斯坦的笔记本及其学生的演讲笔记已经广为流传，但是人们对于其核心要义的解读仍然纷争不断。

维特根斯坦当然要对其作品中出现的模棱两可的言论以

及不确定性负责，但是不能把这种现象都归咎于"难以表达这么极端且原创的想法"这一原因。有一些理解上的困难纯粹是因为他零零碎碎的写作方式。毫无疑问的是，维特根斯坦列举的例子都非常典型，且极具想象力，但是由于其论证缺乏连贯性且表述不清晰，这使得读者仍然需要耗费很多精力来理解他的言论。

在维特根斯坦自圆其说的过程中，他很坦然地表示，希望他的读者可以自己进行思考，而不是坐等权威人士和盘托出的观点。因此，从这个意义上来说，很多因其作品的解读而产生的纷争其实是在变相地表达对维特根斯坦的赞美，因为这些争论表明，哲学家们不得不对维特根斯坦的作品想表达的意思进行深入的思考，以彻底理解这个作品的内涵所在。

然而，维特根斯坦的隐晦表达和诗化文风还是吸引了无数追随者。而且他从来不乏狂热的仰慕者，他们引用《哲学研究》中的段落之疯狂与宗教的狂热信徒无异。大部分追随者都乐于从权威那里获取第二手的解读，但是很显然他们没有意识到这是维特根斯坦最不希望发生的事情。《哲学研究》一书中的大部分内容的写作风格成谜，因而让人不好对其进行批判，但是也是因为这个原因使得读者难以进行深入思考，反而适得其反了。

维特根斯坦在世时对其《哲学研究》的编纂一直不大满意。因此，我们把这本书视为其思想研究中的一个小进步或许更为妥当，而不是把它看作维特根斯坦在以其最希望的方式向世界传达他的思想。

❋ 生平纪要

公元 1889 年，生于维也纳。

公元 1951 年，逝世于剑桥。

公元 1953 年，其遗作《哲学研究》出版。

❋ 关键词表

鸭兔错觉（duck-rabbit）：这是一幅既能被看作鸭子，也能被看作兔子的图像，但是两者不能同时出现。维特根斯坦用这个例子说明不同方面的观察。

本质主义（essentialism）：一种观念，举例来说就是一个特定词语指定的所有事物都具有某种相似性。

家族相似性（family resemblance）：一种交叉重叠的特征，但是一个家族中不是所有成员都会拥有。

生活方式（form of life）：文字游戏中包含的文化和社会习俗。

文字游戏（language game）：在特定语境下，语言使用的一系列社会习俗。

实例定义（ostensive definition）：通过指出某个事物并说出它的名字来定义该事物。

私人用语（private language）：在维特根斯坦看来，这种语言不为他人所知。他认为不可能存在这样一种语言，但是有时候会被精神方面产生的错觉干扰。

✳ 延伸阅读

David Edmonds and John Eidinow *Wittgenstein's Poker*（London: Faber and Faber，1995）.

这本书记录了维特根斯坦和波普尔之间的争论，并对其进行了详细分析和哲学研究。高度推荐。

Hans-Johann Glock *A Wittgenstein Dictionary*（Oxford: Blackwell，1996）.

这本书解释了维特根斯坦的主要思想，是一本极有用的思想指南。

Marie McGinn *Wittgenstein and the Philosophical Investigations*（London: Routledge，Guidebooks series，1997）.

这本书对维特根斯坦著作中的主要思想进行了简洁的介绍。

Ray Monk *Ludwig Wittgenstein: The Duty of Genius*（London: Vintage，1991）.

这是一本优秀的人物传记。它讲述了这位伟大作家的私人生活和思想。

第三十一章
库恩的《科学革命的结构》

　　科学是对世界进行的一种实证研究。科学将理论和观察结合起来，成为医学、算法、交通以及我们生活中其他方面得以发展的基础。科学也让"送宇航员进入太空"这一愿景成为可能。从17世纪开始，科学的崛起成为人类发展史上最浓墨重彩的一笔。但是，科学是通过知识的不断积累才得以发展的吗？是因为有一代代科学家们不断完善对这个世界的理解，我们才能对现实世界进行一个更为精准的描述吗？直至20世纪60年代初期，这一观点一直都是哲学家们对于科学的主要看法。然而，库恩（Thomas Kuhn）认为，这种观点会让人们误解科学的实际运作方式。这一过程可能并不像人们认为的那样是循序渐进的，甚至可以说这一过程可能并不会让我们更接近真理。他认为，常规科学的发展时期会与知识危机交替出现，其后有可能会引发科学革命。对于常规科学这一块，科学家们对于科学研究中的规律、方法以及批判标准都会达成一致意见，而且对于"如何在特定领域进行研究"这一问题，科学家们的意见也保持高度统一，但是在科学革命阶段，这些规律以及预期结果都会被推翻。也就是说，这时，对于研究方法和结果解读的唯一标准被推翻了，并且出现了新的假设和研究方法。这也就是库恩在科学史上最具影响力的著作《科学革命的结构》（*The Structure of Scientific Revolutions*，1962）一书的主要内容。这本书对科学哲学研究产生了极其深远的影响，其销量已过百万。库恩的研究方法基于历史研究，但是本质上来看还是一种哲学研究，也就是说，库恩对"科学家们是如何工作"这一问题进行了系统的阐述，并且也解释清楚了"科学家们如何通过所谓的'新范式'来彻底改变他们之前的观点"这一问题。同时，他对"如何理解那些随着新模式的出现而发生的改变"这一现象给出了更为广泛的说明。库恩一开始是一名物理学家，之后他将注意力转向科学史以及因此产生的哲学问题，所以他的著作中有大量的科学实例。但是，从本质上来看，这还是一种哲学层面上的阐述，因为他对于科学本质的说明非常笼统。

库恩反驳的到底是什么？

在库恩出版他的这本著作之前，很多研究科学的哲学家和历史学家认为，科学呈直线型发展，即通过增添新的信息，进而得到新发现。他们认为，任何一个杰出的科学家都会为人类科学的宝库添砖加瓦，科学界的知识才得以不断增加。根据这个观点，科学是由零碎的知识组成的，随着一代代人的知识不断积累，我们对人类的理解也日益加深。哲学家波普尔所给出的复杂解释是基于这样一个理念：如果假设是通过归纳概括的方式表达出来，那么从逻辑上看，没有任何事情是可以实现的，这根本就不是证实科学猜想为真的办法。波普尔将科学的进步描述为一系列大胆的猜想和反驳，而正是这些猜想和反驳的过程才让科学家们能够更了解这个世界的模样。他坚信，科学是通过对日益精确的实证假说进行不断的反驳而进步的。库恩反驳了波普尔所说的"量变到质变"这一说法，并且还是坚持自己的说法，即常规科学的浪潮之后便是知识危机，以及随之而来的科学革命。在库恩看来，科学并不遵循一个完全合乎逻辑的完善过程，我们最好用社会学术语对其进行描述，这种描述主要依托科学家团体及其信仰和行事风格。

常规科学和革命

在库恩看来，大多数时候科学家们都在研究常规科学。这是科学界所能接受的现有框架内的科学。优良的科学实践的界限是由共识决定的，也就是说，在常规科学的各个阶段中，科学家们应该就"在特定领域应该如何开展研究""运用哪些研究方法"以及"如何用合适的语言来描述这些方法和技巧"这几个问题达到意见统一。在这些阶段，很少有人会在"好的科学是什么"这一问题上产生异议。研究者们同样也在"如何阐述结论"这一问题上意见统一。常规科学并不以激进的独创性为目标，也不追求独创性，而是一种在流行的科学观点中所设定的一系列参数中解决谜题的形式。处于常规科学阶段的科学家们或多或少会找到一些他们意料之中的发现。从本质上来说，这是一种根据范例进行的"清理"工作，并没有挑战范例本身。

我们举个例子来说明一下。托勒密学派的科学家理所应当地认为地球是宇宙的中心，他们所有的研究都建立在这个假设设立的框架之内，并且他们带着这种观点来解读任何新发现的天文数据。因此，大部分明显不符合这种认知的数据都会被当作不准确的测绘而被忽略，也就是说，这些数据会在阐述中消失得无影无踪，而不是被人当作对科学现状的挑战。托勒密体系能够很精准地预测其观测结果，因为它能很好地模拟行星相对位置。但是，还是有越来越多异常的观测数据出现，这些数据是托勒密体系假设解释不了的，尤其是春秋分附近时间节点的观测数据。

渐渐地，杰出的天文学家开始意识到现存范式的缺陷，一场知识危机由此产生，同时开始对这种研究方法及其所得出的结论丧失信心。这是避免不了的，因为通常情况下，常规科学会产生一些需要特别解释的异常结果。但是在历史上的某个时间点上，这些异常的结果层出不穷，使得现存的科学陷入危机当中。从这一点上来看，事情可能会朝着几个方向中的一个发展。科学家们也可能已经找到了可以将这些反常现象解释为非异常现象的说辞。也就是说，这些科学家们已经能够适应新出现的范式了。抑或说，就像有时会发生的那样，他们可能只是注意到了异常情况的出现，但是却先将精力集中于其他问题上，之后再回过来研究这些异常情况。但是实际上，正是这种反常的观测结果才促使人们开始尝试找到更好的解释方式。哥白尼与另一部分人意识到，有一些观测数据不能简单地被断定为观测失误，他们试图在这种混乱的知识数据中寻找出路，四处寻找其他的解释方法和范式。他发现，对于现有数据，一切都有一个更好的解释，而这种解释是基于另一个完全不一样的假设，即地球不是宇宙的中心，太阳才是。尽管天主教费尽心思阻止这一观点的传播，但是最终这一假设还是成为新范式，而这一范式使得常规科学得以正常运作。这个所谓的"哥白尼革命"改变了人类对于行星的理解以及我们和它们的关系，而"地球是宇宙的中心"这一观念也不再为人所推崇。天文学需要对此做出重新调整，并且由此开启常规科学的新时代。同样地，另一产生深远影响的范式即为达尔文有关自然选择的进化论。因为只有当先前有关动植物的研究方式都被推翻之后，常规科学家们才开始注意到达尔文的理论，并把这类研究提上日程。

范式的转变改变了可观察的一切

库恩坚信，这样的范式变化不仅能够让科学家们不再自满，也可以开创出全新的观察方式。我们还是继续看看天文学上的例子，18 世纪，赫歇尔（William Herschel）发现了天王星的存在。在此之前，天文学家至少在现在天王星所在的位置上发现了这一星体 17 次。然而，他们当时的知识框架并不允许他们将这一观测物体视为行星。从很大程度上来说，是他们的期待值影响了他们看到的数据，也让他们误判了这颗行星的性质及其距离。赫歇尔进行了更详细的观测，但即便如此，他最初也认为他观察到的是一颗彗星，而不是一颗之前未被标识出来的行星。

　　一旦天文学家开始意识到这是一颗行星，那么他们观测的视角就会发生转变，而这种转变很有可能让他们在接下来的几年中发现一连串的小行星。在范式发生改变之前，科学家们不能通过这些观测就认定这些可能是小行星，并且对每一种新的观测结果都以其他方式加以解释，而范式发生改变之后，人们对太阳系的看法或许会大不相同，并且得以进一步了解行星的本来模样。他们看到这颗星体的时间远比赫歇尔早得多，但是他们却不相信那是行星，而把它当作彗星或是遥远的群星。尽管许多年前他们就已经观测到了这些数据，但是在范式修改过后，赫歇尔及其追随者才第一次看到新的行星。库恩坚信，这就是观察角度转变的力量。这也就是我们有时候会说到的"格式塔完形转换"。例如，当有人拿出一张被涂黑了的红桃 5 纸牌的时候，很有可能人们眼中出现的还是红桃 5，因为在纸牌的范式中，人们期待看到的就是这张牌。一旦人们意识到这是一张黑色的红桃 5，尽管在视网膜上呈现出来的图像并没有发生什么变化，但是人们眼中的感知将会发生天翻地覆的变化。维特根斯坦也通过"鸭兔错觉"这一例子阐述了相同的观点。

竞争关系的范式之间无法比较

人们认为，库恩研究科学革命历史的方法中最重要也是最具争议的一个方面在于，库恩声称，不同的科学世界观之间是无法进行比较的，也就是说，没有将它们进行比较的基本准则，即没有通用的标准来衡量这两者。这一观点带来的后果就是，两个理论之间不可能存在"一个理论是另一个理论的改良版"这一形式。这似乎动摇了"范式转换会带来进步"这一观点，就意味着它们就是完完全全两个不同的存在。而且，因为科学家们通常都会重新定义讨论到的科学术语，所以他们觉得这种比较并没有什么意义。

对《科学革命的结构》的批判

它是相对论的一种表现形式

库恩的理论通常会被当作相对论的一种表现形式。在库恩看来，科学理论的价值似乎取决于科学界对它的评价，而不取决于它是否正确地描述了世界，或者说至少对早期人们所描述的世界是否有所改进。不同范式之间的不可比较性意味着没有哪一种范式是优于其他范式的。而这造成的一个不良后果就是，即使各种范式经历更新换代，但是所有的范式都处于同等水平，没有优劣之分。没有一个独立的世界来检验这些科学结论，因为我们所阐释的这个世界的意义都是由这些科学结论赋予的。很明显的是，新范式不同于其所取代的旧范式，并且新范式能够解释清楚在早期范式中出现的一些反常数据和问题，但是它并不一定更接近世界本质的真相。不过，库恩确实质疑过客观真理存在的意义之所在。

库恩并没有完全接受人们对其理论发起的这些质疑和批判，他甚至还概括出了一个优秀的科学理论应该具备诸如准确性、一致性、涵盖范围广、表达简洁以及内涵丰富等特质。但是有些评论家仍然认为，库恩所提及的很多概念不可避免地朝着那种不大吸引人的相对论靠拢，而这导致的结果莫过于，在两个范式之间进行取舍的问题转变为群体心理学问题。有些人甚至声称，通过比较科学和其他对于世界的理解，他把科学变成了一种非理性活动，这导致科学的声誉大大受损。

❀ 生平纪要

公元 1922 年，生于美国俄亥俄州。

公元 1962 年，出版《科学革命的结构》。

公元 1996 年，于马萨诸塞州剑桥市逝世。

❀ 关键词表

观测异常（anomalous observations）：在现存的范式中，不容易被接受的科学数据。

哥白尼革命（Copernican revolution）：承认宇宙的中

心是太阳，而不是地球。这是一种对托勒密世界观的否认。

格式塔完形转换（Gestalt shift）：在没有任何外界刺激的情况下视觉感官上的改变，而这种视觉数据的不同组成方式带来的结果就好像一个人在面对鸭兔错觉图时，一开始觉得是鸭子，后来觉得是一只兔子。

不可比较性（incommensurable）：如果两个理论是不可比较的，那么也就没有客观的办法来衡量这两者的优劣，也就是说，没有公认标准。

常规科学（normal science）：这是库恩自创的术语，代指大部分科学家们通常所做的工作，即在既定的科学范式内解决难题，或多或少会用到他们一致赞同的方法和术语来描述他们的结果。

范式转换（paradigm shift）：库恩自创的术语，代指在科学危机之后产生的一系列翻天覆地的革命，即科学界开始接纳并使用新的研究方法、新的假设以及术语。

托勒密体系（Ptolemaic system）：该体系认为地球是宇宙的中心。

相对论（relativism）：该理论认为事物没有客观的价值，其价值与特定的社会或团体有关。人们通常认为库恩所说的就是相对论，因为他的理论似乎在暗示，不同的科学范式之间无法进行比较，只能通过科学界的假设和实践得以描述。

✳ 延伸阅读

Samir Okasha *Philosophy of Science: A Very Short Introduction* （Oxford: Oxford University Press，2002）.

John Losee *A Historical Introduction to the Philosophy of Science* （Oxford: Oxford University Press，2001）.

第三十二章
罗尔斯的《正义论》

　　如果不考虑你在社会中的处境，你会选择生活在哪种类型的社会中呢？罗尔斯（John Rawls）所著的《正义论》（*A Theory of Justice*）一书借想象中的理性之人对此问题的反应提出构建公平和正义的社会的各种原则。这本改变了政治哲学的著作首次出版于1971年。它的出现使得霍布斯、洛克以及卢梭提出的有关社会契约的传统思想得以重焕生机。虽然这本书读起来略为复杂，而且有些内容还相当枯燥，但它仍然是20世纪最广为人阅读的政治哲学著作之一。这本书最突出的一个特点在于其引用"原初状态"这一概念来推导出有关公平和正义方面的结论，以及告诉我们如何在我们所处的社会体制中实现这些目标。

原初状态

　　如果需要自己选择一种管理社会的最佳原则，你很有可能会用各种各样的方式，使得社会资源向你所在的阶级、职业以及性取向等方面有所倾斜。为了解决这一问题，罗尔斯进行了一个思想实验。在这个假设的情境下，所有与你自身有关的信息以及你的偏好都将隐匿于无知的面纱之下。在你的想象之中，你对"是否有一份工作""你的性别是什么""你是否组建了家庭""你住在哪里""你是否聪明"以及"你是一个乐天派，还是一个悲观主义者，抑或一个瘾君子"这些问题必然一无所知。但是，与此同时，你精通政治学和经济学，因为这两者是组建社会的根基，也是人类心理学的规律。你知道，基本上任何生活方式都需要以"善"为基本，然后辅以一些自由、机遇、收入和自尊。罗尔斯把这种对于自己社会处境一无所知的状态称为"原初状态"。

那么在这种假设情景的原初状态中，在组建社会方面采用哪些原则才比较合乎情理呢？提出这样的问题是为了抹去我们现实生活中所有的无关特征，不然，这些特征就会影响我们对"社会应该是什么样"这一问题的评估。罗尔斯认为，在原初状态下，理性选择的各种原则应该满足一个特殊的要求，即它对每个人都是公平的，也就是说，如果它可以公平地运用于其他事物上，我们就可以采纳这条原则。

在这一过程中得出的原则是不应该引起争议的，因为如果我们所做的这一思想实验是有效的，那么参与其中的任何个体之间是不存在什么差别的。这是因为在原初状态下，所有能把我们和其他人区别开来的因素都被抹去了。因此，这些原则应该可以得到任何理性参与者的认可。罗尔斯通过这一思想实验得出了两个基本原则，一个与自由有关，另一个与资源的公平分配有关。这些原则体现出了罗尔斯认为的基本政治结论，即自由原则和平等原则。

与一些社会契约理论家不同的是，罗尔斯并不是想说我们必须毫无保留地完全接受这些原则。相反，他把原初状态的思想实验当作一种为构建公平社会的基本原则而使用的研究方法，之后再将这些原则与预先存在的制度进行比对，以期对其进行改善。罗尔斯坚信，与社会秩序一同出现的这些原则能够担得起"公平即正义"这一美誉，因为这些原则都是通过一个理性而公平的过程产生的。由此产生的两个基本原则的前一个就是自由原则。

自由原则

自由原则认为，"在一个由广义上的平等和基本自由组成的整个社会体系中，每个人都和相似体系中的其他人一样拥有一种平等的权利"。换句话说，如果是在无知的面纱下做出的选择，那么任何一个理性之人都会希望社会中的每个人都能够与其他人一样拥有同等的基本自由权，否则这个人最终就会成为歧视的牺牲品。比如，认知自由，或者说接受任何你觉得可信的宗教信仰或者世俗信仰的自由，都是国家不应干涉的基本自由。只有当你的行为对他人的自由产生威胁的时候，国家才能对你进行干涉，因为从这个角度来看，你的自由与其他人的自由并不兼容。我们甚至可以说，那些心胸狭隘之人也有自由的权利，但是他们的

自由很有可能对其他人平等的自由造成威胁。法律规则是
必然存在的，它能够保证社会中各个成员都有权享有各种
自由。

　　罗尔斯认为，在原初状态下，任何理性之人都会选择
他所推崇的这些原则，并且这些原则是按照词意义排序
的。这也就意味着，这些原则的排序是有规律可循的，即
第一个原则得以满足之后才能考虑第二个原则，而考虑第
三个原则之前必须先考虑第二个原则，以此类推。这里，
罗尔斯想表达的意思是，在他的理论体系中，平等的自由
权是最为根本的原则，因此它通常排在最前面。我们必须
首先满足这一原则，因为这一原则做出的要求比第二个原
则重要得多。因此，我们可以看出，罗尔斯心目中描绘的
公平社会就是人人平等自由的权利都能得到法律的维护和
执行。

机会平等原则和差异原则

　　罗尔斯的第二个原则与初始资源的平均分配有关，其中
包含两个原则，即机会平等原则和差异原则。从整体上来看，
第二个原则远比任何高效原则重要得多，也就是说，公正远
比实际效用重要。

　　机会平等原则是指，某些特定的工作或职位可以附带
不均衡的社会或经济利益，但前提是每个人都有相同的机
会获得这些工作。比如，任何人都不应该因其性取向或种

族之类的无关理由而被排除在收入最高的工作之外。在罗尔斯看来，机会平等不仅仅是反对歧视，它还包括提供教育资源以确保每个人都能够发挥其才能。从词排列顺序来看，机会平等原则要优先于罗尔斯第二原则中的其他原则，即差异原则。

差异原则坚持认为，任何社会或经济层面的不平等，只有在它们能给社会中最弱势的成员带来最大利益的条件下才能被容忍，这是对"极小最大化"策略的一个补充。这个策略意味着在最糟糕的情况下选出最佳方案。如果我们借公平社会中公平分配工资的例子加以解释，或许可以更好地理解这个原则。设想一下两个场景。在第一个场景中，绝大部分人都拿着高工资，但是有百分之十的人食不果腹。在第二个场景中，尽管平均生活水平比第一种低得多，但是其中最为贫困的那百分之十的人也能够达到比较理想的生活状态。罗尔斯声称，对于任何选择原初状态的人来说，第二种情境更可取，因为它能够确保社会中的每一个人都达到合理的生活水平，也就是说，最差的人活得也不是那么糟糕。然而，在第一种情境中，虽然你最终很有可能也过上富裕的生活，但与此同时也冒着很大的风险，也就是说，有可能你的工资几乎养活不了自己。如果采用"极小最大化"策略，我们就应该把最大的风险最小化，因此就更应该倾向于第二种情景。冒着可能过上入不敷出的生活的风险是不值得的。

对《正义论》的批判

原初状态

人们对原初状态最主要的一个批判在于，从心理学来看，即使是在一个思想实验中，人们也很难摆脱"你是谁"和"你是做什么的"这些有关自己的认知。毫无疑问的是，在这种情况下，你的偏向性会逃过审查。一些批判罗尔斯研究方法的人曾经声称，罗尔斯所做的所有关于原初状态的思想实验都证实了其内心预先存在的自由偏见，并且赋予了这些偏见以理性选择原则的光环。如果你认为你可以轻易消除你所知道的事情以及你作为独立个体的本质，那你就大错特错了，因为这本就是不切实际的。

在罗尔斯对自己理论的辩护中，人们可能会认为，所有的一切都表明，我们很难有效进行思想实验。但是，这可能是我们构建社会秩序原则的最佳方式，即使它可能因人类心理特质而在很多方面都尚不完善。罗尔斯从来都不认为自己的研究方法是永远都不出错的。但是，我们很容易看出，它确实可以消除一些带有偏见的原则，这些原则很明显不能够运用到社会中。

然而，原初状态已经为其研究方法提供了假设基础。罗尔斯从中得出了一个原则，而这个原则呈现出了一个自由且宽容的社会前景，人们共同生活在这样一个社会中，追求自己理解的善恶的观念。思想实验建立的研究方式高度推崇自治，即我们为自己的生活方向做出选择的能力。有些文化或者宗教传统极其重视等级制度、传统习俗以及服从态度，处于这种文化或者宗教传统中的人很有可能并不会加入原初状态的思想实验，因为那样的文化和宗教传统本身就对自由以及康德所说的理性道德媒介带有偏见。

反对功利主义

功利主义者很有可能会反对罗尔斯所说的原则，其理由是这些原则不能将幸福最大化。功利主义者坚信，在任何情况下，道德上正确的行为是能够造就幸福最大化的。罗尔斯撰写《正义论》的一大主要原因在于，他想找出一种可以替代功利主义计算幸福感的方法。功利主义者认为捍卫一系列自由的权利，尤其是将差异原则运用于现实生活中，似乎不大可能实现幸福最大化。如果坚持认为"不平等出现的唯一原因只能是这种不平等可以惠及过得最糟糕的那群人"，那么最直观的结果就是，很多能够产生更多整体幸福感的社会解决方案就会被排除在外。

罗尔斯对功利主义社会研究方式做出的回应是，当你处于原初状态时，你并不知道你在社会中的处境，因此理性的研究方式能够减少你过上入不敷出的日子的风险。而哪怕是最简单形式的功利主义都不能够保障基本的人权和自由。在原初状态下选择功利主义并不是理性之举。罗尔斯的研究方法侧重于强调，比起简单粗暴地获得可能出现的兴奋感最大值，我们还有更重要的目标亟待实现。

赌博与安全游戏

采用"极小最大化"是一种安全的游戏方式。它能够确保过得最糟糕的人仍然可以从社会制度的不平等中受益。但是，许多人认为赌博是有意义的，也就是说，为了获得丰厚的回报，他们也愿意铤而走险。在原初状态选择的社会中，尽管我很有可能做得很出色，但是我实际上还是表现得很差劲，这种做法难道就不是理性的吗？对赌徒来说，相比于因差异原则的运用而产生的安全游戏，他们更倾向于赌上一把。

罗尔斯对此的回应是，赌徒策略太过冒险，但与此同时，赌徒则认为罗尔斯的方法太过保守。

反对自由主义

诸如诺齐克（Robert Nozick）等自由主义哲学家曾经提出，除了保留一些基本权利之外，国家不应过多地对社会体制进行干涉。诺齐克认为，只有小规模的国家才能够这么做，这个国家使个人免遭盗窃，并且强制实施各种约定，但是任何比这种行为管得更广的行为都会侵犯人们的权利。相较之下，在罗尔斯所说的公平社会中，举个例子来看，其推崇的私人财产税改善了财富的分配情况。

在此，诺齐克认为不受胁迫的权利远比各种平等的权利更为根本，而诸如财产权之类的权利要先于其他权利进行考虑。罗尔斯给出了不同的假设，即他认为他所说的原则，尤其是他提到的平等自由权，是公平社会的基石。而上述内容代表着两种截然不同而又互不相容的政治哲学方法。

✳ 生平纪要

公元 1921 年，出生。

公元 1971 年，出版《正义论》。

公元 1993 年，出版《政治自由主义》(*Political Liberalism*)，罗尔斯在这本书中进一步发展了自己的正义理论。

✳ 关键词表

差异原则（difference principle）：该原则认为，只有在社会或经济不平等给社会中处境最不利的成员带来最大利益时，才能允许出现任何社会或经济不平等。

自由意志主义（libertarianism）：自由主义的一种，强调自由选择高于一切。自由主义者反对政治制度强加于自由选择上的束缚，并且认为应该建立一个只需要保护人们免遭强权压迫和偷盗的最小化国家。

极小最大化原则（maximin principle）："maximise the minimum" 的缩写，代指在最坏的情况下做出的最佳选择。

原初状态（original position）：这是罗尔斯思想实验的出发点，即对自己的社会处境一无所知的状态。

基本资源（primary goods）：合理生活水准的基本要求，比如吃和住，但也包括各种自由权、机遇和自尊。

功利主义（utilitarianism）：该主义认为，在任何情况下，道德上正确的行为将会最大化幸福感。

无知的面纱（veil of ignorance）：在罗尔斯的思想实验中，当我们选择我们想要的那种社会时，我们并不知道在那个社会中我们的处境。罗尔斯用面纱这个意象来隐藏具体形象。

✳ 延伸阅读

Chandran Kukathas and Philip Petit *Rawls: A Theory of Justice and its* Critics （Cambridge: Polity，1990）.

这本书对罗尔斯的作品进行了清晰的介绍。同时，其中也包括对自《正义论》之后出版的作品的评价。

Norman Daniels （ed.）*Reading Rawls: Critical Studies of A Theory of Justice* （Oxford: Blackwell，1975）.

这本书中收录了大量的文章，其中一些相对晦涩难懂。

John Rawls *Political Liberalism* （1993）.

罗尔斯对自己的理论的看法。

Ben Rogers "Behind the Veil: John Rawls and the Revival of Liberalism" in *Lingua Franca*，July/August 1999，pp. 57—64.

罗杰斯在这篇文章中对罗尔斯的生活特点及其哲学思想进行了概述。